고려대학교 통일융합연구원 해란연구총서 시리즈 03

한반도 보건의료,
생명을 살리는 담대한 도전

김영훈 · 김신곤 · 이요한 · 전우택
조한승 · 김범수 · 이덕행 · 김경진A · 김경진B

박영사

2005년 평양에 있는 조선암센터를 방문하였다. 서울대병원에서 1년 정도 사용한 MRI와 서울시 남북협력기금에서 예산을 지원받아 구매한 간단한 의료 장비를 전달하기 위한 목적이었다. 조선암센터는 우리의 국립암센터와 같은 의료기관이었으나 의료 시설은 열악하였다. 수술에 사용하는 칼 등 각종 도구는 오래되었고 수술실 갓등에는 'Made in Czech(체코), 1974'라고 적혀 있었다. 말기암 환자들이 입원해 있는 중환자실은 희망이 없어 보였다. 안내 참사는 필자와 단둘이 있을 때 그나마 여기에 입원해서 치료받는 환자는 복 받은 사람들이라며 말을 흐렸다. MRI 등은 전달했지만 소모품은 어떻게 조달할 것인지 함께 간 의사들은 긴 한숨을 쉬었다. 3박 4일 일정을 마치고 서울에 돌아와서도 열악한 수술실 기기들이 한동안 머릿속을 떠나지 않았다. 열악한 의료 상황에서 코로나 발생 뉴스는 북한 인민들에게도 어려움을 안겨주었다.

필자는 2020년 1월 22일부터 노동신문 보도와 다양한 경로를 통해서 북한 코로나 확산 실태를 관찰해 왔다. 북한은 정책적으로 인간 대상 전염병의 확진 사실을 일부 예외를 제외하고는 일절 보도하지 않았다. 신종플루(H1N1) 바이러스가 유행하던 2009년 조선중앙통신이 신의주와 평양에 신종플루 확진 환자가 9명 발생했다고 밝힌 사례가 유일하다. 2003년 사스(SARS), 2014년 에볼라 바이러스, 2013~2015년 창궐한 메르스(MERS) 등이 유행할 당시에는 당국 차원의 검역 조치 이외에는 노동신문은 어떤 보도도 없었다.

반면 코로나 첫해에는 노동신문 보도 건수가 2,400여 건에 이르렀다. 2022년과 2023년에도 유사했다. 과거와는 다른 대처 방식이다. 왜 북한은 비공개에서 보도 확대 방침으로 변경했을까? 노동신문은 지난 2년 3개월간 의심 진단자는 있지만 확진자는 없으며 육·해·공 방역의 중요성만을 강조했다. 노동신문 보도로 추정컨대 지난 2년간 신의주, 순천과 해주 등지에서 환자가 발생했으나 극단적인 봉쇄로 막아냈다. 하지만 5월 들어 유열자(발열자)수를 공개하며 김정은 위원장이 건국 이래 대동란을 선언하였다. 왜 코로나 청정국을 강조하다 돌연

전쟁을 의미하는 '대동란'을 선언했을까?

첫째, 북한 당국은 2020년 2월 초 압록강에서 두만강까지 1,400km 북·중 국경의 빗장을 완전히 걸었다. 2년간의 봉쇄(lock down)는 북한 경제를 마비시켰다. 북한의 광물자원을 수출하고 중국에서 의류 및 공산품 원자재를 수입하여 임가공해서 재수출하는 무역 공급망이 붕괴되었다. 유엔 안보리 대북제재는 지난 2년간 코로나 확산 속에서도 북한 경제의 자금 조달 경로를 그런대로 차단하는 데 성공하였다. 김정은 위원장의 금고가 비어가는 것은 불문가지다. 생존이 바이러스 차단보다 우선이라는 판단하에 평양은 2023년 들어 중국과의 물자 수입을 재개하기로 전격 결정하였다. 단둥-신의주 루트를 통해서 화물과 인력이 이동하면서 바이러스도 동행했다. 지난 2년간의 철통 봉쇄에 구멍이 생기기 시작했다.

2022년 1월 8일 노동당 전원회의는 4월 15일 김일성 출생 110주년, 2월 16일 김정일 출생 80주년 등 꺾어지는 해를 맞이하여 대규모 정치행사를 개최하기로 했다. 2월부터 정치행사가 줄줄이 열리기 시작하여 4월 15일 태양절 행사를 거쳐 25일 조선인민군 창설 90주년 행사에서 절정에 달했다. 행사를 마치면 김정은은 마스크를 쓰지 않은 참석자들과 기념사진을 찍는 사진정치를 감행했다. 코로나가 확산할 최적의 환경이 조성되었다. 문제는 발열자 발생 장소가 평양에 집중되면서 사달을 은폐하는 데 한계에 직면했다. 인구가 250만 명에 이르는 평양을 봉쇄하기 위해서 코로나 확산을 선언하지 않을 수 없었다. 스마트폰 사용자가 600만 명인 북한으로서는 괴담을 확산하기보다 정면 돌파 전략을 택했다. 시진핑이나 바이든 등 중·미 지도자도 코로나를 해결하는 데 어려움이 적지 않은 만큼 김정은도 코로나 확산 인정이 지도력에 부정적이지 않는다는 정무적 판단을 했다.

둘째, 확산 상황이 어느 정도인지를 파악하는 것은 용이하지 않다. 북한의 공식적인 발표가 없으니, 북한의 노동신문과 각종 정보를 통해 추론할 수밖에 없

한반도 보건의료, 생명을 살리는 담대한 도전

었다. 1주일 만에 250여만 명 감염으로 전체 인구의 10% 수준이다. 실제로는 가구당 1가구가 5가구를 통제하는 5호 시스템으로 5배 정도 감염을 추정할 수 있다. 하지만 사망자는 100명 미만으로 백신 접종률은 0%나 치명률은 0.003%이다. 국내 0.13%보다도 낮다. 최저의 사망률은 철저히 지도자의 권위를 고려했다. 보건 당국은 사망자가 발생하면 과로사나 장티푸스 등 여타 전염병에 의한 단순 병사로 처리하여 통계관리에 나선다. 북한은 '국가 최중대 비상사건'이라고 강조했지만 10일도 안 되어 코로나 방역이 성과를 거두고 있다고 선언했다. 또한 전파 상황이 억제돼 완쾌자가 증가하고 사망자 수가 줄어들어 안정세를 보인다며 '우리 당의 정확한 영도와 특유의 조직력과 단결력의 결과'라고 홍보했다. 김정은의 영도력을 강조하는 자화자찬의 선전이다. 일단 전역에서 모내기가 진행되는 것으로 볼 때 피크 지점은 지나갔고 하향세 추정은 가능하였다. 여행과 이동의 자유가 없고 교통수단이 부족한 북한에서 완벽한 봉쇄, 격리와 격폐는 물리적으로 용이하다.

마지막 쟁점은 남측의 방역물자 지원을 받을 수 있는가다. 주체의학을 내세우는 북한에서 백신이나 치료제 등 남측의 방역물자 지원을 수용하는 것은 절대 불가였다. 김정은은 중국식 방역의 장점을 거론하며 심양에 고려항공 비행기 3대를 보내 중국 물자를 실어 왔다. 붉은 깃발을 단 고려항공 비행기가 김포공항에 와서 화물을 수송해 가는 이미지는 공격용 핵 사용을 선언한 대원수 김정은의 위상과 부합하지 않는다. 혹시 과거처럼 10만 톤 이상의 대규모 식량 지원 제안을 받는다면 평양으로서도 구미가 당길지 모르겠다.

북한은 1947년 무상치료제 시행을 강조했고 1998년 제정된 의료법 3조는 무상치료제를 선언하였다. 질병 치료는 환자가 지불하는 대가가 유상인지 무상인지 보다 실제 치료가 가능한가가 환자에게 더 중요하다. 병원에서 환자를 치료할 능력을 갖추지 못한다면 무상치료제는 정치적 선전에 불과하다. 의술은 상당한 정도의 노력과 시간이 필요한 만큼 보상이 불가피하다. 북한은 의료법 2조에서 국가는 의료사업을 끊임없이 발전시키도록 한다고 규정하였지만, 선군정치와 낙후된 경제 등으로 충분한 투자를 해 오지 못했다. 결과적으로 무상치료제를 주장하지만, 환자는 유·무상 여부와 관계없이 치료를 받을 수 없다. 탈북의사 최정훈은 의사 입장에서 급한 연락을 받고 중환자가 있는 가정이나 직장에 가도 사실상 모르핀 주사를 놔주는 것 외에는 해줄 수 있는 처방이 없었다고 증언했다. 따라서 개인은 병이 나면 우선 민간요법에 의존한다. 코로나 환자에게 버드나무 잎을 우려먹으라는 지시가 내려오는 이유다.

북한의 국영 보건의료 4대 체계는 다음과 같다. 첫째, 전반적 무상치료제 실시(1974)다. 하지만 실제는 90% 이상의 주민들이 의료 체계에서 소외되었고 약을 받거나 또는 진단서 이송 시 별도의 뇌물 지불이 관행이라고 한다. 부족한 약 구입을 위해 90% 이상의 주민이 별도로 의사에게 돈을 지급하고 약국 매대에서 구매하지 못한 약은 장마당에서 구입한다고 한다. 남한의 의료 및 사회보험과 공공부조가 선진국 수준인 것과 대비된다. 둘째, 예방의학(1966) 중심 정책이다. 치료가 용이하지 않음에 따라 예방에 주력한다. 위생선전, 예방접종 등을 강조하나 실제는 의료 인프라 부족으로 각종 질병 예방 및 치료에도 어려움이 적지 않다. 남한이 예방의학과 치료의학의 균형 발전을 도모하는 것과 비교된다. 셋째, 의사담당구역제(1966)의 실시다. 무의촌이 없고 위생선전 등을 강조하나 의사에 대한 처우와 지원 미흡으로 형식적 치료에 그치고 있다.

최근 남한 사회는 공공병원의 부족과 필수 진료행위별 수가가 낮아 치료를 제대로 못 받는 현상이 심각한 사회문제가 되고 있다. 남한 사회는 의사가 부족하지만, 의과대학 정원을 늘리는 문제가 몇 년째 답보상태다. 사회주의 국가의 의사 대우는 매우 열악하다. 의사담당구역제가 실시되지만 인민들이 제대로 된 치료를 받지 못하는 것이 냉엄한 현실이다. 마지막, 고려의학 강화로 서양의학과 복합 진료 정책이다. 의약품의 생산 부족으로 1차 진료 80% 이상을 고려의학에 의존하는 현실을 반영한 것이다. 남한 의료가 서양의학과 한의학의 의료체계가 합리적으로 이원화된 것과 대비된다.

북한 보건의료체계는 기반이 붕괴되었다. 2000년대 이후 경제난으로 보건의료 기반이 붕괴하여 영유아 사망률, 결핵 사망률, 감염성 질환 사망률, 평균 수명 지표가 악화되고 있다. 경제난이 심각해지는데 보건의료체계만 예외적으로 발전할 수는 없다. 해결책은 평양 당국이 군사 우선주의에서 민생 우선정책으로 전환하는 것 이외에는 단기간에 해답을 모색하는 것은 쉽지 않다.

본서는 7개 장과 부록으로 구성되었다. 제1장. 한반도와 K-Medicine의 도전, 제2장. 북한이탈주민을 통해 본 남북 주민 건강 비교: 희망과 절망 사이에서 낙관하기, 제3장. 남북한 건강 격차와 해소 방안, 제4장. 평화학과 보건의 융합, 제5장. 외교와 보건의 융합: 팬데믹과 한국 보건 외교의 방향, 제6장. 경제와 보건의 융합, 제7장. 식량과 보건의 융합: 북한에 대한 식량 지원 문제를 중심으로, 부록. 북한 의학학술지 <조선의학> 수록 논문 목록(2012년 1호~2023년 4호)으로 엮었다. 김영훈 전 고려대 의료원장님과 김신곤 고려대 의과대학 교수님은 북한의 보건의료를 순수 의료 측면 및 인도적 차원에서 분석하고 대안을 제시해 주었다. 전우택 연세대 의과대학 교수님은 평화학 관점에서 북한 보건의료 지원을 제시하였다. 고려대 의과대학 이요한 교수님은 남북한 건강 격차와 해소 방안을 질병 실태를 중심으로 제시하였다. 단국대 정치외교학과 조한승 교수님은 외교를 보건과 연계하여 국제정치와 국가 간 교섭에서 보건의료의 문제를 다루었다. 고려대 경제학과의 김범수 교수님은 경제와 북한 보건의료 현황을 분석하고 경제적 관점의 대안을 제시하였다. 통일연구원 이덕행 초청연구위원님은 식량과 보건의 문제를 융복합적으로 분석하였다. 그리고 한국과학기술정보연구원 최현규 전문위원님은 2012년부터 2023년까지 발간된 북한 의학학술지 <조선의학>을 분석하고 수록된 논문 목록을 부록으로 정리하였다.

본서의 집필은 지난 10년간 북한 보건의료에 집중해 온 김영훈 전 고려대 의료원장님과 김신곤 교수님의 열정과 관심의 산물이기도 하다. 자료 정리에 혼신의 힘을 쏟은 통일융합연구원의 조정연 박사와 주연종 박사, 김혜원 박사, 교정 작업에 힘을 보태준 이나겸 연구원과 정수윤 연구원에게 감사의 말씀을 전한다. 또한 미국에 거주하시면서도 더 나은 한반도를 소망하며 본서를 해란연구총서로 발행하도록 도움을 주신 고려대 의과대학 김해란 선배님, 고려대 통일보건의료 연구를 이끌고 계신 김영훈 전 의료원장님, 김신곤 의과대학 교수님께도 심심한 사의를 표하고자 한다.

본서는 고려대학교 통일융합연구원의 개원 심포지엄에서 발표된 연구논문을 엮어 해란연구총서 시리즈의 제3권으로 발행한다는 측면에서 막대한 책임감을 느낀다. 마지막으로 연구총서를 발간해주신 박영사 안종만 회장님과 김한유 과장, 한두희 과장 등 편집진에게도 고마움을 전한다.

2024년 꽃 피는 4월
고려대학교 통일융합연구원에서
남성욱

한반도와 K-Medicine

한반도와 K-Medicine

김신곤(고려대학교 의과대학 내분비내과, 고려대학교 대학원 통일보건의학협동과정)
김영훈(고려대학교 안암병원 순환기내과, 고려대학교 대학원 통일보건의학협동과정)

1 시작하는 말-이방인을 향한 선각자들의 치유 사역

구한말, 지구상에서 가장 못사는 나라 중의 하나였던 조선의 백성을 질병과 가난에서 구하기 위해 이 땅을 찾아 목숨을 건 선교와 서양의학을 전해 주었던 파란 눈의 선각자들이 있다. 그들이 없었다면 대한민국은 지금 어떤 모습일까? 그들의 헌신으로부터 시작된 이 땅의 서양의학이 병원과 학교의 설립으로 이어지고 오늘 대한민국의 눈부신 의료와 사회 발전에 밑거름이 되었다. 알렌, 에비슨, 그리고 로제타 홀 같은 분들을 오늘 다시 기억해야 할 이유이다. 젊은 날의 로제타 홀을 지구 반대편, 척박한 땅 조선으로 이끌었던 한 마디가 있었다.

"네가 진정 인류를 위해 봉사하려거든 아무도 가려 하지 않는 곳에서 아무도 하려 하지 않는 일을 하라!"[1]

---

1   박정희. 「닥터 로제타 홀」 (서울: 다산초당, 2015).

로제타 홀은 한국에서 사랑하는 남편과 딸을 잃는 어려움 속에서도 한국 최초 여의사인 박 에스더를 비롯한 많은 여의사를 양성하고 고려대 의대의 모태가 된 조선여자의학강습소를 설립했다. 서울과 평양을 오가며 진료를 통해 수많은 환자에게 서양의학의 혜택을 나누어 주는 일에 헌신하였으며 자신의 인생을 이역만리 한반도의 사람들을 위해 바친 분이다.

북한은 지구상에서 가장 고립되고 폐쇄된 나라가 되었다. 핵 개발로 인한 유엔 제재, 국제기구의 지원 중단, 반복되는 재해, 그리고 코로나19로 인한 자발적인 국경봉쇄에 이르기까지 북한의 보건의료는 부정적인 충격의 도미노 앞에 쇠락해 가고 있다. 오늘 북한 주민들의 건강을 돌보고 의료인들을 교육하는 일에 누가 헌신할 수 있을까? 갈 수도 없고, 가고 싶지도 않은 나라가 되어버린 북한 땅에 제2의 알렌, 에비슨, 로제타 홀이 절실하지 않을까?

우리는 한반도 남쪽의 의료인으로 살고 있다. 원조를 받기만 하던 대한민국이 사반세기 만에 원조를 주는 나라로 발전을 거듭하여 아시아, 아프리카 등 세계 각지의 저개발 국가에 학교를 짓고, 우물을 파고, 병원을 짓는 등 활발한 지원과 개발협력을 하고 있다. 하지만 우리의 바로 가까운 이웃이자 같은 민족인 북녘 주민을 위해서는 지원과 교류를 위한 그 어떤 지속적인 노력도 남아 있지 않다. 건강한 한반도를 꿈꾸고 미래의 통일을 이뤄내야 할 우리가 지금 할 수 있는 일은 과연 전혀 없는 것일까?

70년 이상의 분단을 통해 남북을 살아가는 사람들은 이미 이방인들이 되어버렸는지도 모른다. 동일 민족이며 같은 말을 사용하고 있다는 공통점에도 불구하고, 남북의 체제와 환경의 차이에 따라 사상과 철학, 문화가 달라졌고, 질병을 바라보는 관점이나 치료의 방식과 행태도 매우 달라져 왔다. 마치 조선 사람들이 벽안의 이방인에 대한 경계심이 있었던 것처럼, 남북의 주민들도 이미 서로를 이방인으로 바라보고 있다. 게다가 전쟁의 참화와 반복되는 갈등은 서로에게 엄청난 트라우마와 적개심을 갖게 했다. 너무도 큰 상처를 주고 긴 세월을 지내온 남북의 사람들에게 그래서 보건의료는 각별할 수 있다. 치유는 크고 넓고 따뜻한 마음이 출발점이기 때문이다. 보건의료는 서로를 이해하고 어루만지는 치유의 도구이자 따뜻한 화해의 단초가 될 수 있다.

북한을 향하는 우리의 시선은 어디에 머물러야 할까? 헤드라인 뉴스를 장식하는 북핵과 미사일, 위협적인 군인들일 수 있다. 가까운 거리만큼 더 멀어져 온 미움과 불안의 시선이다. 그러나 필자들의 눈에는 엄청난 군사 무기 비용의 뒷면에서 보건의료와 식량문제로 고통받는 북녘의 사람들이 어른거린다. 생명을 구하는 것이 사명인 의료인이라면 무기보다는 의약품, 군인보다는 민간인, 특히 북한의 봉쇄와 고립으로 고통받는 취약계층에 주목해야 한다. 긍휼의 마음과 안타까운 시선이 생명 가운데 머물러야 한다. 북녘땅에도 생명이 있고 그들의 생명의 무게가 우리와 다르지 않기 때문이다. 백여 년 전 벽안의 선각자들로부터 우리가 그런 은혜를 입었기 때문이다.

2 북한 의료의 현실과 독일 통일이 주는 교훈

북한의 의료 실태는 매우 열악한 상태이다. 핵실험과 미사일 도발로 유발된 대북제재의 강도가 심해질수록, 그에 맞서 북한이 ICBM 실험 등 전략무기 고도화에 국가 예산을 투입할수록 힘없는 일반 주민, 특히 평양의 권력으로부터 먼 주민들은 더욱 길고 어두운 터널에 갇혀 의료의 혜택으로부터 소외된다. 영유아, 산모, 병을 앓고 있는 환자들은 지금 어느 때보다도 매우 힘든 시간을 보내고 있다. 최근 북한의 코로나19 창궐 역시 북한 주민, 특히 취약계층의 건강과 영양 상태에 심각한 위협을 주었을 것이다. 무상의료를 자랑해 왔으나 실제론 의료물품과 약을 의료기관이 아닌 장마당에서 구하고 있고 큰 병원에서의 환자 치료도 장마당에서 구입해 온 약과 주사제, 의료기구에 의존하는 경우가 많은 실정이다.

남북한 보건의료 격차에 대해선 정확한 통계를 구하기가 쉽지 않다. 그런데 마침 참고할 만한 자료가 공개되었다. 북한이 2021년 7월 1일 지속가능발전목표

(SDGs)에 대한 자발적국가보고서(VNR)를 유엔에 제출했기 때문이다.[2] 몇 가지 결과를 우리나라 통계와 비교해 보자. 산모 사망률은 10만 명 출생당 2014년 67명에서 2019년 49명으로 감소한 것으로 보고했다. 한국은 11명이니 아직도 우리의 5배 수준이다. 신생아 사망률은 2019년 1,000명당 7.7명으로 한국 1.5명의 5배 수준으로 산모 사망률과 격차가 비슷했다. 5세 미만 어린이 사망률도 2019년 1,000명당 16.8명으로 역시 우리나라 3명보다 5배 높았다. 결핵 발병률은 100,000명당 2015년에 451명에서 2018년에 354명으로 줄었지만 2019년 376명으로 늘었고, 2020년엔 다시 351명으로 하락했다. OECD 국가에서 가장 높은 우리나라(10만 명당 59명)의 6배 수준이다. 또한 5세 미만 아동의 저신장 비율은 2012년 28%에서 2020년 18%로 꾸준히 개선된 것으로 보고하였으나 만성적인 영양부족 비율은 40% 내외로 지난 기간 큰 변화가 없는 것으로 나타났다.

남북한의 건강 격차가 심각한 상황에서 갑자기 우리 앞에 통일이 닥친다면 어떤 일이 벌어질까? 우리는 전 국민 의료보험이지만 북한은 명목상의 무상의료이다. 제도가 통합된다면 아마도 한반도를 아우르는 전 국민 의료보험이 도입될 수 있을 것인데, 통합 과정이 만만치는 않을 것이다. 북한에서 전 국민 의료보험을 유지하려면 우리가 감당해야 할 보건 의료비가 폭발적으로 증가할 수 있다. 북한의 경우 아직도 세균성 질환의 유병률이 높은 반면에 우리의 경우 바이러스성 질환이 많다. 이들 질환이 섞인다면 부정적 영향들이 나타날 것이다. 특히 북한은 일차 치료에 실패한 다제내성결핵의 유병률이 세계에서 가장 높은 국가이다. 이 질환들이 남하하는 상황은 우리 주민들의 건강에 심각한 위협을 줄 수 있다.

독일 통일의 경험은 우리에게 시사하는 바가 크다. 서독은 통일 십수년 전부터 동독의 보건의료 개선을 위해 대규모 지원을 지속해 왔다. 이념적으로 민주주의와 공산주의가 치열하게 대립해 오던 냉전의 시절에도 이런 지원은 계속되었다. 동서독은 1974년도에 보건의료협정을 맺고 지속적인 교류협력을 통해 양

---

2   Democratic People's Republic of Korea Voluntary National Review, On the Implementation of the 2030 Agenda. https://sustainabledevelopment.un.org/content/documents/282482021_VNR_Report_DPRK.pdf (검색일: 2023년 9월 1일).

국의 보건의료 격차를 줄이기 위해 노력해 왔다. 이러한 보건의료의 지원과 교류가 독일의 통일을 이루어 내는 데 가장 중요한 시작과 통합의 기반이 되었다. 통일 전부터 지속된 지원에도 불구하고 통일 이후 20여 년 동안 천문학적인 재정을 투입하고서야 동독과 서독 주민의 건강 격차가 어느 정도 해소되고 있다. 이와 같이 서독의 경우 통독을 위해 꾸준히 투자하고, 지속해서 교류하며 동서독 간 보건의료의 이질성이 상당히 극복된 상태에서 통일을 맞이했다. 그런데도 통일 이후 여러 난맥상을 경험했다는 점은 우리에게 다가올 통일이 낙관적일 수만은 없음을 시사한다. 동서독의 경우, 통일 전 인구는 4배, 경제 수준 격차는 약 3배였으나, 현재 남북한의 경우, 인구는 2배, 경제 수준은 50배의 차이가 있다. 서독과 동독보다 훨씬 큰 남북의 격차를 고려할 때, 사람의 생명과 직결된 가장 중요한 영역인 보건의료의 교류, 협력을 위한 노력은 재개되어야 한다. 이는 단기적으로는 차갑게 얼어버린 남북관계에 균열을 내는 창의적 협력의 마중물이 될 수 있고, 장기적으로 천문학적 통일 비용을 줄이는 결과를 낳을 것이다.

3 한반도 건강공동체와 K-Medicine의 도전

보건의료는 남북한의 통합을 위한 가장 실질적이고 따뜻한 치유의 도구이다. 민간 차원의 남북 보건의료 협력사업이 재개될 수 있도록, 남북 의료인들이 서로 머리를 맞대고 한자리에 앉을 수 있는 장이 마련되어야 한다. 남북한의 보건의료 협력은 우리의 미래세대를 위해 생명의 끈을 잇는 일이다.

1) 정치, 이념을 떠나 우리 의료인들이 정치, 경제, 문화, 그 어떤 분야보다도 우선하여 황폐해진 북한 의료에 관하여 관심을 두고 건강한 삶을 유지하기 힘든 북한의 취약계층을 애정 어린 눈으로 바라볼 수 있어야 한다. 굶주림과 질병으로 인해 서서히 자립 의지를 포기한 채 살아가고 있는 북한의 동포들에게 그동안 우리가 보여온 무관심과 냉담에 대해 반성하고 "다른 사람들이라면 몰라도 우리는 그래선 안 된다"라는 자각을 먼저 해야 한다.

한반도 보건의료, 생명을 살리는 담대한 도전

2) 결핵은 다제내성결핵 환자가 급증하고 있는 북한뿐만 아니라 OECD 국가 결핵 유병률 1위라는 부끄러운 기록을 보유한 남한에서도 심각한 문제이다. 이는 앞으로 통일 시대 한반도를 위협하는 심각한 감염병으로 진전될 수 있어 지금부터라도 남북한 공동 퇴치 사업을 시작해야 한다. 남북 및 국제기구의 전문가들이 협력하며 [한반도 결핵 퇴치 벨트]를 구축하는 것이 그 출발이 될 수 있다. 또한 휴전선에서 창궐했던 말라리아처럼 곤충이나 박테리아, 바이러스에 의해 매개되는 질환에 대해서는 정치적으로 남북 경색이 아무리 심해지더라도 남북 공동 퇴치 사업을 추진해야 한다. 코로나19 팬데믹 사태를 경험하며 같은 땅에 사는 공동운명체인 우리는 이런 감염병의 위험으로부터 누구도 자유롭지 못하다는 값진 교훈을 배웠다. 이 땅에 창궐한 결핵과 감염병을 공동의 노력으로 해결하지 못한 채 통일이 된다면 통일은 엄청난 부담이 될 뿐만 아니라 재앙이 될 수도 있다.

3) 어린이와 산모의 영양과 건강을 관리하는 체계적인 사업이 진행되어야 한다. 출산율이 0.7명에 불과한 대한민국의 인구절벽에 대한 우려가 매우 높다. 북한의 출산율도 지속해서 낮아져 이제 2명 이하로 감소하였다.[3] 앞으로 태어날 아이들의 숫자는 미래 한반도 희망의 질을 결정하는 중요 변수이다. 출산율도 낮은데 출산 과정에서의 사망률마저 높아서는 안 된다. 영유아의 영양 상태는 이들의 미래 건강을 가늠하는 척도이다. 어렸을 때 빈곤을 경험한 세대들이 성인이 되어서 다양한 대사질환과 심혈관 질환에 쉽게 이환되기 때문이다. 따라서 한반도를 살아가는 영유아와 산모의 건강을 위해 협력하는 것은 한반도의 미래를 위해 지금부터라도 우리가 할 수 있는 일들이다.

4) 대북 인도적 지원 사업을 재개하되 약품 보내기와 같은 일시적이고 단편적 사업이 아니라 지속 가능한 남북의료 협력 모델을 세워야 한다. 북한의 보건 의료 교육 시스템, 특히 의과대학을 비롯한 보건 의료인 교육을 위한 인프라 구축에 협력하며 그들 스스로 병원의 선진화 및 북한 의료 체계 개선에 힘쓸 수 있도록 도와야 한다. 또한 우리나라 유수의 대학병원과 국공립병원, 또는 지역 보

---

3 https://population.un.org/wpp/ (검색일: 2023년 9월 15일).

건소와 북한의 여러 의료기관과의 1 : 1 결연을 통해 인적 교류와 기본 의료 시설 구축, 제약 및 치료 장비 지원과 같은 사업을 준비해야 한다.

5) 북한이탈주민의 건강을 돌보고 대한민국에서의 삶이 행복해질 수 있도록 우리 의료인들이 관심을 가져야 한다. 북한이탈주민을 대상으로 한 연구는 우리 안에 이미 들어온 북한에 관한 연구이자, 통일 이후를 대비한 '프로토타입'의 연구가 될 것이다. 이들 중 북한에서 의사, 치과 의사, 간호사, 약사 및 의료인으로 살아왔던 분들의 소리에 귀 기울여, 남과 북이 공동으로 연구할 수 있는 분야를 찾는 데 그들의 역할을 기대해 볼 수 있다. 또 탈북 의료인이 대한민국에서도 의료인으로서 전문직을 유지할 수 있는 합리적인 방안을 마련해 나아가야 한다.

6) 통일의료보건 분야의 전문가를 양성하여야 한다. 이는 북한의 보건의료 현황을 이해하고, 남북한의 보건의료 지식을 전하고 기술 교류에 앞장서며, 건강한 통일에 기여할 수 있는 통일보건의학 전문가를 체계적으로 키우는 일이다. 남북한 주민들의 건강한 통일을 가로막는 보건의료 영역의 문제점을 정확히 파악하고, 이를 극복할 수 있는 비전과 리더십, 학문적 능력 및 실천 역량을 갖춘 인재를 교육하는 것이다. 이제 우리는 한반도의 보건의료상은 어떠해야 하는지, 그리고 이를 위해 오늘 무엇을 준비해야 하는지를 깊이 고민하고, 구체적인 해법을 실천할 수 있는 사명감과 전문 능력을 갖춘 통일보건의학 전문가의 양성을 구체화해야 한다. 고려대 대학원에 통일보건의학 협동과정이 설립된 것은 이러한 전문가 양성을 위한 작은 시작이다.

한반도 건강공동체를 향한 이상의 노력은 K-Medicine으로 세상에 도전하기 위한 기본바탕이다. K-pop으로 시작된 한류는 이제 고유명사가 되어 세계인의 가슴을 울리고 있다. 이제 메디컬 한류가 이 역할을 이어받아야 한다. 신종 감염병으로 인한 팬데믹이 다시 온다고 상상해 보자. 이때 남북이 힘을 모아 백신/치료제를 공동 생산하는 협력이 가능할 수 있다면 어떨까? DMZ 근처에 접경지역 바이오-메디컬 클러스터를 만들고, 반생명의 상징인 전쟁의 유산이 아직도 지속되고 있는 한반도에서 남북이 협력하여 백신을 만드는 장면을 상상해 보라. K-백신으로 인류의 생명을 구하는 데 기여할 수 있다면, 한반도는 갈등이 첨예한 지역이 인류 상생의 전초기지가 되는 역설의 상징이 될 것이다.

한반도 보건의료, 생명을 살리는 담대한 도전

북한의 기술력이 우리보다 매우 뒤처져 있지만, U-헬스와 같은 원격 진료에 관한 관심은 매우 많다. 우리의 기술력을 기반으로 북한 전역을 테스트 베드로 해서 개발도상국들에 활용할 수 있는 한반도형 원격진료모델을 개발할 수 있다면 이것 역시 엄청난 부가가치를 만들 수 있을 것이다. 중국이 인공지능 굴기라고 할 만큼 매우 빠른 속도로 기술의 진보를 만들고 있는 것은 엄청난 빅데이터와 일당(一黨)을 중심으로 조직화된 사회이기 때문이다. 이런 면에서는 북한도 4차산업혁명의 신기술들이 빠르게 실험될 수 있는 나라라고 할 수 있다.

한반도는 전 세계적 차원에서 매우 독특한 코호트이다. 유전적 유사성을 바탕으로 환경의 변화가 질병에 미치는 영향을 확인할 수 있는 전 세계에서 유일한 지역이기 때문이다. 7천 5백만 명의 쌍둥이 집단 연구, 의학사에 남을 기념비적 연구 결과가 만들어질 수 있는 곳이 한반도이다. 한 걸음 더 나아가, 한국전쟁이라는 동족상잔의 비극, 그 이후에도 적대적 갈등을 이어오던 남북이 언젠가화해하고 협력하며 건강한 통일로 나아갈 수 있다면 어떻게 될까? 남북 주민들이 집단적으로 경험해 온 트라우마를 극복하며 공동체적 치유의 사례를 보여줄 수 있다면, 그래서 대륙 세력과 해양 세력이 격돌하던 한반도가 오히려 평화와화해의 상징으로 전환될 수 있다면 아마도 세계적인 평화학, 화해학의 교과서는우리가 쓰게 될 것이다. K-Medicine이 보여줄 수 있는 문명사적 가치이다.

4 K-Medicine을 향한 지식 인프라 구축

전술한 것처럼 한반도의 남과 북에 거주하는 주민들의 건강 격차는 크게 벌어져 있다. 따라서 이를 극복하기 위한 노력은 한반도 건강공동체 준비를 위해서 매우 중요하다. 그런데 이를 위한 기초 작업이라 할 수 있는 북한의 보건의료 관련 자료에 대한 접근성은 매우 제한적일 뿐 아니라, 국제사회(UN, UNICEF, WFP, GHI 등)에서 제공하는 북한 관련 자료 또한 신뢰성에 의문이 제기되는 경우가 많다. Bill & Melinda Gates Foundation의 지원으로 2007년도에 시작된

Institute for Health Metrics and Evaluation(IHME)은 글로벌 질병 부담 연구를 통해 공신력을 갖는 연구소로 자리매김하였고[4], STIMSON center의 38 North도 북한 문제의 'Think Tank'로 역할을 수행하고 있으나[5] 이들 역시 북한의 보건의료 영역 데이터 생산이나 관점 제시는 미흡한 실정이다. 북한의 보건의료 현황을 파악하는 것은 마치 듬성듬성 찍혀 있는 점선을 통해 실선을 상상하는 것으로 비유할 수 있다. 이 문제를 극복하려면 가능한 많은 북한 문헌과 데이터를 모아 점선의 간격을 좁히는 한편 해당 분야 전문가들의 역량을 결집하여 제대로 된 실선을 추론할 수 있어야 한다.

이런 상황에서 [한반도 의과학지식센터]를 준비하는 것은 북한 보건의료 연구의 포괄적 지식 인프라를 구축하고 연구/교육기관으로서 공신력을 확보하는데 매우 중요하다. [한반도 의과학지식센터]는 Brian Impact가 출연하고 남북보건의료교육재단(IFhME)이 주관하여 구축하고 있는 북한 보건의료 연구에 특화된 지식 인프라 전문센터이며 아래와 같은 목적으로 준비되고 있다.

그림 1-1 [한반도 의과학지식센터]의 목적과 역할 요약

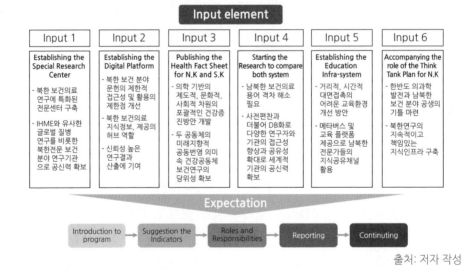

출처: 저자 작성

4 https://www.healthdata.org/ (검색일: 2023년 8월 30일).

5 https://www.38north.org/ (검색일: 2023년 8월 29일).

1) 북한 문헌의 비공개 및 입수의 제한성, 활용의 제한점을 극복하기 위해 보건의료 지식 허브 역할을 수행하는 북한 보건의료 특화 디지털 플랫폼을 개발함. 외부에 공개하는 웹 서비스뿐만 아니라 북한 연구자에 제한된 최신 자료 아카이빙 서비스를 통해 신뢰성 높은 연구 결과 산출에 기여하고자 함.

2) 이미 우리 안에 들어온 통일이라 할 수 있는 북한이탈주민과 남한 주민의 다양한 신체 및 건강 자료의 비교분석과 추적관찰을 바탕으로 [남북 주민 건강 비교 팩트 시트] 발간을 정례화함. 이를 바탕으로 의학적 차원뿐만 아니라 제도적, 문화적, 사회적 차원에서 포괄적인 북한 이주민 건강 증진 방안을 개발함.

3) 생명의 탄생부터 죽음이 이르기까지 보건의료 영역의 정확한 소통은 매우 중요하나, 남북한의 보건의료 용어에는 이미 상당한 차이가 있음. 보건의료 용어에 대한 이해의 부족, 소통의 어려움은 남북을 가로질러 만나게 될 보건의료인들과 환자들에게 상당한 난맥상을 초래할 수 있음. 남북 보건의료 전문가들 간, 현대의학과 전통의학 간, 보건의료인과 남북 주민들 간에 소통할 때 초래될 수 있는 삼중의 난관을 극복하기 위한 남북 보건의료 용어 통일 작업을 지금부터 준비해야 함. 이전부터 진행해 온 [남북 보건의료 용어 비교] 연구를 확대 발전시켜 DB화하고,[6] 이후 사전 편찬을 준비하여 남북 전문가들의 교류 및 협력의 토대를 제공함.

4) 북한 보건의료와 통일의학에 대한 관심자가 매우 적은 상황에서 이들을 발굴하고 지원, 훈련하는 교육 인프라로서의 역할도 중요함. 특히 대면접촉이 어려운 상황에서도 운영 가능한 메타버스 기반의 교육 플랫폼을 준비하여 남북한 전문가들의 의과학 지식공유 채널로 활용함.

5) 이상의 사업들을 통해 남북 보건의료 교류 및 북한 연구를 위한 지식 인프라를 구축하고, 이를 바탕으로 한반도 의과학 발전과 공생의 기틀을 마련하며, 세계에서 가장 공신력 있는 북한 보건의료 분야의 Think Tank로 역할 할 수 있도록 준비함.

---

6   김영훈. "남북 의료통합을 위한 준비: 남북의학용어사전 편찬사업." J Korean Med Assoc. 2019 Oct; 62(10): pp. 506-511.

5 끝맺는 말 - 메디컬 한류는 생명사랑에서 시작된다

조선말, 그리고 일제 강점기, 그 희망 없던 조선 땅에 와서 의료와 교육을 통해 구휼하고 선교하던 선각자들, 그분들이 오늘 한반도에 있었다면 가장 먼저 북한에 관심을 두고 당장 할 수 있는 일들을 했을 것이다. 로제타 홀의 남편인 윌리엄 제임스 홀은 평양에서 청일 전쟁 여파로 고통받던 환자를 치유하다 얻은 병으로 젊은 나이에 세상을 떠나게 된다. 그런 홀을 기리는 [기홀병원]이 평양에서 처음 시작된 근대화된 병원이다. 설상가상으로 로제타 홀의 딸마저도 감염병으로 잃은 후 그를 기리기 위한 [에디스 마가렛 어린이병동]도 평양에서 시작되었다. 최초의 근대화된 소아병동이었다. 남편과 딸을 잃은 후에도 로제타 홀이 우리 땅에서 사역을 지속했던 이유는 무엇일까? 그것은 남편과 딸의 생명을 앗아갔던 비극적인 아픔이 자신이 가족처럼 사랑했던 조선 민족에게 재현되는 것을 막고자 했기 때문이었다. 그런 사명감과 생명사랑의 정신이 로제타 홀의 삶을 이끌었다. 홀 가문을 비롯하여 과거 선각자들로부터 받은 은혜와 도움, 이제 우리가 고통받는 민족을 위해 섬기며 갚아야 하지 않을까?

K-pop, K-movie, K-food, K-culture는 대한민국을 살아가는 사람들의 자부심이다. 원조를 받던 나라에서 원조하는 나라로 탈바꿈하고, UN이 인정하는 선진국 반열에 올라선 것도 우리를 뿌듯하게 한다. 대한민국의 발전 사례, 다양한 한류의 성공 스토리는 세계인들의 주목을 이끌었다. 팝의 본고장이 아닌 곳에서 만들어진 팝이 서양인의 가슴을 울리고, 한국의 영화가 세대와 지역을 넘어 사람들의 마음을 사로잡는다. 우리 음식이 세계인의 입맛을 유혹하며 한국은 많은 외국인이 방문하고 싶은 나라가 되었다. 한류가 전 세계적 영향력을 갖게 된 것은 각 영역의 기본에 충실하되 우리만의 독특함을 담은 K-message를 창조했기 때문이다.

이제 K-Medicine으로 더 아름다운 서사를 이어가자. 보건의료의 기본과 본질에 충실해지려면 생명사랑의 정신으로 돌아가야 한다. 부의 창출이나 미래 먹거리를 얘기하기 이전에 한 사람의 생명에 주목하며 환자의 마음을 사는 의술,

인류의 마음을 사는 연구가 무엇일지 고민해야 한다. Medical unmet needs로 인한 환자들의 고통과 아픔이 의술과 연구의 출발점이 되어야 한다는 말이다. 이런 생명사랑이 많은 이들에게 울림이 되고 공명이 될 때 그 결과 생명이 자본이 되는 성취도 가져오게 될 것이다.

"나와 남을 위해 흘리는 눈물은 지상에서 가장 아름답고 힘 있는 것이라는 사실을 우리는 모두 알고 있다. 인간을 이해한다는 건 인간이 흘리는 눈물을 이해한다는 것이다."[7]

진정한 생명사랑이란 양이 아니라 질이며, 겉이 아니라 내용이다. 입에서만 외치는 사랑이 아니라 타인을 위해 흘릴 수 있는 눈물 한 방울이다. 그런 눈물, 그런 사랑이라야 그 어떤 난관과 도전, 이념마저도 넘어설 수 있는 진정한 생명사랑이라 할 수 있다. 오늘도 병으로부터 고통당하고 있는 한반도의 많은 환자, 특히 의료 혜택에서 가장 소외된 북한 주민들을 생각한다. 그들을 사랑의 눈으로 다시 보고 그들의 생명도 존귀하게 여기는 마음이 의술과 연구의 이유이자 목적이 되어야 한다. 한반도는 전쟁의 상흔이 아로새겨져 있고, 지금도 적대적 갈등을 이어오고 있는 위기의 땅이다. 이곳에서 보건의료를 통한 치유의 발걸음이 생기고, 그것이 한반도를 넘어 인류의 건강과 생명을 구하는 거대한 발걸음으로 전환되는 서사를 꿈꾸어본다. 그런 스토리라면 세계인들의 가슴을 울리는 메시지가 될 것이다. 우리가 K-Medicine을 통해 기대하는 미래이다.

---

7   이어령, 「눈물 한 방울」 (서울: 김영사, 2022), 서문.

References

김영훈. "남북 의료통합을 위한 준비: 남북의학용어사전 편찬사업." J Korean Med Assoc. 2019 Oct; 62(10): pp. 506-511.

박정희. 「닥터 로제타 홀」. 서울: 다산초당. 2015.

이어령. 「눈물 한 방울」. 서울: 김영사. 2022.

Democratic People's Republic of Korea Voluntary National Review, On the Implementation of the 2030 Agenda.

https://population.un.org/wpp/

https://sustainabledevelopment.un.org/content/documents/282482021_VNR_ Report_DPRK.pdf

https://www.healthdata.org/

https://www.38north.org/

북한이탈주민을 통해 본 남북주민 건강 비교 – 희망과 절망 사이에서 낙관하기

북한이탈주민을 통해 본 남북 주민 건강 비교
– 희망과 절망 사이에서 낙관하기

김경진A(고려대학교 의과대학 내분비내과), 김경진B(고려대학교 의과대학 내분비내과),
김신곤(고려대학교 의과대학 내분비내과, 고려대학교 대학원 통일보건의학협동과정)

⊕1 시작하는 말 - 북한이탈주민을 바라보는 시각

기존 사회의 가치 체계와 삶의 틀을 벗어나 새로운 사회에 적응하기가 쉬울까? 더군다나 정치, 경제, 사회적으로 적대적인 국가에서 살아오다가 이제는 그 반대편 국가의 일원으로 살아간다면 어떨까?

대한민국은 우리를 받아줬지만, 한국인들은 탈북자를 받아준 적이 없어요.[1]

가슴 아프게 다가오는 이 말이 시사하는 바는 크다. 우리 국가는 북한이탈주민에게 법적인 지위를 부여하고 다양한 보호 및 정착 지원을 하고 있지만, 우리 사회가 그들을 바라보는 시각은 여전히 차갑다. 남북의 통일은 단지 영토의 통합이 아닌 사람의 통일일진데, 이런 상황에서의 통일은 전혀 바람직하지 않다. 자칫 잘못하면 북한 출신에게 이등 국민이라는 차별적 낙인이 찍힐 수도 있기 때문이다.

---

1 책 「사람으로 살고 싶었다」 인터뷰 중. [출처] 「탈경계와 윤리의 관점으로 북한이탈주민을 바라보다」, https://blog.naver.com/gounikorea/221650923367(검색일: 2023년 9월 10일).

로버트 에즈라 파크 박사는 '경계인'(境界人; marginal man)이란 표현으로, 두 개의 세계에 살고 있으면서도 어느 한 곳에 정착하지 못하고 소속감을 갖기 어려운 사람들을 정의했다. 그런데 북한이탈주민들은 떠나온 곳과 새로 정착한 곳 모두에서 적대적 반응을 경험하는 '위험에 처한 경계인'(marginal man at risk)이라는 표현이 더 적절할지도 모르겠다. 북한에서는 자신의 조국을 배신한 사람으로, 남한에서는 천안함이나 연평도 사건과 같은 남북 간의 충돌이라도 있을 치면 북한과 동일시되어 경계의 대상이 되곤 하니 말이다.

귀순 용사, 탈북자, 북향민, 새터민, 난민, 이주민 등 북한이탈주민을 지칭하는 용어도 다양하다. 그만큼 북한이탈주민을 바라보는 시각 역시 일률적이지 않으며, 사용되는 용어들 나름대로 북한이탈주민에 대한 시각을 반영한다. 탈북 용사의 경우 과거 이웅평 대위처럼 미그기를 몰고 귀순한 군인을 일컬을 때 적절하고, 박해를 넘어 국경을 넘는 사람들이란 의미에선 난민 역시 적절하다. 새터민은 정작 북한이탈주민들이 선호하지 않기에 요즘 잘 사용되지 않고 있고, 1997년 제정된 북한이탈주민의 보호 및 정착지원에 관한 법률에 따라, 북한이탈주민이 공식 명칭이 되었다. 이에 따라 "군사분계선 이북 지역에 주소, 직계가족, 배우자, 직장 등을 두고 있는 사람으로서 북한 지역을 벗어난 후 외국 국적을 취득하지 아니한 사람"으로 정의된다. 필자는 개인적으로 이미 우리 안에 시작된 남북의 통일이라는 의미를 담은 '통일이주민'이라는 용어를 선호하나, 이 글에서는 공식적인 용어인 북한이탈주민을 사용한다.

➕2 북한이탈주민(통일 이주민) 건강이 중요한 이유

현재 국내에는 3만 4천여 명에 이르는 북한이탈주민이 거주하고 있으나, 이들의 신체적 건강 실태에 대한 전문적, 의학적 연구는 매우 미미한 상태이다. 필자가 처음 이 문제가 관심을 두기 시작한 2000년대에는 더욱 그랬다. 고려대

윤인진 교수팀의 [국내 탈북자의 건강 및 의료] 연구,[2] [2005년도 새터민 건강 실태 연구] 등이 발표된 바 있으나,[3] 이는 비의료인에 의한 설문조사 연구였다. 또한 탈북자들의 정신 건강에 대한 연구는 비교적 활발히 발표되었으나, 신체적 건강 실태에 대한 전문적, 의학적 연구는 매우 미미했다. 실제로 2010년 12월까지 국내외에 발표된 북한이탈주민 관련 연구를 검색한 결과, 확인된 49개의 논문 중 대부분이 설문조사나 인터뷰를 기반으로 정신건강이나 영양 상태와 관련해 연구한 내용이었다. 필자가 2008년부터 북한이탈주민의 포괄적인 건강연구 - NOrth Korean Refugees health iN South Korea(NORNS) 연구 - 를 시작한 이유이다.

북한이탈주민은 남한 주민과 동일한 유전자를 가지고 있으나, 남북한의 분단에 따라, 오랜 기간 상이한 생활 습관과 환경에 노출되어 있었다. 따라서 상대적으로 서구화된 환경적 조건에서 살아온 남한 주민에 비해 북한이탈주민의 질병 발생 양상은 상당한 차이가 있을 것으로 예상할 수 있다. 고혈당, 고혈압, 이상지질혈증, 비만 등을 특징으로 하는 대사증후군은 생활 습관과 환경, 문화에 크게 영향받는 질환군으로 소위 생활습관병이라 지칭되며, 우리의 경우 80~90년대를 지나면서 급속히 증가하여 현재는 우리나라 성인 5명 중 한 명에 관찰될 정도로 흔하다. 반면 우리와 비교하여 경제적으로 낙후되고 영양 상태가 좋지 않았을 북한 주민의 경우 생활습관병의 유병률이 높지 않았을 가능성이 있으며, 국내 정착이 오래되지 않은 북한이탈주민의 경우 아직 탈북 이전의 질병 양상 – 생활습관병의 낮은 유병률 - 에서 크게 벗어나지 않았을 것으로 예상할 수 있다.

외국의 이주민 연구들은 생활 습관과 환경의 변화가 동일 민족 중에서도 질병의 발병 양상에 차이를 가져옴을 밝힌 바 있다. 하와이로 이주한 일본인이나,[4]

---

2   윤인진·김희숙. "국내탈북자의 건강 및 의료," 「보건과 사회과학」. 2005; 17: pp. 149-182.

3   윤여상·윤인진·이금순·안혜영·서윤환·엄홍석. "새터민 정착실태 연구." (사)북한인권정보센터. 2005; 28(2): pp. 529-562.

4   Nakanishi S, Okubo M, Yoneda M, Jitsuiki K, Yamane K, Kohno N. "A comparison between Japanese-Americans living in Hawaii and Los Angeles and native Japanese": the impact of lifestyle westernization on diabetes mellitus. *Biomed Pharmacother*. 2004 Dec; 58(10): pp. 571-577.

미국으로 이주한 아프리카인에게서의[5] 당뇨병이나 심혈관 질환의 유병률의 증가는 같은 유전자를 가지고 있어도 생활 습관과 환경의 변화에 따라 질병의 양상이 변화함을 보여주고 있다. 이렇듯 초창기의 이주민 연구들은 서구화된 환경으로의 이주가 동일 민족 내에서도 당뇨병이나 심혈관 질환의 위험성을 높임을 보여주었다.[6] 또한 이주 기간에 따라 심혈관 질환의 위험성이 증가한다는 보고도 있다.[7] 반면에 핀란드의 쌍둥이 연구는, 완벽한 유전자적 동일성에도 불구하고 심혈관 질환의 유병률이 낮은 나라로 이주한 일란성 쌍생아가 자신의 출생지에 있는 다른 쌍생아에 비해 심혈관 질환의 위험도가 낮아짐을 보고하였다.[8] 그러나 우리 연구처럼 동일 민족, 본디 동일 국가에서의 이주민 연구는 세계적으로 유례가 없다.

국내외 선행연구를 검토한 결과 이주민과 난민의 건강 상태에 영향을 미치는 주요 요인들은 성, 연령, 거주 기간 및 세대, 가족구조와 가족관계, 언어 및 문화적 차이, 동화 수준과 방식, 사회적 지지, 실업, 소득 및 사회경제적 적응 수준 등인 것으로 밝혀져 있다. 특히 북한이탈주민의 경우 북한에서의 영양 상태와 제3국 체류에서의 경험이 현재 건강 상태에 중요하게 작용하는 것으로 나타나고 있다.[9]

5   Cooper RS, Rotimi CN, Kaufman JS, Owoaje EE, Fraser H, Forrester T, Wilks R, Riste LK, Cruickshank JK. Prevalence of NIDDM among populations of the African diaspora. *Diabetes Care*. 1997 Mar; 20(3): pp. 343-348.

6   Hazuda HP, Haffner SP, Stern MP, Eifler CW. Effects of acculturation and socio-economic status on obesity and diabetes in Mexican Americans: the San Antonio Heart Study. *Am J Epidemiol*. 1988; 128: pp. 1289-1301.

7   Mooteri SN, Petersen F, Dagubati R, Pai RG. Duration of residence in the United States as a new risk factor for coronary artery disease (The Konkani Heart Study). *Am J Cardiol*. 2004 Feb 1; 93(3): pp. 359-361.

8   Jartti L, Ronnemaa T, Kaprio J, Jarvisalo MJ, Toikka JO, Marniemi J, Hammar N, Alfredsson L, Saraste M, Hartiala J, Koskenvuo M, Raitakari OT. Population-based twin study of the effects of migration from Finland to Sweden on endothelial function and intima-media thickness. *Arterioscler Thromb Vasc Biol*. 2002 May 1; 22(5): pp. 832-837.

9   Lee DW, Lee HS, Kim SG, Kim KJ, Jung SJ. The rocky road to freedom: number of countries transited during defection and risk of metabolic syndrome among North Korean Refugees in South Korea. *Public Health*. 2023 Aug; 221: pp. 208-215.

한편 문화 적응의 정도가 질병의 양상에 영향을 준다는 결과의 연구도 다수 수행되었는데,[10] 예를 들어 미국에 이주한 아랍인에서 미국 문화로의 동화 정도가 낮을수록 당뇨병의 위험도가 증가됨이 보고되었다.[11] 이는 기존의 이주민 연구들과 상반되는 결과로 서구화된 생활 습관으로의 적응이 그 내용에 따라서는 - 건강식의 실천, 규칙적인 운동 등 - 좋은 쪽으로 작용할 수도 있음을 보여주는 것이다.

북한이탈주민 건강연구는 이미 '우리 안에 들어온 북한'에 대한 연구이자, 통일 이후를 대비한 '프로토타입'의 연구이다. 언젠가 다가올 통일을 대비해 우리에게 미리 주어진 리트머스 시험지와 같다. 이들의 건강이 우리 사회 속에서 긍정적 방향으로 잘 통합될 수 있다면 통일 이후 남북한 주민건강의 통합적 발전은 기대해도 될 것이다. 그러나 그 반대라면 준비가 잘 될 때까지 통일이 미뤄져야 할지도 모른다.

3 NORNS 코호트 연구의 소개[12]

NOrth Korean Refugees health iN South Korea(NORNS) 연구는 다음 두 가지의 목적으로 2008년 10월부터 시작되어 현재까지 지속되고 있다. 첫째는 인도적 목적이다. 남한에 정착한 북한이탈주민의 남한 의료에 대한 만족도는 이들이 의료급여 대상으로 급여 항목에 대한 본인 부담이 없음에도 불구하고 높은

---

10 Diez Roux AV, Detrano R, Jackson S, Jacobs DR Jr, Schreiner PJ, Shea S, Szklo M. Acculturation and socioeconomic position as predictors of coronary calcification in a multiethnic sample. *Circulation*. 2005 Sep 13; 112(11): pp. 1557-1565.

11 Jaber LA, Brown MB, Hammad A, Zhu Q, Herman WH. Lack of acculturation is a risk factor for diabetes in arab immigrants in the US. *Diabetes Care*. 2003 Jul; 26(7): pp. 2010-2014.

12 Lee YH, Lee WJ, Kim YJ, Cho MJ, Kim JH, Lee YJ, Kim HY, Choi DS, Kim SG, Robinson C. North Korean refugee health in South Korea (NORNS) study: study design and methods. *BMC Public Health*. 2012 Mar 8; 12: p. 172.

편이 아니다. 우리 의료 상황에서 건강보험에서 보장되지 않는 비급여 항목이 적지 않고, 그 경우 비용도 만만치 않아 의료 이용의 제한이 있기 때문이다. 게다가 우리 의료의 특성상 검사 결과에 대한 충분한 설명을 듣기가 쉽지 않다. 그런 의미에서 NORNS 연구의 연구진과 자원봉사자들은 북한이탈주민에게 인도적 차원에서 양질의 의료 서비스를 제공하고, 북한이탈주민들이 자신의 건강 문제를 믿고 상담할 수 있는 '친구' 의료인이 되고자 하였다. 두 번째, 생활습관병을 중심으로 북한이탈주민의 건강 상태에 대해 연구하고자 하였다. 북한이탈주민은 남한 주민과 동일한 유전자를 가지고 있으나, 오랜 기간 상이한 생활 습관과 환경에 노출되어 왔다. 그 결과, 상대적으로 서구화된 환경적 조건에서 살아온 남한 주민에 비해 북한이탈주민의 질병 발생 양상은 상당한 차이가 있을 가능성이 있다. 따라서 본 연구의 목적은 생활 습관과 환경, 문화에 의해 크게 영향받는 생활습관병(고혈당, 고혈압, 이상지혈증, 복부 비만, 대사증후군 등)과 다양한 동맥경화성 지표가 북한이탈주민에게서 어떻게 나타나는지를 확인하고, 북한이탈주민의 새로운 환경에의 노출 정도와 동화 수준에 따라 영향받는지를 확인하고자 하였다. 또한 남한 주민과의 비교연구를 통하여 남북한 주민의 생활과 환경의 차이가 유전자적 동질성에도 불구하고 다양한 생활습관병의 발현에 상이하게 작용할 것이라는 가설을 제공하고자 하였다. 본 연구를 통해 규명하고자 하는 핵심적인 질문은 아래와 같다.

1) 북한이탈주민들의 질환의 양상은 남한 주민들과 어떤 차이가 있는가?
2) 남한에 거주하면서 이들의 질병 양상은 어떻게 변하는가?
3) 변화되는 질병 양상은 남한 주민들과 어떻게 다른가?
4) 다르다면 이 차이점을 가져온 이유는 무엇인가?

본 연구는 고려대 안암병원 내분비내과를 중심으로 서울북부 하나센터의 협력으로 진행되고 있으며, 단면 연구와 추적 연구로 구성되어 있다. 단면 연구는 2008년 10월부터 매달 15~20명 내외의 북한이탈주민을 고려대 안암병원 당뇨센터에 초청하여 건강 검진을 진행하는 방식으로 수행되었으며, 현재까지 총 78회 1,064여 명이 참여하였다. 추적 연구는 같은 대상자들에게 핵심적인 문진과 검사 항목을 3.5년마다 반복하는 방식으로 진행되고 있다(그림 2-1).

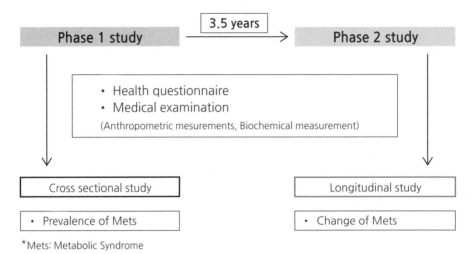

그림 2-1 NORNS 코호트 연구 프로세스 요약

3.5 years

Phase 1 study → Phase 2 study

- Health questionnaire
- Medical examination
(Anthropometric mesurements, Biochemical measurement)

Cross sectional study | Longitudinal study

- Prevalence of Mets | • Change of Mets

*Mets: Metabolic Syndrome

출처: 저자 작성

이제 본 연구가 NORNS로 명명된 이유에 관해 설명해 보자. NORNS는 노르웨이의 신화에 등장하는데 과거, 현재, 미래를 관장하는 운명의 여신 이름이다. 우리가 살고 있는 한반도는 과거에는 하나의 한반도였으나, 현재는 분단된 채 남아있다. 그러나 미래 언젠가는 통일된 한반도가 우리 앞에 다가올 것이라는 기대와 믿음을 가지고 과거, 현재, 미래를 관장하는 여신으로 본 연구의 이름을 정하였다.

연구 방법

대상 선정(Subject recruitment)

대상자의 자격은 서울시에 거주하는 30세 이상의 북한이탈주민으로 정하였다. 서울시는 남한 내에서 북한이탈주민이 가장 많이 거주하는 지역으로(전체 북한이탈주민의 약 30%) 최대한의 참여를 기대할 수 있는 지역이다. 30세 이상으로 연령을 제한한 것은 이 연구의 관심 건강 결과인 생활 습관 질환이나 대사질환이 연령에 따라 증가하는 점을 고려한 것이다. 대상자 모집을 위해 북한이탈주민의 남한 정착 및 생활을 지원하는 민관협력 기관인 서울북부 하나센터의 협조를 받았다. 하나센터의 인터넷게시판과 연락망을 통해 서울시 북동부에 있는 고려대학교 안암병원에서 매월 한 번씩 건강 설문과 건강 검진이 있음을 공지하였고 이에 자발적으로 신청한 대상자를 모집하였다.

연구 과정(Survey process)

2008년 10월부터 고려대학교 안암병원에서 매월 모집된 북한이탈주민을 대상으로 다양한 항목의 건강 설문과 건강 검진을 실시하였다. 모든 대상자는 정확한 혈액검사를 위해 최소 8시간 이상 금식을 하도록 지도받았다. 약 30분간 39개 항목의 자기-기입식 건강 관련 설문조사를 실시하였고 설문 완료자는 8개의 검진 항목을 특별한 순서 없이 수검하게 하였다. 모든 검사가 끝난 대상자는 설문 내용을 바탕으로 탈북 의사와 건강 상담 및 설문 검토를 하게 하였다.

설문 개발(Questionnaire development)

기존의 여러 북한이탈주민 관련 설문과 남한의 국민건강영양조사 설문을 바탕으로 다음과 같이 여섯 영역의 설문을 개발하였다; 1) 인구학적 특성 (demographic characteristics), 2) 질병력(disease history), 3) 정신건강(mental health status), 4) 건강 관련 생활 습관(health-related life styles), 5) 여성 관련 건강 지표 (women-specific health conditions), 6) 차별 및 적응(discrimination and adaptation).

검진(Medical examination)

검진은 다음 항목으로 구성되었다(표 2-1); 1) 신체 계측(anthropometric measure-ment), 2) 혈압 및 맥박(blood pressure and heart rate), 3) 혈액 검사(blood test), 4) 소변 검사(urine test), 5) 동맥경화 검사(atherosclerosis test), 6) 갑상선 초음파 검사(thyroid sonogram), 7) 골밀도 검사(bone densitometer), 8) 내시경 검사 (gastroendoscopy). 이상의 검사는 모든 대상에게 시행되었으나, 내시경의 경우에는 원하는 대상에게서만 선택적으로 검사하였다.

대상자 인터뷰(In-person interview by a North Korean doctor)

북한이탈주민들을 대상으로 건강 관련 설문이 여러 차례 시도된 바 있으나 이들의 보고 내용에 대한 타당도(validity) 및 충실성(completeness)에 대해서 아직 보고된 것이 없다. 본 연구에서는 일반 북한이탈주민과 동일한 배경과 경험을 가진 탈북 의사를 채용하여 설문 내용을 바탕으로 모든 대상자와 건강 상담을 하게 하였다. 이 과정을 통해 면접자는 대상자가 작성한 설문 내용을 점검하고 중요 항목에 대해서는 대상자가 이해하기 쉽게 설명하여 다시 답변하게 함으로써 보고의 타당도와 충실성을 높이고자 하였다.

표 2-1 NORNS 코호트 연구의 주요 측정 내용

항목	주요 측정 내용
인구학적 요인	출신지역, 제3국 거주 기간 및 남한 거주 기간, 교육정도, 직업, 남한 입국 시 체중 등
생활 습관 요인	질병력, 흡연력, 음주력, 신체활동 정도 등
정신 심리, 사회적 요인	정신건강, 차별 및 적응 정도 등
신체 계측	신장, 체중, 허리둘레, 혈압 등
장비활용 검사	체성분검사, brachial-ankle pulse wave velocity (baPWV), 골밀도 검사, 갑상선 초음파 등
혈액 검사	혈당, 총 콜레스테롤, 중성지방, 고밀도 지단백 콜레스테롤, 신기능, 간기능, 갑상선기능검사 등
인슐린 기능 검사	인슐린, 인슐린 저항성, 인슐린 분비 기능

출처: 저자 작성

4 북한이탈주민 건강 데이터와 의의

이제 NORNS 코호트를 기반으로 연구되었던 결과들을 간략히 요약하고 그 함의를 살펴보자.

대사질환 위험[131415]

고혈압, 고혈당, 이상지질혈증, 복부비만을 특징으로 하는 대사증후군은 당뇨병의 발생을 증가시킬 뿐만 아니라 심장병이나 뇌졸중과 같은 심혈관 질환의 대표적인 위험인자이다. 북한이탈주민은 복부 비만도가 낮은데도 불구하고 전반적인 대사증후군의 유병률은 남한 사람에 못지않았고, 특히 남한에 정착한 이후 체중 증가로 대변되는 부정적인 남한화가 이루어질수록 대사증후군의 위험도는 현저히 증가하였다. 대사증후군이 당뇨병의 가장 중요한 위험 요인임을 고려할 때 현재 북한이탈주민의 대사증후군 유병 규모는 멀지 않은 시기에 이로 인한 당뇨병의 급격한 증가를 예견하게 한다. 특히 90년대 후반 극심한 기아를 경험한 40~50대의 경우 향후 생활습관병 증가의 핵으로 등장할 가능성이 있다. 대사질환이나 심혈관 질환은 빈곤을 경험한 세대에서 갑작스러운 풍요가 닥칠 때 그 위험도가 증가하는 질환이기 때문이다. 향후 우리나라에 거주하고 있는 북한이탈주민의 생활습관병 유병 규모를 줄이기 위한 관계 당국과 보건인의 적극적인 노력이 필요하다.

13 Kim YJ, Lee YH, Lee YJ, Kim KJ, An JH, Kim NH, Kim HY, Choi DS, Kim SG. Prevalence of metabolic syndrome and its related factors among North Korean refugees in South Korea: a cross-sectional study. *BMJ Open*. 2016 Jun 1; 6(6): e010849.

14 Kim YJ, Kim SG, Lee YH. Prevalence of General and Central Obesity and Associated Factors among North Korean Refugees in South Korea by Duration after Defection from North Korea: A Cross-Sectional Study. *Int J Environ Res Public Health*. 2018 Apr 20; 15(4): p. 811.

15 Kim YJ, Lee YH, Lee YJ, Kim KJ, Kim SG. Weight Gain Predicts Metabolic Syndrome among North Korean Refugees in South Korea. *Int J Environ Res Public Health*. 2021 Aug 11; 18(16): p. 8479.

골다공증 위험[16][17]

골다공증은 갱년기 이후에 급격히 증가하며 골절과 이로 인한 사망률도 증가시킬 수 있는 대표적인 여성질환이다. 북한이탈주민 중 갱년기 이후 골다공증의 유병률은 48%로 우리나라 여성의 17%의 3배에 육박하였다. 또한 우리나라에서의 거주 기간에 따라 골다공증의 발생빈도는 큰 변화가 없었다. 골다공증은 20~30대의 영양 상태에 영향을 받고, 이때 만들어진 총 골량이 갱년기 이후 골다공증의 발생과 밀접한 관련이 있다. 즉 북한에서의 영양 상태가 좋지 않았던, 특히 90년대 후반 극심한 기아를 경험한 세대의 경우 골량이 증가하지 않아 폐경 이후 골다공증의 유병률이 증가한 것으로 설명할 수 있다. 또한 북한이탈주민 중 골 건강과 관련된 비타민-D의 농도가 정상인 사람이 한 명도 없는 것으로 나타났다. 지금도 북한 영유아와 청소년기의 영양 상태가 좋지 않음을 고려할 때 이후 골다공증의 유병 규모의 확대와 이로 인한 사회적 비용의 증가로 이어질 가능성이 높다.

정신건강 위험[18][19]

북한이탈주민, 특히 중국 등 제3국에서의 거주 기간이 긴 여성들에 있어서

---

16 Kim KJ, An JH, Kim KJ, Yu JH, Kim NH, Yoo HJ, Kim HY, Seo JA, Kim NH, Choi KM, Baik SH, Kim SG. Prevalence of osteoporosis among North Korean women refugees living in South Korea: a comparative cross-sectional study. *BMJ Open*. 2020 Jun 11; 10(6): e036230.

17 Kim KJ, Kim YJ, Kim SH, An JH, Yoo HJ, Kim HY, Seo JA, Kim SG, Kim NH, Choi KM, Baik SH, Choi DS, Kim NH. Vitamin D status and associated metabolic risk factors among North Korean refugees in South Korea: a cross-sectional study. *BMJ Open*. 2015 Nov 30; 5(11): e009140.

18 Noh JW, Park H, Kwon YD, Kim IH, Lee YH, Kim YJ, Kim SG. Gender Differences in Suicidal Ideation and Related Factors among North Korean Refugees in South Korea. *Psychiatry Investig*. 2017 Nov; 14(6): pp. 762-769.

19 Kang W, Kang Y, Kim A, Tae WS, Kim KJ, Kim SG, Ham BJ, Han KM. Shape analysis of the subcortical structures in North Korean refugees with post-traumatic stress disorder and major depressive disorder. *Psychiatry Res Neuroimaging*. 2022 Aug 18; 326: 111527.

정신건강에 상당한 취약성이 확인되었다. 북한이탈여성들의 우울증, 자살 사고, 자살 시도의 비율이 각각 46%, 28%, 30%로 남한 주민에 비해 2~4배 정도 높았다. 특히 남녀 공히 우리나라에서의 거주 기간이 길수록(5년 이상) 자살 사고가 더 흔히 관찰되었다. 이것은 우리 사회에 북한이탈주민의 적응이 쉽지 않음을 보여주는 사례로 이들의 성공적 정착을 위한 국가 차원의 더욱 세밀한 개별 맞춤형 지원이 필요함을 시사한다. 또한 북한이탈주민의 외상성 스트레스 증후군이 탈북 이후에 우리나라의 정착 과정에서도 지속되면서 뇌 영상 촬영을 통한 관련 부위의 변화로도 확인되었다. 우리 사회가 죽음의 고비를 넘어 탈북하고 제3국에서의 심각한 트라우마로 힘든 삶의 여정을 경험해 온 북한이탈주민에 대한 보다 따뜻한 시선이 필요하고, 이들을 통일 이후를 대비한 소중한 동반자로 받아들이는 적극적인 노력이 필요하다고 하겠다.

한국 사회 적응과 신체 건강[20]

새로운 집단에 소속하면서 사회문화적 혹은 정신적으로 잘 적응하는지 여부는 신체 건강과 연결될 가능성이 있다. 즉, 특정 사회에 잘 적응하는 경우 신체 건강 역시 긍정적인 영향을 받을 것이고 잘 적응하지 못하는 경우 부정적인 영향을 받을 것이다. 우리는 안정 시 심장박동수로 확인한 신체 건강 지표를 사회문화적 혹은 정신적 적응 정도와 비교하였는데, 그 결과 둘 사이에는 밀접한 연관성이 있었다. 또한 직업 여부 역시 신체 건강 상태와 연계되어 있어 일에 잘 적응하고 정신적으로 건강한 북한이탈주민들이 신체 역시 건강한 것으로 나타났다. 우리 사회가 이들의 사회문화적, 정신적 적응을 돕고, 순 적응이 가능한 직업적 선택을 지원하는 것이 중요함을 시사한다.

---

20   Kraeh A, Frose FJ, Kim SG. Does socio-cultural and psychological adjustment influence physical health? The case of North Korean refugees in South Korea. *International Journal of Intercultural Relations*. 2016 Mar; 51: pp. 54-60.

대사질환 중재[21]

전술한 바와 같이 북한이탈주민들은 마른 비만의 양상을 보이며 대사성 질환에 취약하다. 이들 대사질환의 취약성을 극복할 수 있도록 돕기 위해 필자들은 웨어러블 디바이스를 통한 북한이탈주민 건강관리 중재의 효과를 규명하고자 연구를 진행했다. 남한화 과정에서 운동이 부족할 것이라는 예상과는 달리 북한이탈주민들의 하루 평균 걸음 수는 11,667보에 달했다. 걸음 수가 평균보다 낮았던 사람들의 경우에는, 특히 평소 운동을 안 하거나 우리나라에서 정착 기간이 짧은 경우, 우울 정서가 동반된 경우 생활 습관 중재 교육을 받은 군에서 유의하게 걸음 수가 증가하였고 대사 지표들도 호전되었다. 걸음 수가 증가한 사람들의 약 50%에서 체중, 체질량지수, 허리둘레, 공복혈당, 당화혈색소, 중성지방이 낮아졌으며, HDL콜레스테롤은 향상됐다. 이제는 걷기가 적었던 이들은 더 걷도록 유도하고, 영양 불균형을 극복하기 위한 영양교육을 개별화하는 등 이들의 건강한 정착에 기여할 수 있는 대규모 맞춤형 중재연구로 발전시켜야 할 것이다.

➎ 국가 기반 남북주민 건강 비교

전술한 대로 동일한 유전적 배경을 가지고 있음에도 분단으로 인한 환경의 차이가 초래하였을 남북한 주민들의 건강 비교연구는 전 세계적으로 매우 독특한 연구이다.[22] 통상의 이주민 연구와도 차이점이 있다. 기존의 이주민 연구가 이민족(different nation)으로의 이주로 인해 발생한 건강 영향을 이주하지 않은

21 Kim JY, Kim KJ, Kim KJ, Choi J, Seo J, Lee JB, Bae JH, Kim NH, Kim HY, Lee SK, Kim SG. Effect of a Wearable Device-Based Physical Activity Intervention in North Korean Refugees: Pilot Randomized Controlled Trial. *J Med Internet Res*. 2023 Jul 19; 25: e45975.

22 Kim SG, Kim KJ, Ha S, Kim YH. A peek into the Galapagos of the medical research field. *Lancet*. 2016 Dec 17; 388(10063): pp. 2989-2990.

집단과 비교하여 그 원인을 규명하는 방식인 데 비해 본 연구는 유전적으로 동일한 민족이 분단(one-step)과 그 이후의 이주(two-step)로 인해 사회경제환경의 two-step change를 경험한 이주민 연구라는 독특성을 가지기 때문이다.

필자들은 건강보험공단연구원(원장 이해종)과 함께 우리나라에 거주하는 북한이탈주민 전수(약 4만여 명)를 대상으로 국민건강보험 자격 자료, 의료 이용 자료, 건강검진 자료 등 건강보험 청구 자료와 통계청의 사망원인 자료를 연계한 국가 기반 빅데이터(북한이탈주민 맞춤형) DB를 구축하였다. 그리고 이를 바탕으로 우리 주민 2백여만 명과 비교하는 남북 주민 건강 비교 코호트 연구를 다음과 같은 분석 계획 아래 진행 중이다(그림 2-2).

그림 2-2 건강보험공단 국가 빅데이터 기반 남북 주민 건강 비교 개요

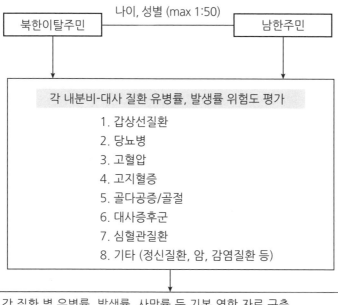

출처: 저자 작성

1) 북한이탈주민의 내분비-대사 질환(당뇨병, 대사증후군, 심혈관 질환, 갑상선 질환, 골대사 질환 등), 암, 정신 신경질환, 여성질환 등의 역학(유병률, 발생률, 동반 질환, 사망 등)을 분석한다.
2) 북한이탈주민들의 남한 거주 기간에 따른 다양한 질환들의 변화 양상과 관련 위험 요인을 분석한다.
3) 이를 기반으로 나이와 성별, 경제 수준 등을 매칭한 남한 주민들의 역학과 비교하여 남북한 주민 간 질환 발현의 공통점과 차이점을 확인한다.
4) 2008년부터 구축된 NORNS 코호트의 실측자료(생활 습관 자료나 기왕력, 보관 중인 혈액을 통한 다양한 바이오마커 분석을 추가)와 국가 기반 빅데이터를 연계하여 남북주민 간의 질병 양상 차이에 대한 병태 생리적 차원에서의 원인 규명을 위한 가설을 제공한다.

본 연구를 통해 필자들이 기대하는 바는 다음과 같다. 첫째, 통합적 중재 측면: 북한이탈주민에 대한 다양한 신체 및 건강 자료를 바탕으로 의학적 차원뿐만 아니라 제도적, 문화적, 사회적 차원을 포함한 통합적 중재 지원방안을 제안한다. 둘째, 연구개발 측면: 본 연구에서 설정된 가설을 기반으로 이후 포괄적인 남북한 주민 건강 비교연구를 개발하기 위한 근거를 제시한다. 셋째, 정책적 측면: 북한이탈주민에 대한 보건의료 분야 정책 설정을 위한 기초자료 및 남북한 보건의료 교류협력의 우선순위 결정을 위한 근거로 활용한다. 넷째, 제도적 측면: 본 연구에서 관찰된 내용의 제도적 반영을 통한 북한이탈주민 건강증진 및 관련 질환의 국가적 관리 방안을 마련한다. 다섯째, 통일 대비 측면: 동일 민족에게서의 이주민 연구라는 세계적으로 유례없는 코호트의 실증적 자료를 기반으로 북한이탈주민들의 질병 양상의 변화를 추적하고, 통일 시점에서 발생 가능한 북한 주민들의 질환 위험도 및 위험 요인을 예측하며, 이를 통해 통일 이후 북한 주민들의 통합건강 관리체계 구축에 기여한다.

6 끝맺는 말 - 희망과 절망 사이에서 낙관하기

우리 땅에 살지 못하고 한국에 온 것이 큰 죄

우리의 조국 세상에서 가장 가난하고 못 사는 곳에서 태어난 죄

하루종일 직장에서 주위의 한국 사람들로부터 이만갑에 대해 질문을 받았다.

북한이 그렇게 가난한가, 북한에는 신발이 있나

한국에서 쌀밥을 먹어보니 어떤가, 핸드폰이 있나, 텔레비전이 있나

화장실에서 혼자 울었다.

한국에 와서 명문대학을 졸업하고 미국에서 1년 동안 어학연수를 하고

한국사람처럼 세련되게 살려고 노력했지만

결국 가난한 탈북자일 뿐 그 이상 그 이하도 아니다.

언제쯤 열등감에서 벗어나 한국 사람처럼 당당하게 살 수 있을까.[23]

북한이탈주민 건강연구를 통해서 필자들이 주목하는 것은 이들에게 짙게 드리운 깊은 트라우마의 경험이다. 남북 양쪽에서 경험했고 지금도 현재진행형인, 생애를 통해 반복되고 누적되어 온 트라우마들이 북한이탈주민들의 신체적, 정신적, 사회적, 영적 건강에 중대한 영향을 미칠 수 있다. 「트라우마와 사회치유」의 대표 저자인 전우택 교수는 서문에서 이렇게 말한다.[24]

"일련의 연구와 활동을 통하여, 우리의 아픔은 타인들의 아픔과 같은 크기, 같은 모양을 가지고 있음을 알 수 있었다. 그리고 한반도의 지뢰는 우리의 산하에만 뿌려져 있는 게 아니라 한국인들 가슴과 가슴 속에 수없이 흩뿌려져 있음을 알게 되었다. 다음 세대 아이들은 이 지뢰에 의해 생기는 제2, 제3의 상처로부터 자유로울 수 있도록, 조심스레 그 지뢰들을 제거해 나가는 손길이 한반도에 가득하기를 기대한다. 그런 모습을 이 갈등 많은 세계에 보여줄 수 있을 때, 우리는 한국인임을 진정 자랑스러워할 수 있을 것이다"

---

23 세계사람(2012), 우리가 한국에 온 것이 죄, www.toxjals.com, 2014. 5. 27. 윤보영. "경계인 이론을 통한 남한 정착 북한이탈주민 이해에 관한 연구." 「사회과학연구」. 2015. 9; pp. 187-216에서 재인용.

24 전우택·박명림. 「트라우마와 사회치유」 (서울: 역사비평사, 2019).

희망을 찾아온 사람들이 절망할 때 그 인생은 비관에 사로잡히게 된다. 우리 나라에서의 정착 기간이 늘어날수록 자살 사고가 증가한다는 연구 결과는 우리 사회가 북한이탈주민과의 통합에 실패하고 있음을 드러낸다. 북한이탈주민들이 살아가는 우리 사회가 그런 비관적 삶의 터전이 되어서는 안 된다. 따라서 이들의 통합적 건강 실태를 추적하고, 건강 관련 위험요인을 찾아내며, 이를 긍정적으로 중재할 방안을 고민하는 것은, 북한이탈주민들의 비관적 정서를 미래의 낙관으로 역전시키기 위한 노력이다. 그리될 때 우리 안의 통일이 가능하고, 언젠가 다가올 남북의 통일도 긍정적으로 조망될 수 있을 것이다.

의학사에 있어서도 남북 주민 건강 비교연구는 기념비적 의의를 갖는다. 지금은 북한이탈주민과 남한 주민의 비교연구이지만 머지않아 한반도 전역에서 국민건강영양조사가 동시에 이루어지는 미래를 상상해보자. 유일한 분단국가 한반도에서 무려 7천 5백만 명을 대상으로 진행될 동일 민족의 국가 기반 비교연구, 소위 인구집단 기반 쌍둥이 연구의 결과들은 유전적 유사성을 바탕으로 환경의 변화가 질병에 미치는 영향을 규명하는 소중하고 독특한 기회가 될 수 있다. 그런 K-Medicine이 그려낼 미래를 낙관하며 오늘도 우리는 북한이탈주민의 건강에 주목하며 연구를 멈추지 않는다.

감사의 말

NORNS 코호트와 남북주민 건강 비교연구를 위해 협력해주신 분들께 감사를 드립니다.

고려대학교병원 내분비내과 - 김경진A, 김경진B, 최지미, 배재현, 김남훈 외 교직원들

고려대학교 통일보건의학협동과정 - 김영훈, 이요한, 하신, 양소영

건강보험공단 건강보험연구원 - 이해종, 이정면, 이주향, 최문정

통일보건의료학회 - 전우택, 박상민, 노진원 등 이사들

고려대학교 예방의학교실 - 윤석준, 이원진

고려대학교 사회학과 - 윤인진

Johns Hopkins - Courtland Robinson

환자 중심 의료기술 최적화 연구사업단

공릉동 하나센터 - 이주형, 송지은, 김선화, 박하영

자원봉사자들 - CMF 북녘사랑, 메디띵크 학생들

남북보건의료교육재단 - 배순희, 권혁도

… 그리고 탈북 의료인 여러분

References

윤여상·윤인진·이금순·안혜영·서윤환·엄홍석. "새터민 정착실태 연구." (사)북한인 권정보센터. 2005; 28(2): pp. 529-562.

윤인진·김희숙. "국내탈북자의 건강 및 의료." 「보건과 사회과학」. 2005; 17: pp. 149-182.

전우택·박명림. 「트라우마와 사회치유」. 서울: 역사비평사. 2019.

「탈경계와 윤리의 관점으로 북한이탈주민을 바라보다」. https://blog.naver.com/gounikorea/221650923367

Cooper RS, Rotimi CN, Kaufman JS, Owoaje EE, Fraser H, Forrester T, Wilks R, Riste LK, Cruickshank JK. Prevalence of NIDDM among populations of the African diaspora. *Diabetes Care*. 1997 Mar; 20(3): pp. 343-348.

Diez Roux AV, Detrano R, Jackson S, Jacobs DR Jr, Schreiner PJ, Shea S, Szklo M. Acculturation and socioeconomic position as predictors of coronary calcification in a multiethnic sample. *Circulation*. 2005 Sep 13; 112(11): pp. 1557-1565.

Hazuda HP, Haffner SP, Stern MP, Eifler CW. Effects of acculturation and socioeconomic status on obesity and diabetes in Mexican Americans: the San Antonio Heart Study. *Am J Epidemiol*. 1988; 128: pp. 1289-1301.

Jaber LA, Brown MB, Hammad A, Zhu Q, Herman WH. Lack of acculturation is a risk factor for diabetes in arab immigrants in the US. *Diabetes Care*. 2003 Jul; 26(7): pp. 2010-2014.

Jartti L, Ronnemaa T, Kaprio J, Jarvisalo MJ, Toikka JO, Marniemi J, Hammar N, Alfredsson L, Saraste M, Hartiala J, Koskenvuo M, Raitakari OT. Population-based twin study of the effects of migration from Finland to Sweden on endothelial function and intima-media thickness. *Arterioscler Thromb Vasc Biol*. 2002 May 1; 22(5): pp. 832-837.

Kang W, Kang Y, Kim A, Tae WS, Kim KJ, Kim SG, Ham BJ, Han KM. Shape analysis of the subcortical structures in North Korean refugees with post-traumatic stress disorder and major depressive disorder. *Psychiatry Res Neuroimaging*. 2022 Aug 18; 326: 111527.

Kim JY, Kim KJ, Kim KJ, Choi J, Seo J, Lee JB, Bae JH, Kim NH, Kim HY, Lee SK, Kim SG. Effect of a Wearable Device-Based Physical Activity Intervention in North Korean Refugees: Pilot Randomized Controlled Trial. *J Med Internet Res*. 2023 Jul 19; 25: e45975.

Kim KJ, An JH, Kim KJ, Yu JH, Kim NH, Yoo HJ, Kim HY, Seo JA, Kim NH, Choi KM, Baik SH, Kim SG. Prevalence of osteoporosis among North Korean women refugees living in South Korea: a comparative cross-sectional study. *BMJ Open*. 2020 Jun 11; 10(6): e036230.

Kim KJ, Kim YJ, Kim SH, An JH, Yoo HJ, Kim HY, Seo JA, Kim SG, Kim NH, Choi KM, Baik SH, Choi DS, Kim NH. Vitamin D status and associated metabolic risk factors among North Korean refugees in South Korea: a cross-sectional study. *BMJ Open*. 2015 Nov 30; 5(11): e009140.

Kim SG, Kim KJ, Ha S, Kim YH. A peek into the Galapagos of the medical research field. *Lancet*. 2016 Dec 17; 388(10063): pp. 2989-2990.

Kim YJ, Kim SG, Lee YH. Prevalence of General and Central Obesity and Associated Factors among North Korean Refugees in South Korea by Duration after Defection from North Korea: A Cross-Sectional Study. *Int J Environ Res Public Health*. 2018 Apr 20; 15(4): p. 811.

Kim YJ, Lee YH, Lee YJ, Kim KJ, An JH, Kim NH, Kim HY, Choi DS, Kim SG. Prevalence of metabolic syndrome and its related factors among North Korean refugees in South Korea: a cross-sectional study. *BMJ Open*. 2016 Jun 1; 6(6): e010849.

Kim YJ, Lee YH, Lee YJ, Kim KJ, Kim SG. Weight Gain Predicts Metabolic Syndrome among North Korean Refugees in South Korea. *Int J Environ Res Public Health*. 2021 Aug 11; 18(16): p. 8479.

Kraeh A, Frose FJ, Kim SG. Does socio-cultural and psychological adjustment influence physical health? The case of North Korean refugees in South Korea. *International Journal of Intercultural Relations*. 2016 Mar; pp. 54-60.

Lee DW, Lee HS, Kim SG, Kim KJ, Jung SJ. The rocky road to freedom: number of countries transited during defection and risk of metabolic syndrome among North Korean Refugees in South Korea. *Public Health*. 2023 Aug; 221: pp. 208-215.

Lee YH, Lee WJ, Kim YJ, Cho MJ, Kim JH, Lee YJ, Kim HY, Choi DS, Kim SG, Robinson C. North Korean refugee health in South Korea (NORNS) study: study design and methods. *BMC Public Health*. 2012 Mar 8; 12: pp. 172.

Mooteri SN, Petersen F, Dagubati R, Pai RG. Duration of residence in the United States as a new risk factor for coronary artery disease (The Konkani Heart Study). *Am J Cardiol*. 2004 Feb 1; 93(3): pp. 359-361.

Nakanishi S, Okubo M, Yoneda M, Jitsuiki K, Yamane K, Kohno N. "A comparison between Japanese-Americans living in Hawaii and Los Angeles and native Japanese": the impact of lifestyle westernization on diabetes mellitus. *Biomed Pharmacother*. 2004 Dec; 58(10): pp. 571-577.

Noh JW, Park H, Kwon YD, Kim IH, Lee YH, Kim YJ, Kim SG. Gender Differences in Suicidal Ideation and Related Factors among North Korean Refugees in South Korea. *Psychiatry Investig*. 2017 Nov; 14(6): pp. 762-769.

남북한 건강 격차와 해소 방안

1. 남북한 건강 격차 분석
2. 남북한 건강 격차 해소를 위한 한반도 보건협력 전략

남북한 건강 격차와 해소 방안

이요한(고려대학교 의과대학 예방의학교실)

1 남북한 건강 격차 분석[1]

핵심 내용

• 1990년부터 2019년까지 남북한 모두 기대수명이 향상됐다.

• 남북한 기대수명 격차는 지난 30년 동안 약 10년 정도로 점점 커졌다.

• 1990년대까지의 격차의 원인은 북한의 높은 5세 미만 어린이의 영양 결핍이었다.

• 그러나 2000년대부터 격차의 주요 원인 질환이 만성 질환으로 변하였다.

• 2019년 현재 남북한 기대수명 격차 10년 중 약 8년을 만성 질환으로 설명할 수 있다.

---

1   필자가 책임저자로 참여한 아래 논문의 상당부분을 한글로 번역, 수정, 요약하였음을 밝힌다. Choi, Minjae, et al. "Changes in contributions of age-and cause-specific mortality to the widening life expectancy gap between North and South Korea, 1990-2019: An analysis of the Global Burden of Disease Study 2019." *SSM-Population Health.* 2023; 101445.

출생 시 기대수명은 국가 인구 건강의 추세를 모니터링하고, 경제적 충격이나 기근과 같은 사회환경적 위협이 인구 건강에 미치는 영향을 추적하며, 특히 국가 간 절대적이고 상대적인 차이를 조사하는 데 사용될 수 있는 필수적인 척도이다(Dicker et al., 2018). 이러한 기대수명의 차이는 특정 기간 유아기, 소아기, 청소년기, 근로 연령, 노년기 인구의 생활 여건 등의 차등적인 증감을 반영한다(Chisumpa & Odimegwu, 2018).

1953년 한국전쟁 이후 분리된 북한과 남한은 같은 언어와 민족적 배경을 가지고 있음에도 이러한 정치적, 경제적, 문화적 배경이 상이함에 따라 전혀 다른 건강 상태가 초래될 수 있는 환경에 놓였다. 분단 이후 남북한 기대수명의 격차는 크지 않았으나, 1990년대 중반 이후 북한이 '대기근'이라 불리는 극심한 경제난과 기근을 겪은 시기(Schwekendiek, 2015)에는 그 격차가 크게 벌어졌고, 이후 일련의 북한의 공중보건 부문 악화(Owen-Davies, 2001)로 인해 그 차이가 줄어들지 않은 것으로 추정된다.

남북한 기대수명 격차에 관한 연구는 사회정치적 변화가 건강에 미치는 영향을 연구할 수 있는 귀중한 기회를 제공한다(Bak et al., 2018). 남북한의 기대수명 격차에 대한 세부적인 정보를 제공하기 위한 연구는 몇몇 연구에서 보고된 바 있다(Bak et al., 2019; Goodkind & West, 2001; Khang et al., 2016; Kim et al., 2020; Spoorenberg & Schwekendiek, 2012; Yang et al., 2010, 2012). 그중 기대수명 격차 자체를 넘어서 그 격차에 대한 세부적인 정보를 제공하기 위한 연구는 한 연구만이 수행되었다(Bak et al., 2018). 남북한 기대수명 격차의 질병별 기여를 조사한 이 연구는 과거 북한의 질병별 사망자가 남한의 사망자와 동일하다고 가정하였고, 결과적으로 약 10년간의 기대수명 격차에 심혈관질환, 소화기질환, 유아사망률이 크게 기여한 것으로 보고하였다(Bak et al., 2018).

이러한 기존 연구들은 1차 자료가 없는 단일 연도의 기대수명 격차와 질병별 기여를 다루었지만, 남북한 주민의 건강 상태가 변해왔기 때문에 개선된 건강지표를 사용하여 기대수명 격차의 질병에 대한 장기적인 추세에 대한 더 많은 정보가 필요한 상황이다(Smith, 2016, pp. 7-34; Yang et al., 2010). 따라서 기대수명 격차에 대한 연령별, 질병별 기여가 시간에 따라 어떻게 변화하였는지를 조사하면 기대수명 격차를 더 설명할 수 있는 질병과 연령대를 파악할 수 있다.

북한의 기대수명에 대한 1차 자료를 이용할 수 없는 상황(Khang, 2013)에서는 세계은행이나 유엔과 같은 국제기구의 자료가 추정치로 사용되는 것이 일반적이다. 그러나 이러한 출처 중 어떤 것도 연령대별로 세부적인 질병별 사망을 추정하지 않고 두 국가의 표준화된 통계 방법을 사용한다. 이에 반해 국제질병부담연구(GBD)는 일관된 추정 방법으로 북한과 남한의 연령대별 369개 질병 사망률에 대한 추정치를 제공하며 남북한과 기여국 간 기대수명 격차의 변화를 조사하는 데 적합하며 본고에서 이를 바탕으로 1) 남북한 기대수명 격차의 추이를 조사하고 2) 1990년부터 2019년까지 남북한 기대수명 격차에 대한 연령 및 질병별 기여도를 추정하였다.

1) 남북한 기대수명 추이

그림 3-1은 북한의 1994~1997년 기간을 제외하고 1990~2019년 북한과 남한 모두 기대수명이 증가한 것을 보여준다. 북한의 기대수명은 1990~2019년 남녀 모두 연평균 0.3%의 변화(AAPC)로 증가했으나 1990년대 중반부터 2000년대 초반까지 기대수명은 상당한 변동을 보였다. 특히 1994~1997년 남성의 기대수명은 1994년 65.24세에서 1995년 58.17세, 여성의 기대수명은 1994년 70.80세에서 1995년 64.15세로 하락했다. 이 기간에 이어 북한은 2003년 남성 66.3세, 여성 72.17세로 기대수명이 급반등하며 2019년까지 점차 증가했다. 한국은 1990년부터 2019년까지 남성 평균 약 0.6%, 여성 평균 약 0.4%의 상승률로 기대수명이 꾸준히 개선되었으며 2019년 기대수명은 남성 80.03세, 여성 85.72세에 달했다. 그러나 기대수명의 상승은 2015년 이후 통계적으로 유의한 증가가 없이 남녀 모두 정체되었다.

한반도 보건의료, 생명을 살리는 담대한 도전

그림 3-1 1990년부터 2019년까지 남북한 출생 시 기대수명 추이

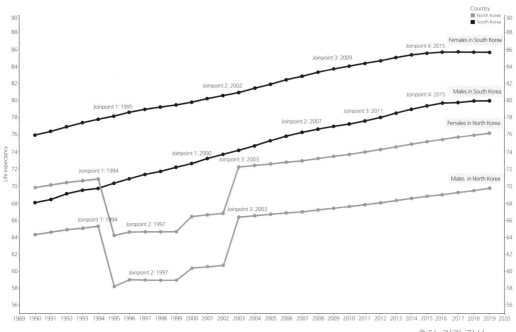

출처: 저자 작성

2) 북한의 기대수명 변화의 연령 및 질병별 기여

그림 3-1은 북한의 기대수명 변화에 다른 연령대의 질병별 사망이 기여한 바를 제시한다. 지난 30년 동안 5세 미만 아동의 사망이 남녀 모두 북한의 기대수명 변화에 지속해서 영향을 미쳤다. 이러한 변화의 약 58%(남성 5.36세 중 3.11세, 여성 5.19세 중 3.00세)는 1990년에서 1999년 사이에 5세 미만 어린이의 사망률이 증가했기 때문인데, 기대수명은 남성 5.36세, 여성 5.19세 감소했다. 주요 사망 질병으로 영양 결핍이 남성 6.58세, 여성 6.68세의 기대수명 감소에 기여했다.

그림 3-2 북한 출생 시 기대수명의 변화에 대한 연령별 및 질병별 사망의 기여

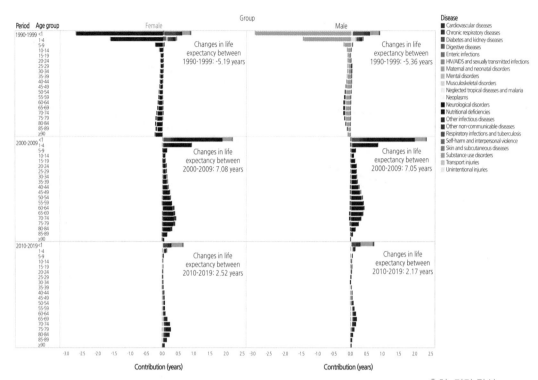

출처: 저자 작성

참고: 값의 합은 출생 시 기대수명의 변화를 나타내며, 양의 값은 기대수명의 증가에 긍정적인 기여를 나타내는 반면, 음의 값은 기대수명의 감소에 대한 기여를 나타낸다.

이전 기간(1990~1999년)과 대조적으로, 이후 10년(2000~2009년) 동안 기대수명이 많이 증가했으며, 이는 주로 5세 미만 어린이의 영양 결핍으로 인한 사망자 수가 감소했기 때문이다(남성 2.1년, 여성 2.04년 기여). 2010년과 2019년 사이, 65세 이상의 사람들 사이에서 심혈관 질환과 만성 호흡기 질환으로 인한 사망률 감소로 기대수명 증가에 대한 기여가 나타났다. 5세 미만 어린이의 기여는 여전히 관찰되었지만, 이전 기간보다 작았고, 기대수명은 남성과 여성이 각각 0.88세와 0.80세 증가했다.

3) 한국의 기대수명 변화의 연령과 질병별 기여

한국에서는 지난 30년 동안 노인의 기대수명 증가에 기여한 바를 확인했다 (그림 3-3). 1990년에서 1999년 사이 기대수명 증가는 남성 4.14세, 여성 3.52세 였으며, 5세 미만 어린이와 노인의 기여가 남녀 모두 다른 연령대보다 컸다. 이러한 기대수명 증가의 주요 질병별 기여는 심혈관질환, 소화기질환, 호흡기감염 및 결핵 사망률 감소로 남녀 모두 기대수명 증가의 대부분을 차지했다(남성 71.9%, 여성 76.9%). 기대수명 감소의 기여는 중년 성인의 당뇨병과 신장질환, 자해 및 대인관계 폭력이 증가하였다.

> **그림 3-3** 대한민국 출생 시 기대수명 변화에 대한 연령별 및 질병별 사망의 기여도

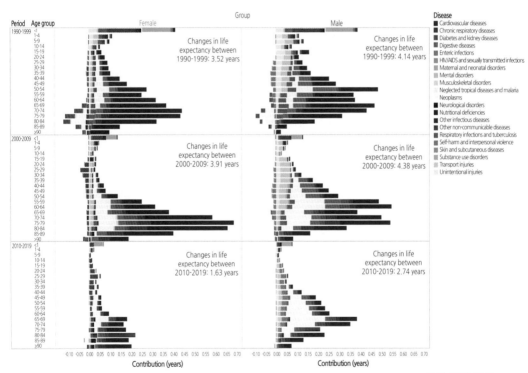

참고: 값의 합은 출생 시 기대수명의 변화를 나타내며, 양의 값은 기대수명을 증가시키는 데 긍정적인 기여를 나타내는 반면, 음의 값은 기대수명을 감소시키는 데 기여하는 것을 나타낸다.

2000년과 2009년 사이에, 한국은 기대수명의 증가를 경험했고, 그 결과 남성과 여성이 각각 4.38세와 3.91세의 증가가 있었다. 이러한 기대수명의 증가는 주로 남녀 모두의 나이가 많은 성인들 사이에서 심혈관 질환, 소화기 질환, 그리고 신생물에 의한 사망의 감소 때문이었다. 그러므로, 심혈관 질환, 소화기 질환, 그리고 신생물을 포함한 만성질환으로 인한 사망률의 감소는 기대수명을 증가시키는 데 기여했지만, 1990~1999년보다 적은 기여를 했다.

4) 남북한의 기대수명 격차와 그 격차에 대한 질병별 기여

남북한 기대수명 격차에 대해서는 남한 남녀 모두 북한보다 기대수명이 높았다. 기대수명 격차는 1990년에 남성과 여성이 각각 3.78세, 6.20세였으며 기대수명 격차는 1999년에 남성 13.27세, 여성 14.91세로 가장 컸다. 남북한 기대수명 격차는 2003년까지 남성 7.87세, 여성 8.81세로 줄어들었지만, 이러한 격차는 더욱 벌어져 2019년에는 남성 10.29세, 여성 9.51세까지 지속되었다.

표 3-1은 1990년부터 2019년까지 남북한 기대수명 격차에 대한 연령대별, 1등급 질병 범주별 기여연도를 보여준다. 0~9세 어린이의 CMNN은 2000년 이전에 기대수명 격차가 증가하는 데 가장 크게 기여했다. 1999년 남북한 격차가 남자(13.27세)와 여자(14.91세)에서 가장 컸을 때, 0~9세 어린이의 CMNN은 남자(-6.86세)와 여자(-6.77세)의 기대수명 격차의 45% 이상을 차지했다. 그러나 NCD의 기여연도는 2000년 이후 증가했다. 특히, NCD는 2019년 남북한 기대수명 격차 10년 중 약 8년에 기여했다.

| 표 3-1 | | 1990년부터 2019년까지 남북한 질병별, 연령대별 기대수명 격차 기여도 연도 |

Year	Age group	Female				Male			
		Total	CMNNs	NCDs	Injuries	Total	CMNNs	NCDs	Injuries
		Year (%)	Year (%)	Year (%)	Year (%)	Year (%)	Year (%)	Year (%)	Year (%)
1990	0-9	-3.64 (58.7)	-2.90 (46.8)	-0.4 (6.5)	-0.34 (5.5)	-3.75 (99.3)	-2.91 (77.0)	-0.48 (12.6)	-0.36 (9.6)
	10-24	-0.21 (3.4)	-0.12 (1.9)	-0.02 (0.4)	-0.07 (1.1)	-0.18 (4.8)	-0.06 (1.46)	-0.04 (0.9)	-0.09 (2.4)
	25-49	-0.71 (11.4)	-0.22 (3.6)	-0.347 (5.6)	-0.13 (2.2)	-0.07 (1.9)	-0.04 (1.2)	-0.00 (0.1)	-0.02 (0.6)
	50-69	-1.22 (19.6)	-0.10 (1.6)	-1.11 (18.0)	-0.01 (0.1)	0.04 (-1.1)	0.03 (-0.8)	-0.11 (2.9)	0.13 (-3.3)
	Over 70	-0.43 (6.9)	-0.04 (0.6)	-0.43 (6.9)	0.04 (-0.6)	0.19 (-4.9)	0.08 (-2.2)	0.05 (-1.2)	0.06 (-1.5)
	Total	-6.20 (100)	-3.38 (54.4)	-2.31 (37.3)	-0.51 (8.3)	-3.78 (100)	-2.90 (76.8)	-0.58 (15.3)	-0.30 (7.9)
1999	0-9	-7.26 (48.7)	-6.77 (45.4)	-0.31 (2.1)	-0.18 (1.2)	-7.46 (56.2)	-6.86 (51.7)	-0.33 (2.5)	-0.24 (1.81)
	10-24	-0.53 (3.6)	-0.39 (2.6)	-0.09 (0.6)	-0.06 (0.4)	-0.73 (5.5)	-0.35 (2.6)	-0.12 (0.9)	-0.27 (2.0)
	25-49	-1.50 (10.0)	-0.64 (4.3)	-0.71 (4.8)	-0.14 (1.0)	-1.26 (9.5)	-0.68 (5.1)	-0.42 (3.2)	-0.14 (1.1)
	50-69	-2.70 (18.1)	-0.73 (4.9)	-1.9 (13.0)	-0.03 (0.2)	-2.29 (17.2)	-0.86 (6.5)	-1.46 (11.0)	0.06 (-0.5)
	Over 70	-2.92 (19.6)	-1.60 (10.7)	-1.4 (9.2)	0.05 (-0.3)	-1.54 (11.6)	-0.95 (7.2)	-0.68 (5.1)	0.05 (-0.4)
	Total	-14.91 (100)	-10.13 (68.0)	-4.41 (29.6)	-0.36 (2.4)	-13.27 (100)	-9.68 (72.9)	-3.1 (23.3)	-0.5 (3.4)
2009	0-9	-1.56 (15.1)	-1.10 (10.7)	-0.28 (2.7)	-0.18 (1.8)	-1.73 (17.9)	-1.18 (12.2)	-0.31 (3.2)	-0.23 (2.4)
	10-24	-0.25 (2.4)	-0.07 (0.6)	-0.11 (1.1)	-0.07 (0.6)	-0.63 (6.5)	-0.05 (0.5)	-0.15 (1.6)	-0.4 (4.2)
	25-49	-1.06 (10.2)	-0.15 (1.4)	-0.83 (8.1)	-0.08 (0.8)	-1.28 (13.3)	-0.13 (1.4)	-0.83 (8.3)	-0.33 (3.4)
	50-69	-3.13 (30.4)	-0.15 (1.4)	-2.90 (28.1)	-0.08 (0.8)	-3.23 (33.5)	-0.17 (1.8)	-2.96 (30.7)	-0.03 (0.3)
	Over 70	-4.32 (41.9)	-0.23 (2.3)	-4.16 (40.3)	0.07 (-0.7)	-2.81 (29.1)	-0.09 (0.9)	-2.84 (29.4)	0.1 (-1.0)
	Total	-10.31 (100)	-1.70 (16.5)	-8.28 (80.3)	-0.34 (3.3)	-9.65 (100)	-1.66 (17.2)	-7.11 (73.7)	-0.88 (9.1)
2019	0-9	-0.742 (7.8)	-0.50 (5.3)	-0.15 (1.6)	-0.09 (0.9)	-0.83 (8.1)	-0.55 (5.3)	-0.14 (1.4)	-0.11 (1.1)
	10-24	-0.234 (2.5)	-0.05 (0.5)	-0.11 (1.14)	-0.08 (0.8)	-0.59 (5.7)	-0.03 (0.3)	-0.16 (1.6)	-0.37 (3.6)
	25-49	-1.06 (11.2)	-0.11 (1.2)	-0.81 (8.5)	-0.14 (1.4)	-1.6 (15.6)	-0.15 (1.5)	-0.98 (9.5)	-0.47 (4.6)
	50-69	-3.27 (34.4)	-0.13 (1.3)	-3.03 (31.9)	-0.11 (1.2)	-3.76 (36.5)	-0.16 (1.6)	-3.44 (33.4)	-0.13 (1.3)
	Over 70	-4.20 (44.1)	-0.11 (1.2)	-4.15 (43.6)	0.06 (-0.6)	-3.5 (34.0)	-0.02 (0.2)	-3.56 (34.6)	0.09 (-0.9)
	Total	-9.51 (100)	-0.9 (9.5)	-8.26 (86.8)	-0.36 (3.8)	-10.29 (100)	-0.95 (9.2)	-8.33 (81.0)	-1.02 (9.9)

출처: 저자 작성

CMNNs: Communicable, maternal, neonatal, and nutritional diseases
NCDs: Non-communicable diseases

좀 더 구체적으로, 그림 3-4는 각각 1990년, 1999년, 2009년, 2019년에 남북한의 기대수명 격차에 대한 연령별 기여를 보여준다. 남북한의 기대수명 격차에 대한 기여는 지난 30년간 아동에서 연령이 높은 집단으로 이동했다. 1990년, 연령별 기여 질병은 1세 미만과 1~4세 미만의 아동 사망으로 남녀 모두 기대수명 격차의 50% 이상을 차지했는데, 이 연령대 중 남북한 사망률 격차가 다른 연령대보다 상대적으로 높았기 때문이다. 1999년 남북한 최대 기대수명 격차가 발생했을 때, 이들 연령대가 기여한 연도는 남성 -5.11세(기대수명 격차 비율: 38.5%), 여성 -4.70세(기대수명 격차 비율: 31.5%)였다. 2009년과 2019년, 1년 미만의 연령 격차 기여는 여성 -1.21세(기대수명 격차 비율: 11.7%), 여성 -0.57세(기대수명 격차 비율: 6.0%), 남성 -1.35세(기대수명 격차 비율: 14.0%), 2009년과 2019년 각각 -0.63세(기대수명 격차 비율: 6.2%)였다. 반대로, 50세 이상 연령층의 기대수명 격차 기여는 1990년부터 2009년까지 점차 증가했다. 특히, 70~74세 여성의 기대수명 격차 기여연도는 1990년부터 2019년까지 -0.34세(기대수명 격차 비율: 5.5%)에서

–1.15세(기대수명 격차 비율: 12.0%)로 바뀌었다. 해당 남성의 기여 연수도 0.02세
(기대수명 격차 비율: -0.6%)에서 –1.18세(기대수명 격차 비율: 11.5%)로 바뀌었다.

그림 3-4 1990년, 1999년, 2009년, 2019년 남북한 출생 기대수명 격차에 대한 연령별 기여

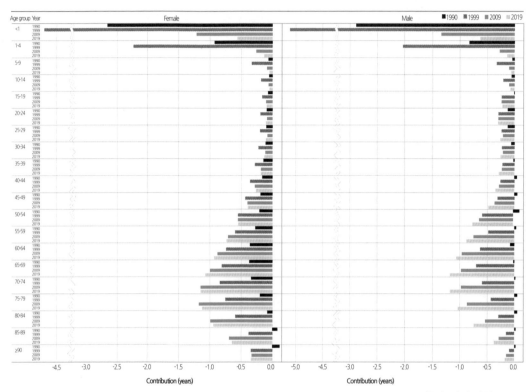

출처: 저자 작성

**참고: 값의 합은 기대수명 격차를 나타낸다. 음의 값은 남한의 기대수명 격차 증가에 대한 이점을
나타낸 반면, 양의 값은 북한의 기대수명 격차 해소에 대한 이점을 나타냈다.**

  남북한 기대수명 격차의 질병은 지난 30년간 전염성, 산모성, 신생아성, 영양
성 질환에서 비감염성 질환으로 전환되었다(그림 3-5). 기대수명 격차를 증가시킨
주요 질병별 질병은 1990년 만성호흡기질환, 산모·신생아성 장애, 호흡기감염·
결핵 등이었다. 1999년경 가장 큰 기대수명 격차가 관측되었을 때 영양 결핍이
첫 번째 사망 질병이었고 기여 햇수는 1990년 -0.17세(기대수명 격차 백분율: 4.6%)

한반도 보건의료, 생명을 살리는 담대한 도전

와 -0.17세(기대수명 격차 백분율: 2.7%)에서 1999년 남성과 여성 각각 -7.28세(기대
수명 격차 백분율: 54.9%)와 -7.59세(기대수명 격차 백분율: 50.9%)로 많이 증가하였다.
그러나 2009년에는 심혈관질환(기여연도: -4.65세, 기대수명 격차 백분율: 남성 48.2%,
기여연도: 5.14세, 기대수명 격차 백분율: 49.8%)과 만성호흡기질환(기여연도: 1.88세, 기
대수명 격차 백분율: 남성 19.5%, 기여연도: -2.02세, 여성 19.6%)이 영양 결핍으로 기여
연수(-0.05세)가 급격하게 감소했음에도 불구하고 기대수명 격차를 지속시키는
데 크게 기여하였다. 2019년에는 남성 10.29세, 여성 9.51세의 남북 기대수명 격
차도 심혈관 질환 사망률 격차로 인해 주로 발생하여 남성 5.45세(기대수명 격차
백분율: 53.0%), 여성 5.42세(기대수명 격차 백분율: 56.9%)가 남한을 선호하였다.

그림 3-5 1990년, 1999년, 2009년, 2019년 남북한 출생 시 기대수명 격차의 질병별 기여도

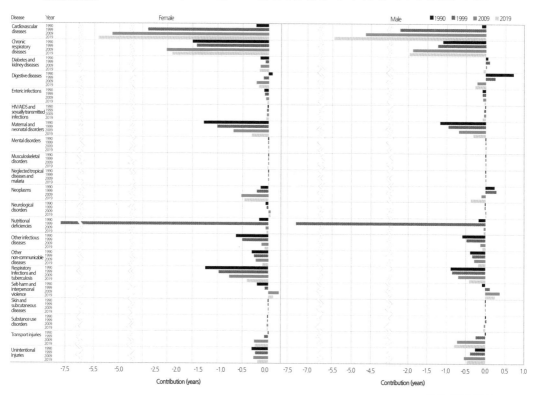

출처: 저자 작성

참고: 값의 합은 기대수명 격차를 나타낸다. 음의 값은 남한의 기대수명 격차 증가에 대한 이점을
나타낸 반면, 양의 값은 북한의 기대수명 격차 해소에 대한 이점을 나타냈다.

그림 3-6은 1990년부터 2019년까지 남북한 기대수명 격차에 대한 연령별 및 질병별 기여도를 보여준다. 빨간색 음영은 북한 사망률이 남한보다 더 높았고, 회색 음영은 거의 차이가 없으며, 파란색 음영은 남한 사망률이 북한보다 더 높았다. 지난 30년 동안 대부분의 질병별 사망률은 빨간색 음영이 주로 제시됨에 따라 어린이와 젊은 성인과 중년 성인 사이에서 더 높았다. 1990년 기대수명 격차에 대한 기여는 남녀 모두 5세 미만의 전염성 질환에 주로 집중되었다. 특히, 어두운 빨간색은 1999년 1세 미만의 영양 결핍 기여도가 남자 3.06세(기대수명 격차 백분율: 23.0%), 여자 2.83세(기대수명 격차 백분율: 19.0%)임을 나타낸다. 이 연령대의 기여는 2000년 이후 점차 감소하고 있다. 그러나 기대수명의 큰 격차는 여전히 남아있으며, 주로 1990년의 하늘색에서 2019년의 빨간색으로 70세 이상의 연령대에서 심혈관질환과 만성 호흡기질환의 색상 변화로 나타나는 심혈관 질환으로 인한 노인들 사이의 사망률 차이 증가에 기인한다. 70세 이상의 심혈관 질환 기여도는 1990년에는 남자 0.24세(기대수명 격차 백분율: -6.5%), 여자 0.37세(기대수명 격차 백분율: -6.0%)로, 옅은 파란색으로 표시되었다. 그러나 해당 질환과 연령대의 기여는 2019년 남자 -2.72세(기대수명 격차 백분율: 26.4%), 여자 -3.21세(기대수명 격차 백분율: 33.9%)로 변경되어, 옅은 빨간색으로 표시된다.

한반도 보건의료, 생명을 살리는 담대한 도전

그림 3-6

1990년, 1999년, 2009년, 2019년에 남북한의 기대수명 격차에 대한 연령별 및 질병별 기여

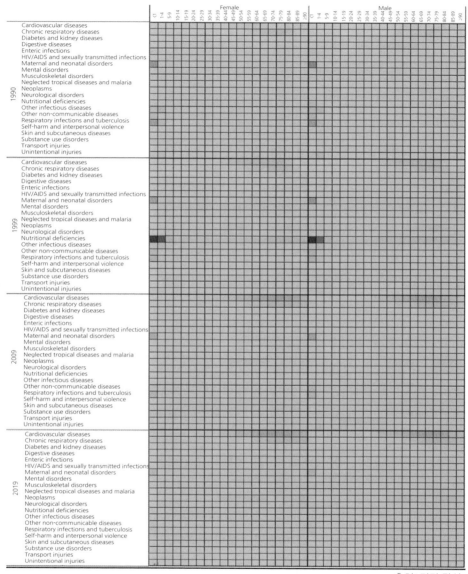

출처: 저자 작성

참고: 빨간색 음영은 북한의 사망률에 대한 연령대와 질병의 기여가 남한보다 높았던 곳을 나타내고, 회색 음영은 거의 차이가 없었음을 나타내며, 파란색 음영은 남한의 사망률이 북한보다 높았던 경우를 나타낸다. 그림 전설에서 색상에 대한 언급을 해석하기 위해 독자는 이 기사의 웹 버전을 참조한다.

5) 본 연구 결과의 의미와 정책적 시사점

본 연구는 GBD 자료 분석을 통해 북한과 남한의 기대수명 추이를 조사하고 지난 30여 년간 각기 다른 연령별 사망과 질병별 사망이 남북한 기대수명 격차에 기여한 바를 분석하였다. 기대수명은 연구년 간 북한과 남한 모두 꾸준히 증가하였다. 다만 이 시기에는 기대수명의 격차가 확대되었다. 특히 1990년대 중반에는 북한 어린이들의 영양 결핍으로 인한 사망률이 증가하면서 북한의 기대수명은 급격히 감소하였다. 그 결과 남북한 기대수명의 격차가 급격하게 확대되었다. 2000년대 이후에는 북한의 영양 결핍으로 인한 사망률은 감소하고 기대수명은 증가하였으나 남북한 기대수명의 격차는 지속해서 확대되었다. 이는 남한은 만성질환으로 인한 사망률, 특히 중장년 이상 연령층에서 꾸준히 감소했지만, 북한은 감소하지 않았기 때문이다(E. H. Lee et al., 2022).

결과를 논의하기 전에 본 연구의 몇 가지 한계를 언급해야 한다. GBD 데이터 사용과 관련된 우려가 있다. 본 연구는 모델링된 데이터를 사용했기 때문에 추정치는 1차 및 모델링 프로세스의 품질에 크게 의존할 수밖에 없다. GBD 2019에서 북한을 포함한 특정 국가의 추정치는 고품질 1차 데이터의 부족으로 인해 유사한 지역의 데이터를 대체하며 대부분 모델링에 기초한다(Clarsen et al., 2022). GBD 2019 데이터 입력 소스(구성 요소: 사망률 및 인구, 사망 질병, 위치: 조선민주주의인민공화국)를 검색한 결과 GBD 2019에서 사용된 북한 데이터 소스 8개를 발견했다. 이러한 북한 데이터 소스의 대부분은 2000년대 이후에 보고되었으며 2000년대에 비해 1990년대에 더 큰 불확실성이 관찰되었다. 북한 주민의 기대수명의 변화는 세계은행과 유엔 등 다른 국제기구 간에 보고되었으며 기대수명의 불일치가 초기에 더 높았음을 보여주었다. 그러나 최근 기간에는 일치성이 증가하여 기대수명의 차이가 데이터 가용성에서 비롯되었을 수 있음을 시사한다.

세계보건기구(WHO), 세계은행, 유엔 등 다양한 국제기구에는 인구와 사망통계 데이터베이스가 있지만, 이러한 출처는 측정과 추정 방법에 따라 품질과 완전성이 다르다(Wang et al., 2020). 예를 들어, WHO는 모든 회원국에 대해 5년 기간의 사망률을 제공하지만, 연령대별 인구 추정치를 생성하지 않으며(세계보건기구, 2022), 세계은행과 유엔 인구부는 각 연도의 연령대별 인구와 사망자 수에 대한 데이터를 제공한다(유엔, 2022; 세계은행, 2022). 이러한 출처는 다양한 추정치를 제공하지만, GBD 2019를 제외하고는 기대수명을 분해하는 데 필수적인 1990년부터 5세 연령대의 질병별 사망자 수를 생성하지 않았다. 또한 GBD 2019는 표준화된 추정 방법과 센서스, 중요통계, 질병등록부 및 기타 출처를 포함한 여러 데이터 소스와의 일관된 통계분석 측정을 사용했으며, 국가 간 건강 상태 비교를 가능하게 하는 GATER(Guideline for Accurate and Transparent Health 추정치 보고 지침) 표준을 준수했다. 현재까지 최고의 가용 데이터로 남아 있는 GBD 데이터를 사용할 수 있는 이러한 이점으로, 우리의 연구 결과는 남북한의 기대수명 격차에 대한 연령별 및 질병별 기여를 알려주었다. 비록 북한의 GBD 추정치에 대한 직접적인 검증은 1차 데이터 부족으로 인해 제한되었지만, Bakk 와 동료들(Bakk et al., 2018)은 북한의 질병별 사망 패턴이 남한의 과거 사망자와 유사할 것이라고 가정했고, 이 가정은 GBD 추정치를 사용하여 검증되었다. 그러나 1차 데이터 부족으로 인해 만들어진 추정치는 본 연구의 주요 한계로 남아 있으며, 특히 1990년대 북한의 기대수명 변동과 관련하여 신중하게 해석해야 한다. 따라서 현실 세계에서 다양한 건강 결과를 측정하는 주요 연구는 이 희박한 증거의 공백을 채우기 위해 수행되어야 한다(C. Chen et al., 2022).

남북한 기대수명 격차는 지난 30년간 약 10년 정도 증가한 것으로 선행연구 (Bakk et al., 2018)와 일치한다. 중요한 것은 분단을 경험한 국가 중 새롭게 형성된 국가들 사이에 이처럼 큰 기대수명 격차를 목격한 국가가 없었기 때문에 이는 경각심을 불러일으키는 추정치라는 점이다. 예를 들어 독일의 경우 1960년 서독과 동독의 기대수명은 거의 동일했지만, 동독의 정치적 불안정성과 경제적 침체로 서독과 동독의 기대수명 차이는 독일 통일 이전 약 3년까지 성장하였다 (Mackenbach, 2013). 우리는 남북한 기대수명 격차가 큰 것에 대한 핵심 설명이 경제적, 정치적 상황의 차이와 보건의료체계의 두 가지 주요 요인의 복합적 상호작용이라는 점도 긍정한다.

우리의 연구 결과는 30년 동안 남북한 간 기대수명 격차가 크다는 것을 보여주었다. 특히 1990년대 중반부터 2000년대 초반까지 남북한 간 기대수명 격차가 가장 컸는데, 이는 북한의 기대수명이 연평균 가장 높은 변화로 많이 감소했기 때문이다. 이에 반해 남한의 기대수명은 이 기간에 연평균 변화율이 높아짐에 따라 증가하였다. 5세 미만의 영양 결핍으로 인한 사망률 증가는 1990년대 중반부터 2000년대 초반까지 이러한 격차의 주요 질병 중 하나였으며, 이는 이전 연구(McMichael et al., 2004)와 일치한다. 설명 가능한 것은 소련이 붕괴하고 재정지원을 삭감하기 시작하면서 북한에서 이 기간에 심각한 경제적 악화가 발생하여 보건 인프라와 식량 생산을 해치고 10년에 걸쳐 열악한 생활환경과 광범위한 기근을 초래했다는 것이다(Bhatia & Thorne-Lyman, 2002; Goodkind & West, 2001; Spoorenberg & Schwekendiek, 2012). 다른 증거들도 7세 미만 아동의 15.6%가 급성 영양실조였고, 이 중 3분의 1이 심각한 영양실조를 가지고 있었으며(Bhatia & Thorne-Lyman, 2002), 아동 영양실조 유병률이 1998년에 정점을 찍었는데, 이는 기근 기간 북한의 영양 결핍으로 인한 5세 미만 사망률 증가와 관련이 있을 수 있다. 북한은 세계식량계획(WFP)과 유엔아동기금(UNICEF) 등 국제사회에 지원을 호소하고 아동·청소년, 임신부와 수유부(Bhatia & Thorne-Lyman, 2002)와 같은 취약계층에 대해 WFP 및 기타 공여국으로부터 식량 및 기타 보조금을 지원받았다. 이러한 국제사회의 지원은 북한 아동의 급성 및 만성 영양실조가 꾸준히 감소함에 따라 기대수명 반등에 긍정적인 영향을 미쳤다(S-K. Lee, 2017). 그리고 특히 1세 미만 유아들의 어린 시절 영양 결핍으로 인한 사망률은 사회경제적 조건의 개선과 더 나은 영양 섭취로 인해 감소했다. 그러나 2000년대 초반 이후에도 북한의 기대수명 증가는 남한보다 여전히 낮으며, 이는 악화한 경제 상황의 최악 영향이 단기적으로 건강에 미치는 영향은 가라앉았지만, 지속해서 열악한 생활 환경과 사회 기반 시설 때문에 북한의 상황이 장기적으로 불안정하게 유지될 수 있음을 시사한다.

기대수명의 격차가 지속되는 것은 주로 2000년대 초반 이후 만성질환 사망률의 차이에 기인한다. 특히 만성질환은 남북한 평균수명 격차가 10년 중 8년 정도 발생하는 질병이 된다. 세계보건기구에 따르면 북한 전체 사망자의 80% 이상이 만성질환에 의해 발생했으며, 절반은 심혈관질환에 의해 발생한 것으로 보고되었다(세계보건기구, 2018). 마찬가지로 GBD 2019도 1990~2019년 북한의 만성질환으로 인한 연령표준화 사망률이 인구 10만 명당 806명에서 694명으로 감소한 것으로 추정했는데, 이는 2019년 남한의 만성질환으로 인한 사망자 319명과 비교할 때 현저하게 높은 수준이다(보건계량평가연구소, 2022). 이는 북한의 만성질환 부담이 상당히 크고 관리가 부실하다는 것을 시사한다. 생활환경이 열악한 사람들은 경제성장을 달성하기 위해 노력하는 우선순위가 있을 수 있고, 경제위기에 직면했을 때 건강관리를 할 가능성이 작아 흡연이나 음주와 같은 위험한 건강 행위와 관련된 만성질환과 그로 인한 삶의 질이 낮을 수 있다(E. H. Lee et al., 2022). 더욱이 만성 영양불량 수준은 연령이 증가함에 따라 증가했다(S. K. Lee, 2017). 북한의 보건의료체계와 관련하여 북한은 정부가 중기전략계획 2016~2020년의 16개 우선순위 중 비감염성 질환, 즉 정신건강과 7개의 전염성 질환 중심 정책 의제만을 할당했기 때문에 만성질환 관리가 소홀히 이루어지고 있다(Park et al., 2019). 이는 저소득 및 중위소득 국가의 보건의료체계 및 정책(Genau et al., 2010)과 유사하지만, 역설적으로 인구동향과 인구 및 질병부담 구성은 고소득 및 중상위 소득 국가(Hong & Kim, 2021; E. H. Lee et al., 2022)는 비감염성 질환에 대한 부적절한 대응이 상당한 질병 부담을 초래할 수 있음을 시사한다. 만성질환 관리와 열악한 생활환경에 대한 불충분한 보건의료체계는 2000년 이후 북한에서 남한보다 기대수명의 낮은 증가로 이어질 수 있다. 따라서 인구보건의 추가적인 개선을 위해 사회기반시설의 지속 가능한 발전과 경제성장을 추구하고 만성질환 관리에 대한 전향적 접근을 수용하는 것도 북한에서 고려되어야 한다.

대조적으로, 한국은 기대수명이 상당히 개선되었는데, 이는 노인들 사이에서 심혈관질환과 신생물을 포함한 만성질환으로 인한 사망 감소에 기인한 것으로 나타났다. 한 이전의 연구는 중·장년층의 사망률 감소가 2000년대 초반 이후 증가하는 전체 기대수명의 약 70%를 차지하며 기대수명의 급격한 증가에 가장 크게 기여했다는 것을 보여주었다(Kim et al., 2020). 기대수명의 증가가 주로 만성질환으로 인한 사망률 감소에 기인했다는 다른 연구(Yang et al., 2010)는 우리의 연구 결과를 뒷받침한다. 한국은 지난 50년간 기대수명의 급격한 성장을 경험한 국가 중 하나이며 2030년까지 기대수명이 가장 높을 것으로 보인다(Kontis et al., 2017). 기대수명의 증가는 국민건강보험에 따른 생활 수준 향상과 고품질의

의료 서비스에 대한 보편적 접근성에 기인한다(Kwon, 2009). 특히, 한국은 1977 년 대기업 근로자에 대해 의무 건강보험을 도입하고 점차 자영업자에게 확대하여 1989년, 인구에 대한 보편적 보장을 달성하였다(Kwon, 2009). 더욱이, 위험한 건강 행위를 줄이기 위해 국가 및 지역 사회 기반 건강 증진 프로그램을 제공해 왔다. 남성 흡연 유병률은 1992년 71.7%에서 2016년 39.7%로 약 절반 정도 감소하였고(Chang et al., 2019), 2019년에 가장 높은 치료 및 조절률과 가장 낮은 고혈압 유병률이 관찰되었다(Zhou et al., 2021). 그러나, 이전의 연구 결과(Kim et al., 2020)에 따르면, 한국은 최근 몇 년간 심혈관 질환의 기여 감소로 기대수명의 정체에 직면하였다. 이러한 정체된 기대수명이 지속될 것인지 확인하기는 어려우며 추가 조사를 요구한다.

이 연구는 북한과 남한 사이의 기대수명 격차를 더 잘 이해하는 데 기여할 수 있으며, 이러한 격차에 대한 연령 및 질병별 기여는 지난 30년 동안 더 명확하게 볼 수 있다. 격차의 주요 질병은 어린이들 사이의 전염성, 산모, 신생아 및 영양 질환에서 노인들 사이의 비감염성 질환으로 바뀌었다. 비록 기대수명 격차의 추세와 관련된 요인을 이해하기 위해 추가 연구가 필요하지만, 남북한의 기대수명 격차에 대한 한 가지 가능한 설명은 그들의 사회경제적, 정치적, 문화적 환경 및 보건 체계의 차이와 관련이 있을 수 있다. 이러한 사회경제적 환경과 보건 정책의 개선은 북한의 기대수명을 증가시키고 남북한의 기대수명 격차를 감소시킬 수 있다. 그러므로, 북한과 남한을 포함한 정부 및 국제사회는 이러한 영역에 추가적인 자원을 투입해야 하며 지속적이고 조정된 조치가 필요하다.

2 **남북한 건강 격차 해소를 위한 한반도 보건협력 전략**

전술한 대로 이제 남북한 간의 건강 격차는 90년대 감염병과 아동 영양문제 정도에 의한 것이 아니라 북한 주민 전 연령대에게 가장 호발하는 질환, 그러나 건실한 의료체계에 의해 적절히 관리되지 못하는 질환들에 의해서 발생하는 것을 확인하였다. 이러한 상황에서는 과거 남한과 국제사회가 취했던 대북 보건 지원 방식인 몇몇 질병 영역에 국한한 지원으로는 남북 간의 건강 격차가 줄어들기를 기대하기는 어렵다. 이제는 더욱 포괄적인 영역으로 전 세대를 아우르며, 효과에 대한 근거가 확실한 협력 및 지원 전략이 반드시 필요하다. 본고에서는 남북한 건강 격차를 해소하기 위한 한반도 보건협력 전략을 소개하고자 한다.[2]

1) '한반도 건강공동체'를 향한 '통일보건의료'

'통일보건의료'란 기본적인 남북한 보건의료 협력의 의미를 내포한다. 일차적으로 현재 남북이 분단된 상황에선 북한 주민들의 건강권 보장 및 향상을 위한 지원 및 협업을 가리킨다. 그리고 나아가 통일 후 남북한의 이질적인 의료시스템의 흡수 및 병합 시 발생할 문제점과, 상이한 환경과 면역체계로 인해 발생할 수 있는 질병들에 대해 선제적으로 대응하는 다학제적이고 민·관·사·학·연을 넘나드는 일련의 활동들이다.

2018년 통일보건의료학회는 '한반도 건강공동체'라는 개념을 최초 고안했고, 정부, 국제기구, 민간단체, 학계 등 북한에 대한 보건의료 협력 주체들이 상시로 정보를 공유할 수 있는 '한반도 보건의료 협력 플랫폼'을 2021년 출범시켰다. 과거와 현재의 정치·군사적 상황과는 별도로 남북한 주민들이 뿌리내려 온 한반도란 공통 분모를 경유하여 공감대 형성을 도모하고, 궁극적으로 남한과 북

---

2 이하의 내용은 필자가 책임저자로 참여한 아래 논문의 상당 부분을 한글로 번역, 수정, 요약하였음을 밝힌다.
Yun Seop Kim et al. Mid-Term Strategic Plan for the Public Health and Medical Care cooperation in the Korean Peninsula. *Journal of Korean Medical Science*. 2024 Jan; 39(4): pp. 1-11.

한의 미래지향적 협력을 추구하기 위함이다.

통일보건의료의 주요 당위성 중 하나는 다양한 남북한 통일 변수가 주어진 상태에서 아무런 보건의료 협력이 이루어지지 않았을 때 치르게 될 비용이다. 그러나 경제적인 측면을 떠나서, 통일보건의료는 남북한 주민들의 건강한 삶에 직접적 영향을 주는 부분이므로 변화하는 안보적 상황과 무관하게 지속 가능한 협력이 필요하다. 최근 코로나19와 제재 장기화 등으로 인해 협력 사업이 더디게 진행되었으며, 남북한 주민 사이 기대수명과 질병 부담 격차 현상은 북한 주민의 건강권을 위해서도, 통일 후 함께 이끌어가야 할 공동체의 안녕을 위해서도 직시해야 하는 사안이다.

지금까지 대북 보건의료분야 지원 협력 사업을 주체별로 살펴보면, 국내 민간기관 주도의 보건의료분야 지원으로는 의약품과 의료장비의 지원이 가장 높은 비중을 차지했고, 정부 기관에 의한 지원은 의료장비나 기기, 의약품과 병원 시설 건립 등이 가장 큰 비중을 차지한다. 또한 지원 사업 선정 부분이 북한 당국의 요구에 의해 결정됨에 따라 특정 감염병에만 한정된 질병에 초점을 맞추어 취약지역 및 취약계층이 소외되는 경향을 보인다. 이와 대조적으로 해외기관의 보건의료 분야 대북지원사업은 보건인력 역량강화, 보건의료 시스템 개선, 보건 정책 증진 등과 같이 장기적이고 전문성이 요구되는 기술 전수 영역의 지원 양상을 보인다고 보고된다. 일례로 WHO의 주체로 평양에 거주하는 비전염성 질환 고위험군 시민을 대상으로 9개월간 진행했던 필수 비전염성 질병 패키지(PEN) 파일럿 실험에서 10년 후 심혈관 질환의 위험부담이 눈에 띄게 감소했다. 주목해야 할 점은 북한의 일차 의료기관 의사들이 해당 프로토콜을 이해하고 실행할 수 있었으며, 실질적으로 효과적인 결과를 낳았다는 점이다. 남한과 북한이 공동의 주체가 되는 통일보건의료에서도 국내 정부 및 민간 기관의 대북 보건 정책과 서비스, 보건 인력 교육에 대한 지원 증대가 필요하며, 북한과 국제기구, 내외 NGO 간 의사결정 조정자 및 조력자로서 역량강화의 필요성을 시사한다.

그러나 북한의 보건의료 현황에 대한 정보 접근성이 제한된 상황에서, 간헐적이거나 추상적인 논의 차원의 제자리걸음은 명료한 전략과 구체적인 실행 방안이 필요하다.

한반도 보건의료, 생명을 살리는 담대한 도전

기존의 남북한 보건의료 협력이 단속적이거나 북한 당국의 요구를 우선으로 한 지원이었던 반면, 우리는 1) 지속 가능한 2) 북한 당국의 실질적 필요를 충족하는 3) 선제적인 통일보건의료 전략과 실행 방안을 제시한다. 본 원고는 2022년 통일부 연구용역과제인 '한반도 보건의료 협력을 위한 중장기 전략 행동계획 수립'에 기반하였으며, 보건의료 분야 중 협력 가능한 영역을 구분 후, 중장기적 실천이 가능한 분야를 선정하여 그에 대한 실행 방향을 제시한다.

2) 지속 가능한 협력을 통한 '한반도 건강공동체' 조성

중장기적 한반도 보건의료 협력에 해당하는 범위와 필요로 하는 인력과 자원은 광범위할 뿐만 아니라 정치 군사적 변수들에 에워싸여 있다. 2022년 4월 하순 문재인 대통령과 김정은 국무위원장 사이에 친서 교환이 있었던 일이 무색하게, 최근 북한은 핵 무력 고도화 방침에 따라 군사도발과 정치적으로 압박성 발언을 주도하고 있다. 또한 현재 북한은 UN 제재를 받고 있고, 이러한 상황을 고려하지 않은 실행 방안으론 한반도 건강공동체 실현이 어렵다. 따라서 실효성 있는 협력을 추구하기 위해서는 포괄적이고 단계적이며, UN 제재의 단계적 완화와 해제 상황까지 고려한 로드맵이 필요하다.

3) 5개의 협력 아젠다

대북 협력 기관 주체들의 의견을 수렴하고 통일부의 의사를 반영 후, 국제개발협력 목표에 부합하는 다섯 가지 남북한 보건의료 협력 영역을 선정하였다 (그림 3-7).

5개 협력 영역

1. 건강안보 환경 조성
2. 주요 질병 부담 완화
3. 회복 탄력적 보건의료체계 구축
4. 혁신 연구 협력 개발
5. 지속 가능한 협력체계 구축

그림 3-7
WHO 핵심 가치와 6-Building Block 기반으로 동 연구팀이 수립한 전략 행동계획 5개 아젠다의 연계성 구성도

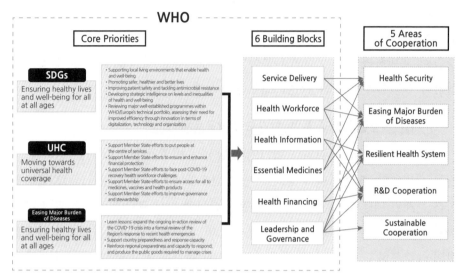

출처: 저자 작성

　첫 번째로 '건강안보'는 건강과 생명이라는 개념에 안보의 개념을 결합하여 생성된 개념인데, 최근 세계적인 코로나19 위기를 경험하면서 그 의미가 재고되고 있다. 건강안보 영역은 북한의 입장에서도 체제 안정과 직결되기 때문에 국제사회로부터 인도적 지원을 받을 수 있는 주요 명분이자 협력 분야이다. 현재 북한의 상황에서도 지속성에 가장 부합하는 분야이므로 첫 번째 아젠다로 선정하였다. 두 번째로 주요 질병 부담의 완화는 보건학적인 관점에서도, 비용을 고려했을 때도 타당하고 효과적이다. 주요 질병 부담의 완화는 남북한 건강 격차의 주요인이자 통일 후 발생할 비용을 감소시키는 방안이기 때문이다. 셋째, 회복 탄력적인 보건의료체계 구축은 그동안 국제보건 영역에서 주요한 아젠다였던 보건의료체제 강화의 차원을 보다 넘어선 의미이다. 이번 COVID-19 보건의료 대응에서 중요하다고 회고되는 것은 국가별 보건의료체계의 회복탄력성이다. 현재 북한의 특수한 정치·경제적 여건에서 북한이 갖출 수 있는 보건의료체계에 어떻게 회복탄력성을 확보할 것인가에 주목한다. 넷째, '혁신연구협력'은 본 전략이 남북한 간의 보건학적, 인도적, 정치적 문제를 해결하는 차원에 그치

지 않고 인류 전체에 기여할 수 있는 연구 및 개발을 포함한다는 것을 의미한다. 남북한이 같은 유전적 형질을 공유하면서 70년 넘게 분리되어 존재한 점, 북한 극도의 폐쇄성이 야기하는 북한 내 생태계 및 감염 pathogen의 특징 보존 등은 세계에서 유례를 찾아보기 어려운 한반도만의 독특하고 유리한 연구개발의 조건이다. 마지막으로, 지속 가능한 체계의 구축은 실천적인 면에서 무엇보다 우선시되어야 한다. 본 전략은 지속가능성을 제고시킬 수 있는 협력 플랫폼을 기반으로 한다.

4) 협력 영역별 세부 목표와 전략적 우선순위

5개 협력 아젠다별로 세부 목표를 수립하고, 각각의 목표를 효과적으로 달성할 수 있는 전략적 우선순위를 제시했다. 전략적 우선순위는 제재 단계별로 실현 가능성을 고려하여 선정했다. 제재를 총 세 가지로 구분하였고 다음과 같다.

---

1. 국경봉쇄 완화 / 유엔제재 유지
2. 국경봉쇄 해제 / 유엔제재 유지
3. 국경봉쇄 해제 / 유엔제재 완화

Table 1. Five areas of cooperation and objectives in order

Agenda	Health Security	Easing the burden of major diseases	Resilient Healthcare System	R&D Cooperation	Sustainable Cooperation System
Tier1	Creating a health safety net for women and children	Establishment of joint respone system for new infectious disease	Strengthening the capacity of health personel	Developing Solutions for major health problems in DPRK	Promoting Health Medical Platform in Korean Peninsula
Tier2	Creating an environment for clean water and sanitation	Management system for major endemic infectious diseases	Modernization of healthcare facilities to provide essential health services	Developing future innovative solutions for health problems	Systematization of planing, monitoring and evaluation
Tier3	Establishment of joint response system for environmental health crisis	Promoting of non-infectious disease management projects	Reinforcement of medical production capacity including essential medicines and equipment	R&D on the Internationaliza-tion of the healthcare system in DPRK	Laying the foundation for cooperation

출처: 저자 작성

Table 2. Objectives, priorities, and operative guidelines in consideration of sanctions

Agenda	Alignment with International Development Organizations	Objectives	Priorities	Implementation Guidelines	Feasible Stage
Health Security	SDG 2,3 WHO UHC	Creating a health safety net for women and children	Promoting large-scale international maternal and child health projects	- Revitalization of North Korean maternal and child health programs through financial contributions from the South - Implementation and monitoring of North Korean maternal and child health surveys such as MICS2), SDHS3), and National Nutritional Survey	1~2
			Strengthening capacity to provide essential medical services for maternal and children	- Providing knowledge and skills for maternal and child health personnel at North Korea's first and second medical institutions and training programs - Cooperation with UNICEF/GAVI4) to expand basic vaccination for infants	1~2
			Cooperation in establishing infrastructure to improve nutrition for women and children	- Support for establishing and maintaining food production plants for self-sufficiency - Support for establishment and maintenance of research institutes for development of nutritional therapeutic development	2~3
	SDG 6,11,17 WHO UHC	Creating an environment for clean water and sanitation	Cooperation in establishing a safe drinking water supply system	- Survey on status of water supply system infrastructure both of the international community and North Korean authorities - Support for construction and repair of sewage system infrastructure	1
			Cooperation in strengthen the hygiene education system	- Cooperation in the development of education programs on essential hygiene including washing hands or avoiding open defecation, etc. - Cooperation in the development of health education programs linking nutrition and hygiene (such as nutrition food or dental education, etc.)	1~2
			Cooperation in establishing sanitary facilities infrastructure	- Survey on status of sewage system both of the international community and North Korean authorities - Support for construction and repair of sewage system infrastructure	2~3

한반도 보건의료, 생명을 살리는 담대한 도전

SDG 13,17 WMO UHC	Establish-ment of joint response system for environmen-tal health crisis	Establishment of Northeast Asia Climate Crisis Response Cooperation	- Establishment of a response system for climate crisis includes countries in the border area and international environmental organizations - Establishment of inter-Korean fine dust joint response hotline (monitoring and information sharing, joint response, etc.)	1~2
		Joint research on environmental health response on the Korean Peninsula	- Research on the joint environmental health epidemiological investigation of the inter-Korean and the establishing countermeasures - Inter-Korean research for green détente roadmap planning in the health sector	1~2
		Strengthening the capacity of environmental health & disaster medical professionals	- Development and implementation of training programs for environmental health and disaster medical professionals - Promoting training and collaboration with international organizations with environmental health and disaster medical	1~2

Table 3. Objectives, priorities, and operative guidelines in consideration of sanctions

Agenda	Alignment with International Development Organizations	Objectives	Priorities	Implementation Guidelines	Feasible Stage
Easing the burden of major diseases	SDG 3.17 WHO UHC	Establish-ment of joint response system for new infectious disease	Establishment of inter-Korean (Northeast Asian) infectious response system	- Establishment of inter-Korean infectious disease information sharing system and promoting cooperation system in the field of quarantine and health among Northeast Asian countries - DPRK's participation in partnerships such as the Global Health Security Agenda, etc.	1~2
			Cooperation in establishing DPRK's disinfection information and surveillance system	- Establishment of laboratory information management system (LIS) and rapid response system for new infectious diseases by hub - Cooperation package including the establishment of information and communication infrastructure, technology transfer, and intellectual property protection system	1
			Cooperation in strengthening the capacity to respond to infectious diseases and establishing specialized hospitals	- Establish specialized hospital in infec-tious diseases with negative pressure isolation room (NPIR) in major cities - Support and link the benchmarking for foreign specialized hospital in infectious diseases	2~3
		Manage-ment system for major endemic infectious diseases	Cooperation in establishing diagnosis and surveillance system infrastructure	- Support for DPRK laboratory information management system (LIS) program and IT equipment - Technical support for real-time monitoring and surveillance system establishment (operation, quality, data. manpower management, etc.)	1~2
			Establish major endemic infectious disease eradication belt	- Establishment of a tuberculosis eradica-tion belt on the Korean Peninsula - Promoting Parasite & malaria eradication project in DPRK	1~2

한반도 보건의료, 생명을 살리는 담대한 도전

			Strengthening the capacity of infectious disease prevention personnel	- Link with epidemiological investigations and quarantine personnel education programs through third countries (Laboratory diagnostic capacity building training, QMS2) training, epidemiological investigation personnel training, FETP training, etc.) - Benchmarking of existing human resource training programs in developing countries	1~2
		Promoting of non-infectious disease management projects	Expand intervention for step in PEN/best buys	- Revitalization of existing PEN projects and regional expansion - Cooperation in intervention complete best buys interventions including PEN	1~2
			Cooperation with NCD medical service hub institutions	- Support for NCD essential medicines and supplies for primary and secondary medical institutions, which are practical medical contact points for North Korean residents - Matching 1:1 partnership between South and North Korea tertiary medical institutions (cooperation, etc.)	1~2
			Participation in the International NCD Network	- Matching DPRK's participation in NCD international partnerships such as the WHO NCD alliance and Lancet's NCDI6), - Invitation of North Korean officials through UN, NGOs, major academic institutions, etc.	1~2

Table 4. Objectives, priorities, and operative guidelines in consideration of sanctions

Agenda	Alignment with International Development Organizations	Objectives	Priorities	Implementation Guidelines	Feasible Stage
Resilient Health-care System	UN SDG 3,17 UHC	Strengthen-ing the capacity of health personnel	Education and training projects with the international community	- Education of essential health personnel using international organizations and major countries educational programs and human resource: - Inviting North Korean personnel to 'Global Training Hub for Biomanufacturing' by leveraging WHO & South Korea	1~2
			(Inter-Korean) educational training and academic education programs	- Support international-level electronic resource subscriptions & purchases to North Korean medical universities and medical institutions - Sharing clinical care guidelines and other guidelines and supporting customized production in DPRK	1~2
			Strengthening educational institution capacity through a global network	- Encouraging DPRK's participation in World Medical Education Society (WFME1)) and international conference - Cooperation in the development of overseas training programs for faculty members at North Korean medical universities	1~2
		Moderniza-tion of healthcare facilities to provide essential health services	Support essential medical supplies equipment through the international community	- Support for essential medicines and medical equipment through international organizations, major countries, and international NGOs - Transfer medical equipment, medical consumables, and management technology for essential medicines	1~2
			Cooperate the medical informatization of medical institutions	- Modernization of infrastructure including electricity/water/cooling-heating of secondary and tertiary medical institutions - Cooperation for the establishment of regional base People's Hospitals	2~3

한반도 보건의료, 생명을 살리는 담대한 도전

			Cooperate the medical informatization of medical institutions	- Cooperation in equipment and technology support of DPRK's 'nationwide telemedicine system' - Cooperation in the development of hospital patient information system programs	2~3
		Reinforce-ment of medical production capacity including essential medicines and equipment	Promoting technology transfer and cooperating in medical production facilities technology, base material and raw materials	- Standard GMP personnel training - Promote technology transfer essential medicines in WHO and South Korea	2~3
			Planning for joint operation of medical production center utilizing 'Life-Science and Health Complex'	- Implementation of ideas such as 'medical device complex center', 'GMP pharmaceutical facility', 'agricultural life complex', 'bio venture enterprise', and 'business platform' in 'Life-Science and Health Complex'	2~3
			Joint development of medical industry strategy	- Developing medical industry strategies on the Korean Peninsula jointly participated by the Korea Health Industry Promotion Agency and North Korea-related authorities - Promotion of hosting international medical industry conference in DPRK	2~3

출처: 저자 작성

Table 5. Objectives, priorities, and operative guidelines in consideration of sanctions

Agenda	Alignment with International Development Organizations	Objectives	Priorities	Implementation Guidelines	Feasible Stage
R&D	SDG 2,3,9,17 WHO UHC	Developing Solutions for major health problems in DPRK	Cooperation in developing vaccines for infectious diseases and treatments	- Joint research for vaccine development (basic research, refining process, animal testing, analyze efficacy, clinical analysis) - Inter-Korean joint discovery of candidate materials of infectious diseases and cross validation of treatment effects	2~3
			Science & technology cooperation for development and industrialization of natural food resources	- Establish the 'Inter-Korean Natural Food Resource Technology Knowledge Cooperation Center' (TBD) - Participate international organizations, major countries, and private organizations in DPRK's agricultural advancement development project for self-sufficiency	2~3
			Cooperation in establishing an ICT-based national health information system	- Analyzing the information management and building capacity for experts in, healthcare information system management and statistics ~ Technical and financial support for implement the health statistics software	2~3
		Developing future innovative Solutions for health problems	Academic exchange in inter-Korean medical science and conduct project of Korean Medicine scientificaiton	- Regularization of inter-Korean medical science academic meetings using border areas and third countries - Creating a joint TFT for scientification/modernization of Korean medicine-oriental medicine and implementing project	1~3
			Developing appropriate technology based on innovative technology	- Feasibility study of the North Korean environment as a test bed for appropriate technology development - Research on the convergence of advanced technology in South Korea and appropriate technology in North Korea	2~3

한반도 보건의료, 생명을 살리는 담대한 도전

			Joint construction of research cooperation center 'Life-Science and Health Complex' in the border area	- Promote joint construction in inter-Korean of an industrial, academia, research institute, and hospital complex ('Life-Science and Health Complex' in the DMZ/Kaesong Industrial Complex - Feasibility study and establishment of a joint committee for the joint establishment of 'Life-Science and Health Complex'	2~3
		R&D on the Internation-alization of the healthcare system in DPRK	Research on the standardization of essential health services in DPRK	- Promote joint research between WHO Primary Care Division and South and North Korean researchers - Publish 'Operational Framework for essential health services: DPRK'	
			Developing a win-win model between modern medicine and traditional medicine	- Conduct case study on the relationship between modern medicine-oriental medicine in China, Taiwan, and Japan - Study on Korean medicine in DPRK and medical unification model	1
			Research on win-win cooperation models by specialized fields	- Research on cooperation plans for major diseases, lifestyle risk factors, medical culture of South and North Korean residents - Support for selection of win-win cooperation pilot research in specialized fields	1

출처: 저자 작성

5) '한반도 보건의료 협력 플랫폼'

대규모의 분야별 전문가들이 필요한 만큼, 지속해서 효과적인 실천을 가능케 하는 중장기 로드맵 구성을 위해서는 전략 수립의 단계부터 효과적인 수행까지의 대북 보건사업과 관련해 여러 주체의 효율적인 연대가 성공 여부를 결정짓는다. 시공간의 제약을 최소화하며, 대북 보건의료 협력과 관련한 광범위하고 다양한 민간과 정부, 국내와 국외, 그리고 실무와 학술 분야를 넘나드는 이해관계자들의 의견과 계획을 공유 및 수렴하는 것이 중요하다. 이는 2021년 통일부 주관으로 시행된 '한반도 보건의료 협력 플랫폼'을 활용함으로써 가능하다.

'한반도 보건의료 협력을 위한 중장기 전략 행동계획 수립' 또한 '한반도 보건의료 협력 플랫폼'의 실제적인 가동을 통해서 대북협력 기관 주체들의 의견을 수렴하여 진행하였으며, 위와 같이 보건의료 협력의 중장기적 비전과 5개의 협력 영역과 이에 따른 세부 목표별 전략적 우선순위에 따른 실행 방안을 제시하였다.

그림 3-8　한반도 보건의료 협력플랫폼 운영도

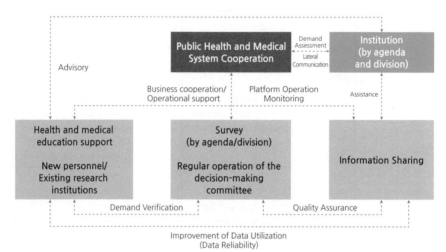

출처: 저자 작성

6) 지속 가능해야만 하는 길

　　변화무쌍한 안보적 상황 속에서도 '한반도 건강공동체'를 향한 '통일보건의료'는 지속되어야 한다. 북한의 정치적 발언 및 행동들은 국제기구와 서방 국가들의 북한에 대한 제재와 직결되어 왔다. 이는 북한 주민들이 기본적으로 음용할 수 있는 자원들의 감소라는 직접적인 영향을 통해서도, 보건협력 사업의 중단이란 경로를 통해서 북한 주민들의 건강권에 악영향을 미쳐왔다. 그러나 건강권은 생명체로서 보장되어야만 하는 권리이다. 양극화되어만 가는 이데올로기와 극한에 달하는 정치적 갈등 속에서도 사람으로서 누려야 할 건강이라는 공통관심사를 통한 교류가 지속된다면, 포괄적인 공감대를 형성하고 갈등의 근인조차 포용할 수 있게 되는 발판이 될 수 있다.

'한반도 건강공동체'라는 미래 지향적 협력을 개념에서 실천의 길로 이끌기 위해서, 한반도 보건의료 협력 전략에 대한 사유와 그것의 공표는 무거울지언정 반드시 떼어야 하는 첫걸음이다. 통일보건의료에 대한 이해와 이에 대한 뚜렷한 전략과 구체적인 실행 방향의 존재는, 변화하는 정치 안보적 상황 속에서도 긴밀하고 꾸준하게 통일보건의료라는 목표를 향해 움직일 수 있는 지표가 된다. 경색된 남북한 사이가 전환될 실마리를 제공하거나, 완전에 가까운 한반도(건강)공동체 도달을 가속화하고 유지할 연료가 될 수도 있다. 이 자체가 한반도 건강공동체 실현의 여정이라는 데에도 의미가 있다. 궁극적으로 한반도 건강공동체의 목적은 단기적으로 달성 후 해산하는 것이 아니라, 한반도 주민들이 미래의 역사 속에서 건강하게 살아가는 과정에 위치하기 때문이다.

통일보건의료는 비용적 관점에서도, 북한 주민의 건강권과 통일 후 함께 이끌어 나가야 할 공동체의 안녕을 위해서도 직시해야 하는 사안이다. 그러나 북한의 보건의료 현황에 대한 정보 접근성이 제한된 상황에서, 간헐적이거나 추상적인 논의 차원의 제자리걸음은 명료한 전략과 구체적인 실행 방안의 필요성을 시사한다. 기존의 남북한 보건의료 협력이 단속적이거나 북한 당국의 요구를 우선으로 한 지원이었던 반면, 우리는 1) 지속 가능한 2) 북한 당국의 실질적 필요를 충족하는 3) 선제적인 통일보건의료 전략과 실행 방안의 필요성을 제의한다. 먼저 대북 협력 기관 주체들의 의견을 수렴하고, 국제개발협력 목표에 부합하는 다음과 같은 다섯 가지 남북한 보건의료 협력 과제를 설정한다: 1) 건강안보 환경 조성 2) 주요 질병 부담 완화 3) 회복 탄력적 보건의료체계 구축 4) 연구 협력 5) 지속 가능한 협력체계 구축. 그다음 협력 과제별로 세부 목표를 수립하고, 제재 단계별로 실현성을 고려하여 전략적 우선순위와 실행 방안을 제시한다. 또한 '통일보건의료'를 '한반도 건강공동체'를 달성하기 위한 지속 가능한 여정으로 이해하고 이를 실현하기 위한 주춧돌인 '한반도 보건의료 플랫폼'을 실현한다.

References

Arriaga, E.E. Measuring and explaining the change in life expectancies. *Demography*. 1984; 21: pp. 83-96.

Arsenault C·Gage A·Kim MK. et al. COVID-19 and resilience of healthcare systems in ten countries. *Nat Med*. 2022; 28(6): pp. 1314-1324.

Bahk, J., Ezzati, M., & Khang, Y.-H. The life expectancy gap between North and South Korea from 1993 to 2008. *European Journal of Public Health*. 2018; 28: pp. 830-835.

Bahk, J., Kang, H.-Y., & Khang, Y.-H. Trends in life expectancy among medical aid beneficiaries and National Health Insurance beneficiaries in Korea between 2004 and 2017. *BMC Public Health*. 2019; 19: pp. 1-5.

Bhatia, R., & Thorne-Lyman, A.L. Food shortages and nutrition in North Korea. *The lancet*. 2002; 360: pp. s27-s28.

Chang, Y., Kang, H.-Y., Lim, D., Cho, H.-J., & Khang, Y.-H. Long-term trends in smoking prevalence and its socioeconomic inequalities in Korea, 1992–2016. *International journal for equity in health*. 2019; 18: pp. 1-10.

Chen, C., Nie, Z., Wang, J., Ou, Y., Cai, A., Huang, Y., et al. Prenatal exposure to the Chinese famine of 1959–62 and risk of cardiovascular diseases in adulthood: findings from the China PEACE million persons project. *European Journal of Preventive Cardiology*. 2022; 29: pp. 2111-2119.

Chen, H., Hao, L., Yang, C., Yan, B., Sun, Q., Sun, L., et al. Understanding the rapid increase in life expectancy in shanghai, China: a population-based retrospective analysis. *BMC Public Health*. 2018; 18: pp. 1-8.

Chisumpa, V.H., & Odimegwu, C.O. Decomposition of age-and cause-specific adult mortality contributions to the gender gap in life expectancy from census and survey data in Zambia. *SSM-population health*. 2018; 5: pp. 218-226.

Choi MJ·Sempungu JK·Lee EH·Lee YH. Changes in contributions of age-

한반도 보건의료, 생명을 살리는 담대한 도전

and cause-specific mortality to the widening life expectancy gap between North and South Korea. 1990-2019: An analysis of the Global Burden of Disease Study 2019. *SSM Popul Health*. 2023; 23(101445): 101445.

Clarsen, B., Nylenna, M., Klitkou, S.T., Vollset, S.E., Baravelli, C.M., Bølling, A.K., et al. Changes in life expectancy and disease burden in Norway, 1990–2019: an analysis of the Global Burden of Disease Study 2019. *The Lancet Public Health*. 2022; 7: pp. e593-e605.

Dicker, D., Nguyen, G., Abate, D., Abate, K.H., Abay, S.M., Abbafati, C., et al. Global, regional, and national age-sex-specific mortality and life expectancy, 1950-2017: a systematic analysis for the Global Burden of Disease Study 2017. *The lancet*. 2018; 392: pp. 1684-1735.

Geneau, R., Stuckler, D., Stachenko, S., McKee, M., Ebrahim, S., Basu, S., et al. Raising the priority of preventing chronic diseases: a political process. *The lancet*. 2010; 376: pp. 1689-1698.

Goodkind, D., & West, L. The North Korean famine and its demographic impact. *Population and Development Review*. 2001; 27: 219-238.

Ha SY·Cho YM·Kim SY. Recent Trends of Development Assistance to North Korea : Analysis focused on aid for healthcare sector. Journal of peace and unification studies. 2018; 10(2): p. 327.

Haldane V·De Foo C·Abdalla S M·Jung A-S·Tan M·Wu S·Chua A·Verma M·Shrestha P·Singh S·Perez T·Tan S M·Bartos M·Mabuchi S·Bonk M·McNab C·Werner G K·Panjabi R·Nordstrom A·Legido-Quigley Helena. Health systems resilience in managing the COVID-19 pandemic: lessons from 28 countries. *Nat Med*. 2021; 27(6): pp. 964-980.

Health security. Accessed June 24, 2023. https://www.who.int/health-topics/health-security

Hong, J.H., & Kim, S.-J. *North Korea's Income-Population Puzzle*. 2021.

Horton R. Offline: North Korea-the case for health diplomacy. *Lancet*. 2017; 390(10099): p. 1016.

Hyon CS·Nam KY·Sun HC·Garg R·Shrestha SM·Ok KU·Kumar R. Package of essential noncommunicable disease (PEN) interventions in primary health-care settings in the Democratic People's Republic of Korea: A feasibility study. *WHO South East Asia J Public Health*. 2017; 6(2): pp. 69-73.

Institute for Health Metrics and Evaluation. *GBD Results*. Washington, United States. 2022.

Jeon WT, Kim SK. 「한반도 건강공동체 준비」. 서울: 박영사. 2018.

Karanikolos, M., Leon, D.A., Smith, P.C., & McKee, M. Minding the gap: changes in life expectancy in the Baltic States compared with Finland. *J Epidemiol Community Health*. 2012; 66: pp. 1043-1049.

Khang, Y.-H. Two Koreas, war and health. *Int J Epidemiol*. 2013; 42: pp. 925-929.

Kim KM·Jang JY·Moon GS·Shim HJ·Jung PY·Kim SY·Choi YU·Bae KS·Ha S·Lee YH. Underestimated burden: non-communicable diseases in North Korea. *Yonsei Med J*. 2019; 60(5): pp. 481-483.

Kim SK· Noh JW·Lee YH·Kim YS. 「한반도 보건의료협력을 위한 중장기 전략행동계획 수립」. Published online. 2022.

Lee EH, Choi MJ, Sempungu JK, Lee YH. Trends and patterns of North Korea's disease burden from 1990 to 2019: Results from Global Burden of Disease study 2019. *PLoS One*. 2022; 17(11): e0277335.

Lee YH·Lee WJ·Kim YJ·et al. North Korean refugee health in South Korea (NORNS) study: study design and methods. *BMC Public Health*. 2012; 12: 172.

Noh JJ. The Current Status in Obstetrics in North Korea and Strategies for Establishing a Better Healthcare System. *Front Public Health*. 2021; 9: 744326.

Park JJ·Lim AY·Ahn HS·et al. Systematic review of evidence on public health in the Democratic People's Republic of Korea. *BMJ Glob Health*. 2019; 4(2): e001133.

Park JJ·Shin HY·Atun R. Global health engagement with North Korea. *BMJ*. 2018; 361: k2547.

Ryu GC. Lessons From Unified Germany and Their Implications for Healthcare in the Unification of the Korean Peninsula. *J Prev Med Public Health*. 2013; 46(3): 127.

Seo BH. 「자유·평화·번영의 한반도 시리즈: 남북대화 (어떻게) 가능한가?」. Published online, 2022. https://www.kinu.or.kr/pyxis-api/1/digital-files/dd1da885-8769-489c-97a6-3d94e14adedd

Shin BK·Jeon WT. National Health Priorities under the Kim Jong Un regime in Democratic People's Republic of Korea (DPRK), 2012-2018. *BMJ Glob Health*. 2019; 4(Suppl 7): e001518.

평화학과 보건의 융합

평화학과 보건의 융합

전우택(연세대학교 의과대학 정신과학교실 의학교육학교실)

1 시작하는 말

보건의료는 인간의 생명을 살리고, 더욱 건강하게 살도록 하는 것을 목표로 하는 전문적인 인간 행위를 총칭한다. 그리고 인간의 생명과 건강은 인간이 평화로운 상태에 있을 때 보장될 수 있는 현상이다. 그런 의미에서 보건의료와 평화는 본질적으로 같은 맥락 속에 있는 것이라 할 수 있다. 인류의 역사는 다양한 이유를 통하여 인간의 평화를 깨뜨리는 반(反)평화적 사건들의 연속이었기에, 보건의료는 이런 인간의 상황에 대항하여 왔다. 본 글에서는 그런 반평화적 상황 속에서의 보건의료의 역할을 검토하여 보고, 한반도 평화를 위하여 일하는 보건의료인들이 갖추어야 하는 특성들을 생각해 보도록 한다.

2 반(反)평화의 상황 속에서 보건의료의 역할

1) 보건의료는 강성 이데올로기를 연성 이데올로기로 바꾸는 맨 앞자리에 있어야 한다

한반도의 비극은 사상이 인간의 본질적 가치와 생명보다 더 우위라는 강성 이데올로기적 사고의 덫, 즉 초월적 관념의 승리에 집착하면서 정작 인간 자체를 무시하는 것에 사로잡힌 것에 그 뿌리를 두고 있다. 따라서 한반도의 분단과 갈등은 이 덫에서 빠져나와 인간의 존재 자체를 중심 가치에 둘 수 있는 사고, 즉 모든 생명에 대하여 연민의 감정을 가지고 그 기본적인 욕구의 충족을 소중하게 여기는 연성 이데올로기로 그 사상의 틀을 바꾸는 데 있다.[1] 그런데 이미 극단적인 사상적 흑백논리로 무장된 북한 사람들, 그리고 유감스럽게도 남한 사람들에게도 이 강성 이데올로기 사상의 벽을 넘어서자는 이러한 제안은 쉽게 받아들여지기 어려운 측면이 있다.

그러나 다행히도(?) 인간은 육체를 가지고 있는 존재이고, 그런 육체적 인간은 어떤 형태로든 언젠가는 반드시 신체적인 질병과 고통을 가질 수밖에 없는 존재이다. 그리고 그런 상황에서 그 신체적 질병과 고통을 해결해 주는 것은 "강성 이데올로기적 사상"과 "가치"가 아닌, "의술"과 자신과 사상이 다른 존재라도 그가 고통을 받고 있으면 그를 도와주어야 한다는 연성 이데올로기적인 "돌봐주려는 마음"이다. 아무리 사상적으로 단단한 무장을 하고 있더라도, 자기 자식이 아프기 시작할 때 그 아픈 자식을 치료해 주고 다시 건강하게 해 주는 사람에게 마음이 열리지 않을 사람은 없다. 그런데 정말 이런 일이 일어나려면 그 "의술"을 가지고 있는 사람이 자기 앞에 놓여 있는 그 고통 받는 육체적 인간의 "사상"과 상관없이 그를 "돌봐주려는 마음"을 가져야 한다. 결국 인간의 고통 앞에서 양측이 모두 "사상의 무장"을 내려놓고 "돌봐주려는 마음"과 "돌봄을 받기 원하는 마음"을 함께 가질 때 비로소 그 의술은 인간의 고통에 다가가는 "기

---

1   이 부분은 요한 갈퉁. 강종일 외 역. 「평화적 수단에 의한 평화」 (서울: 들녘, 2000). pp. 28-30 의 내용을 참조하여 강성 이데올로기와 연성 이데올로기의 구분을 하였다.

적"을 만들어 낼 수 있다. 고통을 받는 사람은 당연히 돌봄 받기를 원한다. 문제는 돌봐주려는 마음을 가져야 하는 사람들이다. 이들이 먼저 그 마음을 가질 때, 변화는 시작될 수 있으며 그 작은 변화가 결국은 큰 변화로 이어질 수 있을 것이다. 그런 의미에서 보건의료는 가장 순수한 인도주의적 측면을 가지는 동시에 그 변화의 첫 문을 여는 열쇠가 될 수 있다. 보건의료는 기근 상태에서의 식량, 가뭄 상태에서의 물과 함께, 가장 큰 힘을 가진 변화의 매개체이다.

2) 보건의료는 현장에서 적절한 시점에 구체적 행동을 할 수 있어야 한다

평화학에서는 "시간적 폭력"이라는 개념이 있다.[2] 평화 과정이 너무 느리게 움직이거나 폭력과 폭력 과정이 너무 빠르게 움직이거나 할 때 발생하는 현상을 말하는 것이다. 따라서 평화를 이루기 위해서는 장기적인 시각을 가지고 그에 맞춘 계획에 따라 하나씩 차분히 해결해야 하는 측면이 있으면서, 동시에 단기적으로 즉각 움직여야 하는 측면이 있다. 이 두 가지를 얼마나 균형 있게 진행할 수 있는가가 최종적으로 평화를 이루는 여부를 결정하게 된다. 아무런 장기적 계획 없이 함부로 급히 나서는 것도 문제이고, 장기적 계획 운운만 하면서, 즉각적으로 취하여야 하는 일들조차 손대지 않는 것도 문제이다.

그런 의미에서 평화를 만들어 가는 과정에서 보건의료는 일차적으로는 단기적인 즉각적 행동을 하는 것과 연관되는 경우들이 많이 있다. 보건의료인들은 심장마비가 발생한 환자에게 3분의 시간이 어떤 의미를 가지는지 안다. 그것은 응급조치가 필요한 그 3분 동안의 노력이 가지는 효과는 그 이후 3만 시간의 노력을 기울인 것과 비교도 되지 않는 전혀 다른 결과를 만들어 낸다는 것에 대한 의식이다. 필요한 순간에 즉각적 조처를 하지 못하면 아무것도 이루지 못하는 문제가 있다. 그에 따라 보건의료 발전을 위한 장기적인 시설 및 설비 구축, 보건의료인의 장기적 교육 프로그램 운영 등과 함께, 단기적인 응급 대응 활동에 대한 계획안을 가지고 지속해서 점검해야 한다.

보건의료가 가진 특징 중 하나는, 이것이 아주 구체적인 행위, 즉 직접 만나 눈으로 보고, 열을 재고, 통증 부위를 눌러보고, 어디가 얼마나 아픈지를 직접

---

2 위의 책. p. 86.

물어보아 대답을 듣고, 직접 수술을 하고, 상처에 대한 소독을 하고, 주사를 놓고 하는 아주 구체적이고 실제적인 행동으로 구성되어 있다는 것이다. 이런 실제성과 구체성은 "실제적인 만남"을 전제로 한다. 그리고 그 실제적 만남은 가장 강력한 화해적 의미를 만들어 낼 수 있다는 측면을 가진다는 것을 기억하여야 할 것이다.

3) 보건의료는 폭력에 대한 총체적 대항이 되어야 한다

평화학자인 요한 갈퉁은 "평화"라는 것의 개념을 설명하기 위하여 그 반대 개념으로 "폭력"이라는 것을 제시한다.[3] 그리고 그 폭력의 본질을 "인간의 기본적 욕구를 모독하는 것"[4]이라는 정의를 내린다. 그러면서 그는 폭력을 세 가지 종류로 구분한다.[5] 그 내용을 보면 다음과 같다.

첫째, 물리적 폭력이다. 이것은 전쟁, 목숨을 빼앗는 것, 신체에 피해를 주는 것 등을 의미하며 직접적인 폭력을 말한다. 여기에는 행동적 폭력뿐만 아니라 언어적 폭력까지 포함된다.

둘째, 구조적 폭력이다. 이것은 물리적 폭력은 아니지만 정치적 억압, 사회적 불평등, 경제적 착취 등을 통하여 사회 구조적으로 인간을 억압하고 착취하는 모든 것을 포함한다.

셋째, 문화적 폭력이다. 이것은 물리적, 구조적 폭력을 정당화하고 합법화하는 종교, 사상, 언어, 예술, 과학, 학문의 활동을 통하여 폭력의 실체를 정당화하거나 최소한 잘못된 것은 아니라고 사회적으로 용납되게 만드는 것이다. 즉 어떤 개인이나 집단에 물리적 폭력을 가하거나 억압과 착취를 하는 것은 그 대상이 되는 사람이나 집단이 그런 일을 당할만한 정당한 이유를 다 가지고 있기에 그러는 것이므로 나쁜 것이 아니라는 생각을 가지도록 만드는 것이다. 이러한 문화적 폭력은 학문 이론, 미디어, 국가 정책 등을 통하여 사회 전체로 퍼져 나

---

3 이 부분은 전우택 외. 「평화에 대한 기독교적 성찰」 (서울: 홍성사, 2016)에 실린 전우택의 글, 1장, 기독신앙과 평화, pp. 18-21의 내용을 토대로 부분 수정한 것이다.

4 요한 갈퉁. 앞의 책. p. 9.

5 위의 책. pp. 28-29.

가게 된다. 대규모 문화적 폭력의 예는 바로 '편견'이라 할 수 있다.

평화를 만들어 감에 있어 보건의료는 물리적 폭력에 대한 대항뿐만 아니라, 구조적 폭력과 문화적 폭력에 대항하는 도구로서 그 역할을 하여야 한다. 보건의료인이 물리적 폭력에만 관심을 가지는 것을 넘어서서, 구조적 폭력과 문화적 폭력을 응시하고 대항할 힘을 가질 수 있을 때, 보건의료는 진정한 평화의 도구 역할을 할 수 있을 것이다.

보건의료적으로 물리적 폭력에 대항한다는 것은 지금 내 눈앞에서 보건의료적 문제로 고통을 받는 사람들을 포기하지 않고 우리가 취할 수 있는 모든 보건의료의 기술적 조치를 취해 나가는 것이다.

보건의료적으로 구조적 폭력에 대항한다는 것은 지금 내 눈앞에 존재하는 한 명의 사람이 과거 건강하였던 상태에서 지금의 병든 환자가 되는데 작동을 한 그 보이지 않는 배경의 정치, 경제, 사회적 요인을 선명하게 보고, 그것을 해결하는 일에 대한 책임의식을 가지고 활동에 들어가는 것이다. 나는 병원에서 환자 치료를 위한 노력만 하면 되는 것이고, 그런 정치, 경제, 사회적인 요소들에 대한 활동은 따로 그런 기능을 하는 전문가들, 관료들이 있다는 식으로 자기 자신의 역할을 제한하는 일이 있게 되면, 희생자로서 발생하는 고통 받는 환자들의 숫자는 더욱 커지며 더욱 지속되게 된다. 물론 환자 돌보는 일을 버리고 제도를 고치는 일, 가난을 고치는 일에 전면적으로 모든 보건의료인이 다 나서라는 것은 아니다. 그러나 환자들이 겪고 있는 고통과 그것이 어떤 정치, 경제, 사회적 배경과 요인에 의하여 나타난 결과라는 것을 현장에서 가장 잘 알고 있는 보건의료인들의 현장 목소리와 의견이 실제로 정치, 경제, 사회적인 변화를 처음으로 일으키는데 기폭제적 역할을 할 수 있다는 것을 반드시 인식할 필요가 있으며, 필요할 경우, 그런 일에 분명한 목소리를 함께 낼 수 있도록 하여야 한다는 것이다.

보건의료적으로 문화적 폭력에 대항한다는 것은 사회가 가지고 있는 인간의 존엄성과 생명에 대한 왜곡되고 편향된 사고, 그리고 편견에 대한 성찰과 그에 대한 투쟁을 의미한다. 예를 들어 이미 사회적으로 가난하거나, 연령이 높거나, 장애가 심각하여 소위 사회적 기여를 할 수 있는 능력이 현저히 낮아진 사람

한반도 보건의료, 생명을 살리는 담대한 도전

들의 고통은 그렇지 않은 사람들의 고통보다 상대적으로 적게 관심을 가져도 된다는 식의 사고에 과감하게 저항하는 것이 그것일 수 있다. 나아가서, 북한에서 태어났다는 이유만으로 늘 배가 고파야 하고, 아파도 치료받을 길이 없는 2천만명의 사람들은 고통을 받아도 어쩔 수 없으며, 자신들이 제대로 된 나라를 스스로 만들려 노력하지 않은 결과이니, 각자 알아서 그 고통에서 나와야 한다는 식의 사고에 대하여 대항하여야 한다는 것이다.

보건의료인이란 사회 속에서, 그리고 한반도 안에서, 인간의 총체적 고통에 대항하는 존재, 인간을 향한 모든 종류의 폭력을 향하여 저항하는 존재이어야 한다. 그런 의미에서, 보건의료인들은 지금 내 눈앞에 와 있는 "보이는 환자"뿐만 아니라, 여러 가지 이유로 나의 외래 진료실, 입원실, 수술실까지 "오지 못한" 그 "눈에 보이지 않는 환자"들까지를 볼 수 있어야 하고, 그들에 관한 관심을 가져야 하며, 그들에 대한 책임 의식을 가져야 한다.

4) 보건의료는 과거, 현재, 미래의 화해를 만들어 내는 도구가 되어야 한다

보건의료는 당장 "현재" 필요로 하는 문제를 해결하기 위한 도구의 역할이 크다. 그러나 현재의 이런 문제를 해결하기 위하여 나선다는 것은 "과거", 즉 그동안 양측이 쌓아온 불신과 갈등, 증오와 의심의 문제가 어느 정도라도 감소하여야 비로소 시작될 수 있는 측면을 가진다. 그런 과거의 문제가 극복되지 않은 상태에서는 "현재"의 문제 해결을 위하여 나서기가 매우 어려워진다는 것이다. 동시에 "과거"와 "현재"의 문제는 "미래"의 과제를 같이 가지고 있다. 즉 현재의 문제를 다루는 이 행위로 인하여 미래는 강력한 영향을 받는 것이다. 그런 의미에서 모든 평화를 만드는 일은 과거, 현재, 미래를 동시에 다룬다. 이와 연관되어, 평화학자 레더라크는 그의 책에서 한 사례를 이야기한다.[6]

1990년 7월 11일, 캐나다 퀘벡의 오카시(市)에서 오카 사태(Oka Crisis)가 발생한다. 이것은 그곳에서 살고 있는 원주민 모와크(Mohwak)족의 선조 묘역 부근에 새로이 골프장 확장 및 콘도 건설을 하겠다는 공사 계획이 발표되면서 이에 반발하는 원주민들과 오카시(市) 간의 갈등 및 충돌이 있었던 것을 말한다. 이에 따

---

6   존 폴 레더라크. 김동진 역. 「평화는 어떻게 만들어 지는가」 (서울: 후마니타스, 2012). p. 53.

라 원주민들은 바리케이드를 치고 78일간 경찰, 군대와 대치하는 일이 있었고, 그 와중에 2명이 죽는다. 결국에 그 개발 계획은 철회되었고, 연방정부는 향후의 갈등을 예방하기 위하여 오카시로부터 그 지역의 땅을 구입함으로써 상황은 종료된다. 이 급박한 대립과 협상의 과정에서 모와크족의 추장은 많은 결정을 하여야만 하였다. 그리고 그는 부족의 전통에 따라 모든 결정은 일곱 세대를 고려하여 결정한다는 것을 내외에 공포하였다. 중요한 결정을 내릴 때 인간은, 그리고 지도자는 당장 자기와 자기 세대의 이익을 위한 즉흥적인 판단을 하여서는 안 되며, 자기 세대와 함께, 과거 3세대가 생각하고 지키려 노력한 것들, 그리고 앞으로 올 미래 3세대가 이번 결정으로 인하여 받게 될 영향을 생각하며 총 7세대를 고려한 결정을 내려야 한다는 것이었다.

이와 같이, 어떤 갈등의 현장에는 무덤 속에 있는 3대의 조상들이 들어오는 것이고, 지금 이 문제를 당대에서 만나 바리케이드 앞으로 집결하고 있는 현재인들이 들어오는 것이며, 이제 막 태어나 이 집결지에 올 수 없는 어린 아기들과 그 아기들이 앞으로 낳아 기를 아이들, 그리고 그 아이들의 아이들까지가 다 들어온다는 것을 의식하여야 한다. 통일은 바로 그런 성격을 가진 일이며, 그와 연관된 보건의료의 사안들 역시, 그런 의식 속에서 바라보아야 할 것이다.

한반도에서 평화를 만들어 가는 것도 마찬가지인 측면을 가진다. 단지 우리 세대만의 이익과 편리함만을 고려하는 어떤 결정은 있어서는 안 될 것이다. 이것은 아주 긴 호흡과 시각을 가지고, 지난 3세대가 분단과 통일을 어떻게 생각하였는지를 바라보아야 하고, 분단과 통일에 의하여 미래의 3세대가 만나게 될 상황들, 아니 미래의 30세대가 만나게 될 상황들까지 바라보면서 분단과 통일, 그리고 한반도의 평화를 구상하고 결정해 나가야 할 것이다. 이러한 결정을 해 나가는 과정에서 보건의료는 사람들에게 본질을 바라보게 하는 창으로서의 역할을 할 수 있다.

5) 보건의료는 평화를 이루는 데 있어 중간 수준의 접근 역할을 잘하여야 한다

보건의료 차원에서의 한반도 평화활동은 고위층 지도자들의 활동도 아니고, 일반 국민들의 범시민 운동적 활동과도 구분되는, 그 중간적 위치에서 특수한 전문가 집단의 활동이라는 특징을 가진다. 평화학적으로 평화 구축의 행위자들은 크게 세 수준(레벨)으로 구분될 수 있다.[7]

평화운동 주체들의 세 가지 수준

수준 1은 고위층 지도자들이다. 이들은 군사, 정치, 종교적으로 매우 높은 인지도를 가진 지도자들이고, 상대방 고위층과의 협상에 집중한다. 주로 갈등의 최종적 종식 그 자체에 초점을 둔다. 이들은 대중적으로 상당한 정치적 압박을 받으면서 평화 활동에 나서기 때문에, 자기 측 입장을 반영한 강경한 입장을 유지할 수밖에 없는 측면이 커서 상대적으로 더 경직된 입장에 있게 된다. 그러나 이들은 풀뿌리 사람들이 겪는 매일의 공포와 고난과는 일정 거리가 있는 사람들이고, 상대적으로 사회경제적으로 좀 더 안전하고 풍요롭게 사는 사람들이기에 대중과 유리되어 있는 측면이 있는 사람들일 경우가 많다.

수준 2는 중간 수준 지도자들이다. 이들은 양측 갈등 집단들 내에 있는 널리 존경받는 개인, 또는 교육, 상업, 농업, 보건의료와 같은 분야의 지도적 위치에 있는 사람들, 또는 종교집단, 학문 기관, 인도주의 기관과 같은 곳에서 활동하는 리더들, 유명한 시인처럼 그들의 명망이 갈등의 양자에 모두 알려진 사람 등을 의미한다. 이들의 입지는 정치적 또는 군사적 권력에 기반을 두지 않는다. 또이 지도자들은 그런 종류의 권력을 추구하지도 않는다. 결과적으로 이들은 국내적 또는 국제적으로 집중적인 조명을 받지 않는다. 이에 따라 이들은 언행에 있어 좀 더 유연성을 가질 수 있다. 그러면서도 이들은 고위층 지도자들에게 잘 알려진 경우들이 있고, 그들과 자유로운 교분을 가지고 있는 경우도 있다. 그리고 적대적인 상대방 측의 중간 수준 지도자들과 이미 자신들의 전문 영역을 통하여 일정 수준 관계가 맺어져 있거나 앞으로 네트워크를 만들 잠재력을 가지고 있다. 그래서 이들의 역할은 평화 구축 과정에서 큰 의미를 가진다.

수준 3은 풀뿌리 지도자들이다. 풀뿌리는 대중, 즉 사회의 근간을 대표한다. 이들은 갈등의 결과에 의한 고통을 가장 직접적으로 겪고 있으며, 자기 자신의

---

7   위의 책. pp. 68-75.

생존을 위하여 애써야 하는 사람들이다. 풀뿌리 지도자들은 그런 풀뿌리 사람들의 일부이면서, 그런 지역 사람들을 위한 구호 업무를 수행하는 토착민 비정부 기구의 구성원, 의료 공무원, 난민 캠프의 지도자와 같이 지역 공동체에 함께 포함되어 있는 사람들이다. 이들은 지역 정치에 대한 전문적인 지식과 관심이 있으며 정부와 지역 지도자, 그리고 적대적인 상대방 집단의 풀뿌리 지도자들을 개인적으로 알고 있는 경우들이 있다.

이런 구분과 구조하에서, 보건의료 지도자들은 대부분 수준 2의 중간 수준 지도자로서, 그리고 일부가 수준 3의 풀뿌리 지도자로서 역할을 하게 된다. 여기서는 주로 보건의료인들의 역할이 될 수준 2의 중간 수준 지도자로서의 평화 과정에 참여하는 방식을 알아보기로 한다.

중간 수준에서의 접근 방식

중간 수준 지도자들은 평화 구축에 있어 "중간에서의 확산적"(middle-out)이라 부를 수 있는 영향을 끼칠 수 있다. 즉 고위층 지도자들과 풀뿌리 지도자들 양방향으로 그들의 영향을 끼칠 수 있다는 것이다. 이것은 평화를 성취하고 유지하기 위한 기반 구조를 만들어 낼 수 있는 열쇠를 제공할 수 있다.

중간 수준 활동의 역할

위의 내용들을 정리하면서 레더라크는 중간 수준의 평화 운동 역할을 다음과 같이 정리한다.

"… 이와 같은 접근 방식이 보여주는 것은, 중간 수준의 지도자들이 평화 구축 과정을 지속시키기 위한 기술과 관계를 중심으로 한 기반 구조를 설립하는 데 도움을 줄 수 있는 잠재적 가능성을 가지고 있다는 점이다. 중간으로부터의 확산적 접근 방식은 중간 수준 지도자들(갈등의 경계선을 가로지르는 광범위한 네트워크의 수장이거나 그와 가까이 연결된)이 갈등 속에서 도구적인 역할을 할 수 있다는 발상을 기반으로 한다. 중간 수준의 평화 구축 행위는 다양한 형태로 나타난다. 이는 정책 결정 과정에 근접해 있는 행위자의 인식을 바꾸고 새로운 발상을 제시하는 것에서부터 갈등 해소 기술을 트레이닝하고 갈등 상황 내부에서 적극적인 화해 행위를 담당할 수 있는 집단, 네트워크 및 기관을 설립하는 것까지 매우 다양하다."[8]

그런 의미에서 보건의료는 이런 중간 수준의 통일 평화운동적 성격을 가질 수 있다. 즉 남한 내부적으로는 위로는 고위급 정책 결정자들과 소통하고, 아래로는 풀뿌리 지도자들 및 일반 국민들과 소통을 모두 할 수 있는 연결적이고 확산적인 역할을 할 수 있다는 것이다. 그리고 북한과도 북한의 보건의료 전문가 리더들과 공동의 목표를 위한 상호 협조 논의를 할 수 있고, 그것을 통하여 북한의 고위급 정책결정자들에게 직접적, 간접적으로 남한의 의견과 생각을 전달하고 소통할 수 있게 만들어서, 서로를 위한 통로로 사용될 수 있는 측면을 가지고 있다.

3 한반도 평화를 위하여 보건의료인들이 갖추어야 하는 특성들

1) 평화를 만드는 연결점을 만들어야 한다

레더라크는 평화를 만드는 데에는 반드시 중앙 집권적이고 통제적인 "평화 권위자"에 의하여 진행되는 것이 아니며, 평화는 그 창의성, 관용, 유연성을 통하여 만들어지는 것이라고 하면서, 이를 실천하기 위한 접촉점을 만드는 방법으로 다음과 같은 것들을 제안하였다.[9] 첫째, 평화의 기록을 발전시키기. 평화를 만들기 위하여 시행한 모든 노력을 꼼꼼히 기록으로 남겨두는 것은 향후 미래 갈등을 해결하는 데 중요한 근거가 된다는 것이다. 둘째, 고위층과 중간 수준 사이에 좀 더 명확한 통로 만들기. 이것은 양측 고위급들이 만들어 낸 큰 합의의 구체적인 후속 조치를 만드는 데 있어 중요하며 고위층의 의도 등이 명확히 이해되는 데 필요하다는 것이다. 셋째, 평화-기부자 회의 만들기. 이것은 그동안 원조가 필요한 곳에 기부하고 기여한 기관들이 다 모이는 큰 회의 행사로 만들

---

8 위의 책. p. 86.

9 위의 책. pp. 144-148.

어지는 것이 필요하고, 이를 통하여 새로운 의견 합의를 만들어 내는 것이 원조하는 측이나 원조를 받는 측에 모두 효과적인 외부 압력으로 작동될 수 있다는 것이다. 넷째, 전략적 리소스 그룹 만들기. 이것은 연관된 다양한 전문가들, 활동가들이 모두 모여 함께 정보와 의견을 공유하도록 하는 것을 말한다. 다섯째, 내부와 외부의 피스메이커를 연결하기. 내부 피스메이커의 활동과 자원을 외부 피스메이커의 활동과 잘 조율하도록 한다는 것이다. 일반적으로는 외부 피스메이커들의 활동이 언론에 더 주목받게 되지만, 이것이 정말 효과를 가지려면 내부 피스메이커들과 연결되어야 하기 때문이다.

이것은 보건의료 영역에서도 그대로 적용될 수 있을 것이다. 대북협력 활동과 논의 전체가 꼼꼼히 기록되도록 하고 보존되어야 하며, 보건의료 영역의 논의와 활동이 고위층 정책결정자와 연결되는 공식, 비공식 구조가 있어야 하며, 대북지원에 참여하고 있는 국내외 모든 기관이 공동으로 논의하고 정보를 나누는 모임 또는 플랫폼이 활성화 되도록 하여야 하며, 보건의료 외의 영역에 있는 기관, 전문가들과의 정례적 모임 등을 통하여 좀 더 융합적 상황을 만들어야 하고, 관련 해외 기관, 해외 전문가들과의 연계가 강화되어야 할 것이다.

2) 평화 일꾼들로서 필요한 능력을 갖추어야 한다

갈퉁은 그의 책에서 평화 일꾼들이 필요로 하는 능력을 다음과 같이 이야기하였다.[10] 첫째, 지식이다. 이것은 국가를 초월하는, 세계적인 지식을 흡수, 생산, 축적하고, 그것이 적절하고 현실적이 되도록 하여야 한다는 것이다. 둘째, 상상력이다. 이것은 경험적 현실을 초월하는데 필요한 능력이며, 지식과 관련은 있으나 지식은 아니다. 우리는 이 상상력을 통하여 우리의 가정(假定)을 지키려는 고집에서 벗어날 수 있어야 한다. 셋째, 동정심이다. 넷째, 인내심이다. 긍정적 반응이 없거나 아예 아무런 반응이 없을지라도 지속할 수 있는 능력이다. 갈퉁은 이상과 같이 이야기하면서 이러한 특성을 가지고 일하는 역할 모델의 예를 든다. 첫째는 몸과 마음을 다해 다른 사람들에게 봉사하는 데 전적으로 헌신하는 수도사들과 수녀들, 둘째는 의사와 간호사와 사회사업가들, 그리고 셋째는

---

10   요한 갈퉁. 앞의 책. pp. 564-566.

가족들을 위하여 헌신하는 어머니들이 그 역할 모델들이었다.

한반도의 평화를 위하여 나서는 보건의료인들은 남한과 북한, 그리고 주변 환경들에 대한 다양한 지식을 갖추어야 하고, 눈에 보이지 않는 새로운 통일된 세상을 향한 강한 상상력을 가지고 있어야 하며, 고통받는 사람들에 대한 동정심을 가지고, 긴 세월 아무런 결과가 보이지 않는다고 할지라도 계속 노력하는 인내심을 가져야 할 것이다. 그가 역할 모델로 보건의료인을 들어 준 것은 하나의 격려이고도 도전이었다. 정말 그런 역할 모델이 되도록 하여야 할 것이다.

3) 평화를 만드는 사람들의 7가지 특징을 갖추어야 한다

저자는 마하트마 간디, 마틴 루터 킹, 넬슨 만델라의 3인의 사례를 통하여 평화를 만드는 사람들의 공통된 일곱 가지 특징을 정리한 적이 있었다.[11] 여기서는 그 내용을 간략히 인용하고 그것을 한반도에서의 평화를 위하여 일하는 보건의료인들에게 적용해 보기로 한다.

현장성

"… 평화를 만드는 사람들의 특징은 평화라는 것을 어떤 관념적, 철학적 주제로서 붙잡은 것이 아니라, 자신들이 태어나 살아가던 바로 그 공간, 그 시점에서 벌어지고 있던 가장 절박한 현실의 문제로서 붙잡았다는 것이었다. 그들은 자신이 운명처럼 받아든 그 공간, 그 시점의 문제를 외면하거나 회피하지 않았다."[12]

그런 의미에서 한반도에서 평화를 위해 일하려는 보건의료인은 그 누구보다 현장성을 가장 강렬하게 가질 수 있다는 중요한 장점을 가진 존재들이다. 남북한의 갈등 상황 속에서도 보건의료인들은 이미 그 현장 속에 있고, 새로운 현장 속으로 들어갈 수 있는 힘을 가지고 있다.

---

11 이 부분은 전우택 외. 「평화와 반평화」 (서울: 박영사, 2021)의 12장. 평화를 만드는 사람들의 일곱 가지 특징, pp. 401-442의 내용을 토대로 작성되었다.

12 위의 책. p. 404.

본질성

"… 평화를 만드는 사람들의 특징은 이들이 자기 눈앞에 존재하는 평화를 깨는 악한 인간들, 악한 제도 자체에 매달리는 것이 아니라 늘 더 본질적인 것을 바라보고 그것에 집중한다는 데 있었다. 그들은 개개인의 악행 자체보다는 제도나 법, 관행을 보았고, 더 나아가 결국 인간의 악한 본성에 대한 투쟁을 자신들의 최종 목표로 보았다."[13]

앞에서 이야기한 바와 같이 보건의료인들은 환자의 신체적, 물리적 고통을 야기하는 폭력뿐만 아니라, 이러한 "최종 결과"가 나오기 전에 더 본질적으로 있는 구조적, 문화적 폭력의 근본적 성격을 보고 그 해결을 위하여 노력하여야 할 것이다.

확장성

"… 평화를 만드는 사람들은 자신이 활동하고 있는 현장의 문제가 사실은 전 세계의 문제와 맞닿아 있음을 점차 알아간다. 처음부터 그것을 알고 그에 따라 활동하였던 것 같지는 않다. 보통은 자신의 현장에 집중하면서 활동하다가 점차 이것이 자신의 활동 공간만이 가진 문제가 아니라, 전국, 나아가 전 세계 모든 곳의 문제임을 인식하게 되는 것이었다. 그리고 그에 따라 이들의 의식과 목표는 더 넓게 확장되어 가는 모습을 보인다."[14]

한반도의 보건의료인도 같은 과정을 거쳐 갈 것이다. 처음에는 진료실을 찾아온 환자들의 고통에 집중하겠지만, 이것이 점차 휴전선 너머 북한 사람들의 고통에까지 펼쳐질 것이고, 더 나아가 전 세계 여러 지역에서 아무런 도움도 받지 못하며 고통받고 있는 많은 사람에게 자신의 관심과 활동이 확장되어 나갈 것이다.

내부 적들과의 싸움

"… 평화를 만드는 사람들은 늘 본질성을 더 중요하게 보며 그들의 활동을 하기 때문에, 때

---

13   위의 책. p. 406.

14   위의 책. p. 408.

한반도 보건의료, 생명을 살리는 담대한 도전

로는 지금 당장 적들과의 싸움에서 승리하는 것을 중요하게 보는 자기 동지들과 갈등에 들어갈 가능성을 언제나 가지고 있었다. (그야말로 평화란 갈등의 양쪽 당사자들을 대상으로 싸우는 것을 의미하는 것이다)"[15]

남한의 보건의료인들은 가장 먼저, 핵을 개발하고 남한을 위협하는 북한이라는 국가에 구호와 지원의 손길을 내미는 것을 강력하게 반대하고 비난하는 내부 집단들과의 대화와 설득부터 넘어서야 할 것이다. 그리고 그것에 역시 쉽게 동의하지 않는 북한의 고위층 정책결정자들과도 줄다리기를 하여야 할 것이다. 그리고 만나게 되는 북한의 보건의료인들과도 일을 처리하는 방식 등을 가지고 갈등을 빚어야 할 수도 있다. 단계 단계마다 모두가 "내부"에서 발생하는 갈등일 것이다.

용기

"… 용기는 어느 한순간의 행동을 위하여만 존재하는 것이 아니었다. 용기는 매일 매일의 좌절 속에서도 절대 굴하지 않고 버티는 그런 인내 속에 존재하였다. 그리고 자신이 하는 평화를 위한 활동이 정말 진리라면 결국 그 진리는 언젠가 반드시 승리할 것이라는 믿음과 맞닿아 있었다."[16]

남북의 보건의료 협력에 있어 가장 필요로 되는 덕목 중 하나는 인내하고, 포기하지 않고, 끝까지 용기를 발휘하는 일일 것이다. 이것은 그날의 내 기분에 따라 결정되는 것이 아니라, 그야말로 천하보다 귀한 한 생명, 한 생명이 걸린 문제라는 이것의 본질을 보고 있을 때만 가능한 일일 것이다.

개방성

"… 평화를 만드는 사람들의 특징 중 하나는 그들 사고의 개방성이다. 그들은 자신들이 최종적으로 목표하는 그 대의에 있어서는 어떤 타협도 없었다. 그러나 그 대의를 이루어 나가는 현실의 문제 앞에서, 그들은 상대방을 존중하고, 그들과의 대화와 타협에 있어서 때로는 당황스러울 만큼의 과감성과 유연성을 보인다. 그리고 그런 과정에서 그들은 자신이 가지고 있던 생각을

---

15   위의 책. p. 412.

16   위의 책. p. 424.

일부 수정하기도 하고, 더 나아가 자기 자신만이 옳고 상대방은 틀렸다는 식의 절대적인 고정적 사고에서 벗어나기도 한다. 즉 정의와 진실이라는 최종 목표는 그대로이지만, 거기에 도달하는 과정에서, 자신도 얼마든지 틀릴 수 있는 불완전한 존재이고, 그래서 잘못을 수정해 나가는 일은 자신을 흔드는 일이 아니라, 최종 목표를 이루는 데 더 도움이 되는 일이라고 보는 것이었다. 평화를 만드는 사람들에게 있어 평화란 그 자체가 하나의 최종적인 목적인 동시에, 더 숭고하고 높은 목적을 이루어 가는 데 있어 도구라는 생각들을 그들은 가지고 있었다. 따라서, 주변 사람들이 보기에는 때로 지나치게 "개방적이고 타협적이며 수정주의적"이라고 보일 정도가 되어도, 이들은 그 길을 과감하게 걸어가는 태도를 보이곤 하였다."[17]

우리는 남한의 보건의료인으로서 우리 스스로 의식하지 못하는 우리만의 사고 방식, 일 처리 방식, 타인과의 관계에서 반드시 있어야 한다고 믿는 예의와 태도에 관한 생각과 판단을 두고 있다. 특히 도움을 주는 쪽과 도움을 받는 쪽이 있게 된다면, 도움을 받는 쪽은 응당 어떠한 생각과 태도를 도움을 주는 쪽에 가져야 한다는 식의 강한 확신도 있을 수 있을 것이다. 그러나 무언가 의미 있는 진척이 이루어지려면 이 모든 것에서 매우 개방적이고 유연해질 수 있어야 한다는 것이다.

겸손

"… 평화를 만드는 사람들의 특성 중 필자를 가장 숙연하게 만든 특성은 바로 마지막 이 특성이었다. 그들은 자기 시대의 가장 거대한 문제에 도전하여, 수많은 좌절 속에서도 뚜렷한 업적을 만들어 갔지만, 정작 자기 스스로에 대해서는 한없이 낮은 평가를 하였다. 작은 성취만으로도 과대한 자아상(inflated self)을 보이는 것이 보통 사람들의 특징인데, 이들 평화를 만드는 사람들은 그러지 않았던 것이다"[18]

대북협력사업을 해 나갈 남한의 보건의료인이 가져야 하는 마지막 특징은 어쩌면 뜻밖에도(?) 겸손이다. 이 일이 가지는 중대한 영향력과 의미에도 불구하고 정작 그 일을 수행하는 나 자신은 사실 그리 대단한 존재가 아니며, 그저 어쩌다 우연히 이런 일을 할 기회를 만난 것뿐이라는 그런 자기의식이 갖추어져

17　위의 책. p. 424.

18　위의 책. p. 434.

　　　　한반도 보건의료, 생명을 살리는 담대한 도전

야 비로소 이 일은 시작되고, 진행되고 마무리 될 것이다.

4 마치는 말

레더라크는 그의 책의 한국어판 서문에 다음과 같이 썼다.

"… 평화를 만들어 나가면서 마주하게 되는 가장 큰 도전은 오랜 분단의 역사 가운데 여러분에게 주어진 정치적인 문제의 복잡성이 아니다. 평화를 만들어 가는 일에서 가장 필요한 것은 변화가 가능하다는 것을 믿는 신념이다… 인간 공동체로서의 우리는 아직 존재하지 않는 그 무언가를 만들어 낼 수 있는 창의적인 능력을 갖추고 있다는 점을 잊지 말아야 한다"[19]

북한은 그야말로 높은 절벽처럼 꿈쩍도 하지 않고 저렇게 변화 없이 버티고 있는 것과 같이 보인다. 그러나, 인류의 역사는, 저런 특징을 가졌던 나라들이 어떤 과정을 거쳐 가는지를 여러 사례로 보여 주었다. 중요한 것은 그 안에서 고통을 겪고 있는 수많은 갓난아기, 어린 소년 소녀들, 청소년들, 청년들, 엄마 아버지들, 노인들이다. 우리는 그 고통을 그냥 지나쳐서는 안 될 것이다. "남한 우리끼리만의 평화"란 존재하지 않는다. 한반도 전체의 평화가 있을 때만 그것이 진정한 평화이다. 보건의료가 그 평화를 만드는 일에 역할을 할 수 있기를 기대한다.

---

[19] 존 폴 레더라크. 앞의 책. p. 9.

References

요한 갈퉁. 강종일 외 역. 「평화적 수단에 의한 평화」. 서울: 들녘. 2000.

전우택·김병로·김중호·박원곤 외. 「평화에 대한 기독교적 성찰」. 서울: 홍성사. 2016.

전우택·김선욱·김회권·박정수·서경석. 「평화와 반평화」. 서울: 박영사. 2021.

존 폴 레더라크. 김동진 역. 「평화는 어떻게 만들어지는가」. 서울: 후마니타스. 2012.

외교와 보건의 융합:
팬데믹과 한국 보건외교의 방향

외교와 보건의 융합:
팬데믹과 한국 보건외교의 방향

조한승(단국대학교 정치외교학과)

1 머리말

코로나 팬데믹이 국제사회에 가져다준 충격은 엄청났다. 수많은 사람이 감염병에 걸려 고통을 받은 것은 차치하고, 글로벌 보건 위기의 여파는 일상의 모든 분야에 영향을 미쳤다. 각국의 경제활동에 큰 차질이 빚어졌으며, 봉쇄, 격리, 비대면, 마스크 착용 등 일상생활에 많은 불편함이 지속되었다. 국제무대에서도 각종 국제회의가 취소되거나 화상회의와 같은 비대면 외교활동으로 대체되었다. 특히 주목할 것은 팬데믹 기간에 국제정치에서 보건이슈가 차지하는 비중이 획기적으로 증가했다는 점이다. 오랫동안 국가들 사이의 관계에서 보건이슈는 이른바 하위정치(low politics) 영역으로서 군사동맹, 무역협정, 해외원조 등에 비해 중요도가 훨씬 낮은 것으로 간주되었다. 하지만 팬데믹 기간에 미국, 중국, 유럽 등 주요 국가들조차 감염병 문제로 쩔쩔매는 모습을 보이면서 보건 이슈가 다른 이슈들을 압도하는 현상이 발생했다.

2020년 3월 코로나 팬데믹이 선언되자 각국은 방역을 이유로 국경을 봉쇄하고 교류를 차단했다. 이 과정에서 국가들 사이에 외교적 갈등이 불거졌고, 특히 미국과 중국 사이의 경쟁은 팬데믹 책임론으로 이어져 치열한 공방이 벌어졌다. 글로벌 보건을 관리하는 세계보건기구(WHO)는 초기 대응의 실패와 중국 편향 논쟁으로 신뢰성에 흠집이 생겨 위기관리를 더욱 어렵게 만들었다. 신속한 백신 개발과 보편적 백신 보급을 위한 코백스(COVAX)의 노력에도 불구하고 위기가 고조되자 자국 우선주의가 팽배하면서 원활한 백신 접종이 어려워졌고, 강대국은 백신을 외교적 수단으로 활용했다.

시간이 지나면서 코로나 위기는 꽤 사그라졌으나 팬데믹의 장기화로 인해 그동안 수면 아래에 내재해 있던 국제적 갈등 요인이 한꺼번에 분출하는, 이른바 복합위기가 이어졌다. 팬데믹 봉쇄 조치가 해제되었지만, 글로벌리제이션의 기세가 꺾이면서 글로벌 교역, 투자, 관광, 교통, 유학, 노동이주 등이 팬데믹 이전으로 회복되지 못하고 세계는 장기적인 경제침체에 접어들고 있다. 엎친 데 덮친 격으로 러시아의 우크라이나 침공은 국가 간 갈등 요인에 대해 무력 수단에 의한 해결이 우선시되는 분위기를 조성했으며, 미국과 중국 사이의 무역 갈등은 코로나 팬데믹을 거치면서 거의 모든 분야에서 패권 대결의 수준으로 고조되었다. 특히 중국 생산에 크게 의존하던 제조업 분야에서 미국이 중국을 견제하기 위해 전략적 디리스킹을 추진하면서 글로벌 공급망 혼란이 심화되고 있다.

이처럼 감염병의 파급효과는 국제관계에 전례 없는 변화를 불러일으키고 있다. 따라서 글로벌 보건이슈에 대한 이해는 단순히 보건의료 차원에서의 접근에만 머무는 것이 아니라 외교와 안보를 포함하는 국제관계의 맥락에서도 이루어져야 한다. 이러한 문제의식 아래에서 본 연구는 보건과 국제관계의 연계가 어떤 방식으로 이루어지고, 어떠한 문제가 만들어지며, 이에 대해 주요국은 어떻게 대응하는지를 살펴본다. 이를 위해 다음 장에서는 글로벌 보건이슈와 국제정치 사이의 관계를 보건안보 차원과 보건개발협력 차원으로 구분하여 설명한다. 이어 보건이 국제관계에 미치는 영향을 코로나 팬데믹 등 주요 보건이슈 사례들을 통해 살펴보고, 글로벌 복합위기 상황에서 한국의 중견국 보건외교가 모색할 네트워크 위치 권력을 논의한다. 끝으로 남북한 관계에서 보건의 의미와 역할에 대해 고찰한다.

1) 보건외교의 개념과 구분

코로나 위기를 계기로 보건이 국제관계의 중요한 이슈로 주목받고 있지만, 보건이 국제관계의 중요한 논의 사항이 된 사례는 오래전부터 있었다. 흑사병을 겪은 이후 중세 유럽은 보건에 관한 각종 제도적 장치를 만들었다. 특히 지중해 연안, 다뉴브강 연안 등 중요 해상무역로를 따라 검역소가 설치되고 감염병 정보를 신속하게 전파하는 제도가 발전했다. 1851년에 최초의 국제위생회의가 개최되어 세계보건협력의 기틀을 닦기 시작했으며, 최초의 보건 관련 국제기구인 미주국제위생기구(International Sanitary Bureau of the Americas)가 1902년에 수립되어 오늘날 WHO의 원형이 되었다. 이후 국제사회는 WHO를 중심으로 결핵, 천연두, 말라리아, 에이즈, 사스 등 감염병의 예방과 퇴치를 위한 협력을 벌여 적지 않은 성과를 거두었다. 또한 기초보건의료 인프라 구축, 담배규제, 비만 등 비전염성질환(NCDs) 퇴치를 위해서도 국제사회는 서로 협력해 왔다.

이후 1994년 유엔개발계획(UNDP)의 인간안보 개념 도입, 2000년 유엔 밀레니엄개발목표(MDG) 수립 등을 거치면서 보건이슈는 유엔, G7, G20 등 국제무대의 단골 메뉴가 되었다. 2007년 프랑스, 브라질, 인도네시아, 노르웨이, 태국, 남아공, 세네갈 외무장관이 함께한 오슬로 장관 선언은 보건이 국가 외교정책의 중요한 부분이 되었음을 선언하는 계기가 되었다. 보건문제가 장기적으로 외교정책의 중요 이슈가 되고 있음을 각국 외교 수장이 인식하고, 보건문제 해결을 위해 국가들 사이에 협력적 파트너십을 모색하겠다는 의지를 표명했다. 이러한 움직임은 2009년 유엔총회에서 "보건을 전문적, 기술적 영역에서 보는 것에서 벗어나 국가와 사회의 핵심 이슈가 되는 정치적, 경제적 문제로 바라봐야 한다"는 결의문이 채택으로 이어졌다. 이로써 보건이슈는 보건의학적 접근에만 머물지 않고 안보, 인권, 개발협력, 사회정의, 글로벌 공공재 등과 관련된 국제정치 및 국제경제의 중요 논의사항이 되었다.[1]

---

[1] Ilona Kickbusch, Justin Liu. "Global Health Diplomacy: Reconstructing Power and

글로벌 신흥무대로서 보건외교가 본격적으로 시작되었으나, 보건을 어떻게 이해하느냐에 따라 그 의미가 다소 달라질 수 있다. 첫째는 보건을 글로벌 공공재로 이해하는 것이다. 코로나 사태에서처럼 질병은 개인의 건강을 해치는 차원을 넘어 정치이념, 민족, 종교, 경제적 지위를 초월하여 다수 공동체 구성원의 건강에 영향을 미치고, 더 나아가 공동체의 질서와 안녕을 위태롭게 만들기 때문에 이를 관리하기 위한 외교적 노력이 필요하다는 견해이다. 즉, 보건외교는 글로벌 보건 증진을 위한 정책환경을 형성하고 관리하는 다차원적이고 다자적인 국제협상 과정인 것이다. 둘째는 보건을 국가이익을 추구하기 위한 유용한 수단으로 이해하는 것이다. 즉, 보건의료 환경이 열악하거나 보건위기 상황에 빠진 나라에 대한 보건의료 지원 및 원조를 제공함으로써 상대방 국가의 주민들이 공여국을 우호적인 나라로 인식하게 되고, 이는 장기적으로 양국 관계에서 공여국의 국가이익에 유익한 결과를 가져다준다는 해석이다.

대부분 국가가 수행하는 보건외교는 위의 두 가지 접근을 모두 포함한다. 따라서 융합적 관점에서 보건외교를 "국가이익의 수단으로서 보건활동을 외교의 대상에 포함하는 동시에, 인류 공공재로서 글로벌 보건 증진을 위해 국가 및 비국가 행위자가 상호관계를 형성하여 벌이는 노력"으로 이해하는 것이 타당할 것이다.[2] 이렇게 보건외교를 국가이익 및 글로벌 공동이익을 위한 활동으로 개념 정의할 경우 보건외교의 행위자는 개별 국가뿐 아니라 WHO, UNICEF 등 국제기구와 더불어 에이즈·결핵·말라리아 퇴치를 위한 글로벌펀드(GFATM)와 같은 민관파트너십(PPP), 게이츠 재단과 같은 보건자선재단, 제약·바이오 기업, 보건 NGO 등 다양한 비국가 행위자도 포함된다.

또한 보건외교는 그 목적에 따라 보건안보위협 대응과 보건개발협력으로도 구분될 수 있다. 보건안보 개념은 치명적 감염병, 바이오 사고 등과 같이 공동체 구성원의 건강을 해칠 수 있는 위험요인이 발생하여 사회의 안정적 기능을 저해

Governance." *Lancet*. 2022 Jun 4-10; 399(10341): pp. 2156-2166.

2   Ilona Kickbusch, Graham Lister, Michaela Told and Nick Drager, "Global Health Diplomacy: An Introduction," in Ilona Kickbush, et al. eds., Global Health Diplomacy: Concepts, Issues, Actors, Instruments, Fora and Cases (New York: Springer, 2013).

하고 질서를 깨뜨려 공동체의 존립과 유지에 영향을 미치는 거시적 안보 문제를 야기하는 경우를 의미한다. 보건개발협력은 전반적인 보건환경 개선을 위한 개발원조, 기술 및 시설 제공, 보건인력 파견, 보건관련 규칙제정 등의 활동을 포함한다. 이와 같은 구분은 이해의 편의를 위한 것일 뿐 실제의 보건외교는 보건개발협력 활동과 보건안보위협 예방/대응 활동이 혼재되어 나타나는 것이 일반적이다. 예를 들어 저개발 국가에서 백신을 접종하는 활동은 보건개발협력 차원에서 전개되는 지원활동인 동시에 감염병 예방과 같이 잠재적인 보건안보 위기의 창발(創發)을 억제한다는 점에서 보건안보위협 대응 활동이기도 하다.

표 5-1　보건외교의 유형 구분과 사례 예시

			목적	
			보건안보위협 대응	보건개발협력
행위자	국가 중심	양자간	• PEPFAR(에이즈 퇴치를 위한 대통령 긴급대책)	• 공여국-수원국 보건 개발원조(ODA) 프로그램
		다자간	• WHO FCTC(담배규제협약) • G20 항생제내성 국가행동계획 • 팬데믹 조약(제정 논의 중)	• WHO IHR(국제보건규칙) • MDG, SDG의 보건관련 목표
	민간 행위자		• 다국적 제약회사와 민간연구소 사이의 백신 및 치료약 개발 연구협력	• NGO, 자선재단, 의료기관, 종교단체 등의 해외 의료봉사 및 긴급재난구호
	다중 이해당사자 (Multi-stakeholder)		• GFATM(에이즈·결핵·말라리아 퇴치를 위한 글로벌펀드) • 존스홉킨스대학 주관 India-US Strategic Dialogue on Biosecurity • COVAX Facility	• London Summit on Family Planning (2012)

출처: 저자 작성

주: 이 구분은 이해의 편의를 위한 것으로서 각각의 경계가 명확하지 않은 경우도 다수 있음.

2) 보건외교의 협력과 갈등

보건이슈의 성격상 보건외교에서는 행위자 사이의 상호협조와 지원이 비교적 잘 이루어진다. 이는 보건이 가지는 글로벌 공공재적 속성 때문이다. 즉, 다른 나라 주민의 건강을 해치는 조건은 자기 나라 주민의 건강에도 악영향을 끼치므로 상호협력하는 것이 궁극적으로 자국에도 이익이기 때문이다. 보건외교의 협력 사례는 열거할 수 없을 정도로 많지만 몇 가지 사례를 들면 다음과 같다.

보건외교협력의 전형적인 사례 가운데 하나는 미국의 對한국 보건원조 프로그램이다. 1952년 미국은 한국에 대해 전후 재건과 근대화를 지원하기 위해 한미재단(AKF)을 설립하고 WHO와 함께 한국에 공중보건원을 설립했다. 또한 미국 대외활동본부(FOA)는 1954년 한국의 보건의료, 수의학, 농업, 공업 분야 전문기술인재를 육성하기 위한 미네소타 프로젝트를 시작했다. 이는 1955년~1962년 기간에 미국 미네소타대학이 중심이 되어 서울대학교 농·공·의·수의대에 기술을 전수하고 시설을 지원하는 사업이었다. 이후 1970년대 한국은 미국 국제개발처(USAID) 자금을 들여와 1976년 현재 한국보건사회연구원의 전신인 한국보건개발연구원을 설립함으로써 본격적인 국가 보건서비스 체계를 구축하기 시작했으며, 이는 오늘날 한국이 보건의료복지 분야에서 세계적인 수준으로 성장할 수 있는 기반이 되었다.

한편 다자간 보건안보협력의 대표적인 사례로는 2014년 설립된 글로벌보건안보구상(GHSA)을 들 수 있다. 국제사회는 국제보건규칙(IHR)에 따라 감염병 정보를 보고하고 공유하게 되어 있으나, 질병정보공개가 주권을 침해한다고 주장하는 국가도 있고, 질병정보처리 시스템을 구축할 능력이 없는 나라도 있어 한계가 있었다. 무엇보다 IHR은 국가 간 규칙이기 때문에 비국가 행위자의 참여가 제한되었고, 바이오테러 등 긴급상황에 대한 내용은 포함되지 않았다. 이런 상황에서 당시 서아프리카에 유행하던 에볼라가 미국에 유입되자 오바마 정부는 치명적 바이러스의 확산과 바이오테러에 대응하기 위한 글로벌 규모의 다자적 보건안보 플랫폼의 필요성을 인식하고 GHSA 설립을 주도했다. GHSA는 보건위기가 국가 및 국제적 혼란과 위기를 초래할 수 있다고 보아 ① 질병예방, ② 실시간 보건위협 감시, ③ 자연발생·사고·테러에 의한 감염병 신속 대응 등 3개

분야의 행동계획을 설정하고 이를 수행하기 위해 다양한 글로벌 보건 행위자들의 집단적 공조와 대응 체계를 구축했다.[3] 이 구상에 여러 나라와 국제기구, 국제적 연구기관, 대형 제약회사가 참여했고 제2차 GHSA 회의가 서울에서 개최되는 등 한국은 매우 적극적으로 활동했다.

하지만 다른 모든 외교와 마찬가지로 보건외교에서도 갈등과 대결이 없을 수 없다. 건강증진 추구라는 공동의 목표에도 불구하고 국가들 사이에 "이념대결을 어떻게 극복할 것인지", "공공이익과 국가 주권 사이에서 무엇을 우선할 것인지", "보건사업의 범위를 어떻게 설정할 것인지", "비용부담과 이익을 어떻게 나눌 것인지" 등에 대한 견해 차이는 종종 외교적 논쟁과 갈등으로 발전한다. 다음은 보건이슈를 둘러싼 국제적 외교 갈등의 대표적인 사례들이다.

이념대결이 한창이었던 1978년, WHO와 UNICEF가 공동으로 개최한 기초보건의료(primary health care) 국제회의에서 알마아타 선언(Declaration of Alma-Ata)이 채택되었다. 이 과정에서 크게 두 가지의 입장이 충돌했다. 하나는 수평적(보편적) 접근으로서 누구나 쉽게 질병 치료와 예방조치를 받을 수 있게 하는 것이 우선되어야 한다는 것이었고, 다른 하나는 수직적(선별적) 접근으로서 결핵, 말라리아와 같이 치명적인 질병의 예방, 치료, 퇴치를 보건의 우선순위에 두어야 한다는 것이었다. 두 가지 접근 모두 글로벌 보건을 위해 필요한 것이지만 기초보건의료의 주된 대상이 누구이며, 어디에 어떻게 재원을 투입해야 하며, 그 결정을 누가 내리느냐에 관한 것은 국제정치적 문제가 된다. 냉전 시대 소련을 포함한 사회주의권과 저개발 국가들은 주거, 위생, 영양, 교육 등 사회적 조건 개선을 강조하는 사회의학적(social medicine) 정책을 강조했지만, 미국과 서방 국가들은 이러한 대중적, 평등적 보건 정책이 공산주의 팽창이라는 정치적 목적을 가졌다고 판단하고, 치명적 질병의 감시, 통제, 치료를 우선시하는 생물의학적(bio-medicine) 정책을 설파했다. 1970년대 유엔에서 제3세계가 주도한 신국제경제질서(NIEO) 결의가 채택되었던 것처럼 알마아타 선언에서도 사회주의권과 제3세계 국가들이 주장한 수평적 접근이 받아들여졌다. 하지만 1980년대

3   강선주. "바이오안보(Biosecurity)의 부상과 글로벌 보건안보 구상(Global Health Security Agenda)." 국립외교원 주요국제문제분석. 2015; No. 2015-07.

한반도 보건의료, 생명을 살리는 담대한 도전

중반 이후 소련이 체제경쟁에서 밀리고 대처리즘(Thatcherism)과 레이거노믹스(Reagonomics)로 상징되는 신자유주의가 확산하면서 보건 분야에서도 민영화와 시장경제 논리가 강조되기 시작했다.[4]

또 다른 사례는 2005년 국제보건규칙(IHR) 개정을 둘러싼 중국과 국제사회의 갈등이다. 당시 국제사회는 사스(SARS) 사태를 경험하면서 감염병에 대한 정보교류의 중요성을 인식하고 이를 보완하기 위해 IHR을 개정하는 협상을 벌였다. 대만은 중국의 반대로 협상에 참여하지 못하고 질병 정보공유 대상자에 포함되지 못했다. 감염병 정보를 신속하게 공유하여 효과적인 방역을 이루기 위해서는 정보의 '블랙홀'이 발생하지 않아야 하므로 국제사회는 대만에 '옵서버' 자격을 주어 이 문제를 해결하고자 했다. 하지만 중국이 '하나의 중국' 원칙에 위배된다는 이유로 이를 거부하여 IHR 개정에 차질이 빚어졌다. 이 시기에는 중국이 국제무대에 진출한 지 얼마 되지 않았기 때문에 국제사회의 압력에 굴복할 수밖에 없었고, 대만에 세계보건총회(WHA) 옵서버 자격이 부여되었다. 하지만 이후 중국의 경제력이 급신장하면서 보건외교무대에서도 중국의 영향력이 획기적으로 커졌다. 그 결과 미국 등의 노력에도 불구하고 2017년부터 대만은 옵서버 자격을 다시 박탈당하고 WHA에 참석할 수 없게 되었다. 2020년 코로나 팬데믹이 발생하자 대만에게 옵서버 지위를 부여하자는 국제여론이 높아졌음에도 불구하고 중국은 완강하게 거부하고 있다.

IHR 개정과 관련하여 미국도 국제사회와 갈등을 벌였다. 당시 미국은 9.11 테러와 탄저균 테러를 겪으면서 테러 집단이나 적성 국가가 바이오 위협을 정치적, 안보적 무기로 사용할 가능성에 대비하는 연구를 벌였다. 그 과정에서 미국은 유럽 국가들과 함께 IHR 개정안에 화학·생물·방사능·원자(CBRN) 위협을 포함하는 보건안보 개념을 IHR에 구현하고자 했다. 하지만 여러 개도국은 글로벌 보건이슈를 군사안보 차원에서 접근하면 보건의 본질이 훼손되고 글로벌 질병 감시 및 대응 시스템이 선진국 중심으로 구축되어 선진국 이익에 우선 봉사하는

---

4 Kelly Lee. "Understanding of Global Health Governance: The Contested Landscape," in Adrian Kay and Owain D. Williams, eds., The Crisis of Global Health Governance: Challenges and Political Economy (London: Palgrave Macmillan, 2009). pp. 27-41.

결과를 초래할 것이라고 주장했다.[5] 양측의 공방이 지속되었으나, 다수 국가가 "보건의 국가 안보화"에 대한 부담을 느끼면서 CBRN에 관한 내용이 삭제된 채로 IHR 개정이 이루어졌으며, 논란이 된 "보건안보" 용어 대신 "공중보건위협(public health risk)" 용어가 사용되었다.[6]

바이러스 주권(viral sovereignty) 논쟁도 보건외교 갈등의 대표적 사례이다. 2006년 H5N1 바이러스 변이가 신종 감염병을 발생시킬 위험이 있다는 연구에 따라 WHO는 유럽과 미국의 연구기관 및 제약회사와 함께 인도네시아에서 바이러스 샘플을 채취하여 백신을 개발하고자 했다. 하지만 인도네시아 정부는 백신 개발에 따른 이익이 거대 제약회사에만 돌아가고 자국의 권리는 배제된다는 이유로 바이러스 샘플의 반출을 거부했다. 이 사건은 보건협력에 대한 국가 이익과 사적이익 및 글로벌 이익 사이의 복잡한 상호관계에 대한 국제적 관심을 불러일으켰다.[7] 국제사회는 감염병 문제 해결은 인류 모두를 위한 것이라는 인식하에 대응책을 모색하기 시작했고, 그 결과 2010년 제10차 생물다양성협약(CBD) 당사국 총회에서 "유전자원의 접근 및 이용으로 발생하는 이익의 공평·공정한 공유에 관한 의정서"(나고야 의정서)가 통과되었다. 하지만 바이오 기술이 발전하면서 유전자 정보의 디지털화가 가능해지자 유전자원을 제공하는 개도국과 제약 선진국 사이에 디지털염기서열정보(DSI)도 나고야 의정서에 적용되는지에 대한 공방이 벌어졌다. 오랜 논의 끝에 2022년 12월 국제사회는 DSI에 대한 이익 공유에 대해서는 합의를 이루었으나, 그 범위와 방식에 대한 협상이 진행 중이다.

---

5   Susan Peterson. "Global Health and Security: Reassessing the Links," in Alexandra Gheciu and William C. Wolforth, eds., The Oxford Handbook of International Security (New York: Oxford University Press, 2018). pp. 622-636.

6   Lorna Weir. "Inventing Global Health Security, 1994-2005," in Simon Rushton and Jeremy Youde, eds., Routledge Handbook of Global Health Security (London: Routledge, 2015). pp. 18-31.

7   Richard Holbrooke, Laurie Garrett. "When 'Sovereignty' That Risks Global Health," Washington Post. 2008 Aug 10.

3. 코로나 팬데믹과 글로벌 보건외교

1) 글로벌 보건외교의 팬데믹 대응 실패

냉전 종식 이후 에이즈, 사스, 조류독감, 에볼라 등 감염병의 확산과 더불어 바이오테러 혹은 실험실 사고 등 보건문제가 국가 및 국제사회를 혼란에 빠뜨려 심각한 안보 위기가 발생할 수 있다는 인식이 높아졌다. 국제사회는 보건을 '글로벌 공공재'처럼 인식하고 보건위협에 대처하기 위한 다양한 제도적 장치를 만들어왔다. WHO를 중심으로 각국의 보건당국, 국제기구, 보건 NGO, 연구기관, 대규모 제약회사 등이 참여하는 글로벌 보건 거버넌스는 그동안 천연두와 같은 질병퇴치사업, 세계보건규칙(IHR) 재·개정과 같은 각종 제도 마련, ICT 기술과 인공지능 등 첨단기술을 보건정책에 적용하는 e-헬스(e-Health) 개념 도입 등의 성과를 거두었다. 또한 보건의료환경이 열악한 저개발 국가에 대한 보건 ODA를 꾸준히 확대하여 더 많은 사람이 보건 서비스를 받을 수 있도록 만들었다.

하지만 코로나 팬데믹에 직면하여 글로벌 보건 거버넌스는 기대했던 역할과 기능을 올바르게 수행하지 못했다. 여기에는 여러 가지 이유가 있겠지만 미국과 중국 사이의 외교적 경쟁과 갈등이 보건 영역으로 전이된 것도 그중 하나였다. 팬데믹 이전부터 중국은 경제성장을 바탕으로 일대일로(一帶一路) 전략을 펼치면서 국제사회에서의 정치적, 군사적 영향력을 확대했고, 이 과정에서 매우 공격적인 전랑외교(戰狼外交)를 펼쳤다. 이에 맞서 미국은 기존의 對中 포용정책에서 벗어나 군사, 무역, 기술 등 여러 영역에서 중국을 견제하고 압박하는 인도·태평양 전략을 전개했다. 그리고 2020년 보건위기가 발발하자 미국과 중국은 바이러스 근원지 논쟁을 벌이며 상대방을 비난했다. 이들은 보건위기 상황을, 상대방을 견제하는 수단으로 사용함으로써 방역 공조, 질병정보 공유 등 보건위기 극복을 위한 초기 협력의 중요한 기회를 상실했다. 상대방 나라에서 사망자가 급증하는 모습을 보면서 협력보다는 상대방을 조롱하고 자기 체제의 우월성을 선전했으며, 감염병 정보를 마치 군사정보처럼 간주하여 감추고 왜곡하는 모습을 보였다. 하지만 이러한 대결은 스스로와 세계 모두에게 보건위기의 고통을 가중하는 결과를 초래했다.

코로나 위기 확산과 관련하여 또 다른 외교적 실패는 WHO 중심의 다자적 협력 시스템이 제대로 작동하지 못했다는 점에서 발견된다. 팬데믹 초기에 WHO는 마스크 착용에 대한 잘못된 정보를 제공하여 전문성에 흠집을 냈을 뿐 아니라 지나치게 중국에 편향적인 태도를 보임으로써 정치적인 중립성에서도 신뢰를 잃었다. 이 때문에 트럼프 대통령은 WHO로부터 탈퇴를 선언하기까지 했다. 테워드로스 아드하놈 거브러여수스 WHO 사무총장은 보건학을 전공했으나 WHO 수장이 되기 전에 에티오피아 외무장관을 지냈을 만큼 보건의학보다는 행정 관료로서 주된 경력을 쌓았다. 또한 에티오피아는 코로나 이전 20년 동안 중국으로부터 121억 달러 규모의 차관을 지원받았고, 그의 외무장관 임기에 에티오피아의 對중국 부채가 연평균 52%씩 증가했다.

WHO의 중국 편향성 논쟁은 단순히 테워드로스의 개인적 배경에만 기인하지 않는다. 그동안 WHO의 거버넌스에서 중국의 영향력은 꾸준히 커졌다. 2006년 이종욱 WHO 사무총장이 순직한 이후 홍콩 보건장관이었던 마거릿 챈이 이른바 '차이나머니'의 후광으로 WHO의 새로운 수장이 되었다. 이때부터 글로벌 보건 의사결정과정에서 중국의 입김이 강하게 작용했다. 그녀의 임기 중에 대만의 옵서버 지위가 박탈되었으며, WHO 사무총장 선출 방식이 바뀌었다. 특히 사무총장 선출 방식의 변화는 WHO 거버넌스 구조의 정치화를 가속했다. 기존에는 집행이사회가 추천한 단일 후보에 대해 세계보건총회가 승인하는 방식으로 사무총장이 선출되었으나, 2012년 총회 의결로 집행이사회의 후보자 복수 추천과 총회 과반 다수결로 사무총장이 선출되는 방식으로 변경되었다. 2017년 챈 사무총장 후임을 선출하는 선거에서 집행이사회는 중국과 아프리카 개도국의 지지를 받는 테워드로스, 미국과 서방 국가들이 지지하는 영국의 감염병 전문가 나바로, 중동 국가의 지지를 받은 심장병 전문가 니시타르 등 3인을 추천했고, 총회에서 2차에 걸친 투표 끝에 테워드로스가 나바로를 꺾고 사무총장으로 선출되었다.[8] 이처럼 WHO 거버넌스 구조의 이른바 '개혁'은 보건의학

8　2022년 WHO 사무총장 선거를 앞두고 테워드로스는 비판 여론을 의식해 중국에서의 코로나 바이러스 발원지 조사에 반대하지 않는다는 입장으로 선회했다. 독일은 팬데믹 극복을 명분으

적 전문성보다는 국가들의 정치적 이해관계가 우선시되도록 만들어 WHO의 전문성과 중립성을 훼손하였으며, 결과적으로 위기 극복을 위한 WHO의 중심적 역할에 차질을 빚었다.[9]

한편 팬데믹 기간에 백신외교를 포함한 공공보건외교를 둘러싼 논란이 커졌다. 방역과 예방을 위해서는 필요한 곳에 치료약, 백신, 진단키트, 마스크 등이 신속하게 전달되어야만 한다. 한국은 2015년의 메르스 사태를 계기로 코로나바이러스 감염을 신속하게 검진할 수 있는 진단키트를 개발했고, 마침 코로나 팬데믹이 터져 이를 미국, 말레이시아, UAE 등 여러 나라에 공급함으로써 이른바 K-방역의 홍보에 큰 효과를 거두었다. 이후 코로나 백신이 신속하게 개발되어 팬데믹 극복의 게임 체인저가 될 것으로 예상되었으나 백신의 자국 우선주의로 인해 백신 품귀현상이 지속되자 백신의 무기화 현상이 발생했다. 특히 팬데믹 초기에 감염 사례가 급증한 미국이 백신을 국내에 우선 공급하기로 한 것과 달리 중국은 자국산 백신을 유·무상으로 저개발국에 공급하면서 백신외교의 효과를 기대했다. 심지어 중국은 백신 공급부족을 겪는 중남미의 파라과이에 백신 지원을 명목으로 대만과의 단교를 요구하여 외교적 마찰을 빚기도 했다. 이에 미국이 파라과이를 설득하고, 대만은 의약품과 헬리콥터를 파라과이에 제공하면서 단교를 막기 위한 외교적 노력을 펼쳤다. 슬로바키아는 러시아산 스푸트니크 V 백신을 도입하였으나 反러시아 정서가 강한 시민들의 시위가 격화되자 이고르 마토비치 총리가 정치적 책임을 지고 총리직을 사임했다.

이처럼 보건위기 상황에서도 국제관계의 정치적·외교적 이해관계와 힘의 논리가 보건을 공공재로 인식하는 글로벌 보건 거버넌스의 행동과 결정을 압도하는 경우가 빈번하게 발생했다. 특히 보건위기를 극복하기 위해서는 주요 국가들과 WHO 등의 역할이 대단히 중요함에도 불구하고 보건의 정치화와 안보화는

로 그를 지지했지만, 미국과 영국은 추천을 거부했다. 중국은 2017년 선거와 달리 적극적 지지 표명을 하지 않았고, 정권이 바뀐 에티오피아도 그를 추천하지 않았다. WHO 집행이사회는 테워드로스를 단독 후보로 추천했고, 총회에서 의결되어 테워드로스의 연임이 이루어졌다.

9   조한승. "코로나 팬데믹과 글로벌 보건 거버넌스: 실패 원인과 협력의 가능성." 「세계지역연구 논총」. 2021; 39(1): pp. 7-34.

행위자들의 상호관계를 제로섬(zero-sum)의 관점에서 해석하도록 만들었다. 이런 관점에서 경쟁적 국가들은 상대방을 보건위기 극복을 위한 협력의 대상으로 이해하기보다는 현재의 위기 상황을 상대방과의 경쟁에서 우위에 서는 기회로 인식하도록 만든다. 결과적으로 코로나 위기 상황에서 보건외교의 실패는 팬데믹의 신속하고 효과적인 통제와 극복을 이루지 못한 데에서 그치지 않고, 강대국 패권 대결, 글로벌 공급망 위기, 우크라이나 전쟁 등의 여러 위기가 상호연결되어 한꺼번에 발생하는, 이른바 복합위기의 창발(創發)을 불러일으켰다.

2) 팬데믹 극복을 위한 글로벌 보건외교

글로벌 보건외교가 코로나 위기의 확산과 팬데믹의 장기화에 효과적으로 대응하지 못한 것은 사실이지만, 보건위기 극복을 위한 보건외교 노력이 없었던 것은 아니며, 어느 정도 성과를 거둔 사례도 발견된다. 2020년 4월 유럽에서 프랑스와 함께 '다자주의를 위한 동맹(Alliance for Multilateralism)' 운동을 전개하고 있는 독일은 24개 국가들이 참여한 '코로나19 극복을 위한 다자주의동맹 공동선언'을 이끌었다. 유럽과 중남미 국가들 중심의 이 선언은 팬데믹 극복을 위해 다자주의 접근이 필요하며, 코로나를 계기로 글로벌 공중보건 시스템을 개선해야 한다는 공감대를 확인했다. 뒤이어 2020년 5월 한국, 카타르, 캐나다, 덴마크 등 40여 국가들은 유엔에서 '보건안보 우호국 그룹'을 결성하고 코로나 사태에 따른 글로벌 평화, 경제, 사회적 문제를 극복하기 위한 국제사회의 협력을 촉구했다.

한편 코로나 치료약과 백신이 개발되면서 이러한 기술의 공유를 통해 팬데믹을 극복하자는 주장이 본격적으로 제기되었다. 2020년 4월 WHO, EU 집행위원회, 게이츠 재단 등이 주도한 ACT-A(Access to COVID-19 Tools Accelerator)가 출범하고 이를 바탕으로 백신의 공동 개발과 공평한 분배를 위한 다자간 연합인 코백스 퍼실리티(COVAX Facility)가 만들어졌다. 그리고 2020년 6월 중남미, 남아시아, 아프리카 등 저개발 국가들이 코로나 예방과 치료법을 글로벌 공공재로 간주할 것을 요구하는 연대를 결성했다. 이들의 요구는 백신 제조 기술에 대한 지식재산권 보호를 일시적으로 면제함으로써 더 많은 사람이 저렴하게 백신에 접근할 수 있도록 국제사회가 합의해야 한다는 것이었다. 이들은 비상사태에 배타적 특허권을 면제할 수 있는 지식재산권협정(TRIPS)의 강제실시권(compulsory licensing) 조항이 과거 에이즈 위기에 적용되어 에이즈 치료제 복제약 생산이 허용됨으로써 에이즈 위기가 크게 완화되었음을 강조하며 코로나19에 대해서도 같은 조치가 이루어져야 한다고 주장했다. 하지만 거대제약회사들과 일부 백신 기술 보유 국가들은 코로나 백신제조기술의 배타적 권리가 보호받지 못하면 백신 개발의 동기가 사라져서 앞으로의 보건위기에 대응하기 어려울 것이라고 반박했다.

2021년 초 백신 수급난이 심각한 수준이 되면서 백신제조기술에 대한 특허권 면제는 글로벌 보건외교무대의 뜨거운 감자가 되었다. 2021년 4월 전직 국가정상과 노벨상 수상자를 포함한 글로벌 저명인사들이 백신 특허권 면제를 요청하는 캠페인에 동참하면서 공방은 국제적인 여론 대결로 확대되었다. 미국의 바이든 대통령은 전임 트럼프 대통령이 국방물자생산법을 백신 원료와 기기에 적용해 수출을 통제한 조치를 철회하면서 백신의 특허 면제 캠페인을 지지한다는 견해를 밝혔다. 미국의 입장 선회는 그동안의 보건외교 공방에 새로운 바람을 불러일으켰다. 선진국들은 2021년 6월 영국 콘월에서 열린 G7 정상회담에서 저소득 국가에 대해 더 많은 백신을 공여하기 위한 기금을 마련하기로 합의했다. 한편, WHO는 팬데믹 극복과 더불어 실추된 스스로의 신뢰를 회복하기 위해 코로나19 기술접근공유(Covid-19 Technology Access Pool, C-TAP) 아이디어를 적극적으로 공론화했다. WHO는 특허권 면제를 위한 지루한 법률 공방을 벌이는 것보다는 백신 제조사로부터 기술이전을 받아 저개발 지역에서 백신을 위탁생산하여 신속하고 저렴하게 공급하는 것이 백신 접근성을 높이는 방법이라고 판단했다. 그 결과 저개발 지역에 WHO, 국가, 제약회사, 글로벌 보건 민관파트너십(PPP) 등이 컨소시엄을 구성해 백신 생산 허브를 설립하기로 하고, 2022년 초에 남아프리카공화국의 제약회사 아스펜이 아프리카 백신 생산 허브로 지정되어 존슨&존슨의 백신기술 이전이 이루어졌다.

팬데믹 극복을 위한 글로벌 보건외교 노력은 팬데믹 조약 제정을 위한 논의로도 이어졌다. 코로나19와 같은 감염병이 다시 유행하더라도 코로나 사태와 같은 혼란을 겪지 않으려면 감염병 예방과 대비를 위한 글로벌 협력을 제도화할 필요가 있다는 인식이 국제사회에 확산되었다. 2021년 3월 세계보건총회(WHA)에서 26개 국가와 EU 위원회, WHO 사무총장 등이 팬데믹 예방과 대비를 위한 새로운 국제조약 제정의 필요성을 제안하면서 팬데믹 조약에 대한 논의가 본격적으로 시작되었다. 이어 2021년 12월 1일 WHA 특별회의에서 팬데믹을 예방하고 대비하기 위해 국가들 사이의 구속력 있는 조약 혹은 협정이 체결되어야 할 필요성이 인정된다는 결의문이 채택되었다. 2024년을 목표로 논의되고 있는 팬데믹 조약에는 감염병 대응 능력을 제고하고 질병정보 및 필수물자 관리 메커니즘을 구축하기 위한 국제적 협력의 제도화에 관한 내용이 포함될 것으로 예상된다.

하지만 팬데믹 조약이 기대한 것만큼의 효과적인 국제적 보건협력의 제도화로 이어질 수 있을지에 대한 의구심이 적지 않다. 팬데믹 조약 논의가 처음 시작될 때 미국, 중국, 러시아, 일본 등 주요 국가들은 팬데믹 조약 제정 발의안에 서명하지 않았다. 구속력 있는 새로운 조약이 자국의 주권을 침해할 수 있다고 생각했기 때문이었다. 만약 팬데믹 상황에서 WHO가 비상사태를 선언하면 각국이 의무적으로 특정 조치를 취해야 하고, 이는 주권을 침해할 수 있다는 것이다. 이후 미국 바이든 정부가 팬데믹 조약을 지지하는 태도로 선회하면서 다른 나라들도 원칙론적 입장에서 반대하지는 않지만, 만약 주권 침해의 소지가 있다면 팬데믹 조약에 참여하지 않을 가능성이 크다. 과거 세계보건규칙(IHR) 개정 당시에도 중국은 주권문제를 제기하며 대만에 대한 옵서버 지위를 반대한 바 있다. 미국 내에서도 공화당 일부 정치인과 보수적 여론은 여전히 팬데믹 조약 제정을 반대한다.[10] 이러한 반발을 의식하여 WHO는 팬데믹 조약이 제정되더라도 법적 구속력이 약한 연성법(soft law) 수준에 머물 것이라고 발언하면서 불만을 사전에 잠재우려 노력하고 있다.[11]

팬데믹 조약 제정의 어려움은 우크라이나 전쟁과 각국의 경기침체로 팬데믹

---

10   David P. Fidler. "The Case Against a Pandemic Treaty." *Think Global Health*. 2021 Nov 26.

11   Kelly Jones and Brandon Lewis. "No, 'Pandemic Treaty' Would Not Give WHO Control Over Governments During a Global health Crisis." *ABC News*. 2022 May 19.

한반도 보건의료, 생명을 살리는 담대한 도전

에 대한 글로벌 관심이 크게 줄어들었다는 점에서도 발견된다. 2022년 11월 초의 미국 중간선거 직후에 실시된 여론조사에서 미국이 시급히 해결해야 할 과제로 경제문제, 실업문제를 지목한 유권자는 47%였지만 팬데믹과 보건문제를 지목한 유권자는 2%에 불과했다.[12] 이를 반영하듯 미국의 글로벌 보건기금(Global Health Funding)도 2021년 209억 달러에서 2022년 122억 달러로 절반 가까이 감소했다가 2023년 130억 달러로 소폭 증가했을 뿐이다.[13] 보건 및 팬데믹에 대한 관심과 관련 예산의 감소는 각국의 외교정책에서 보건이 차지하는 비중도 줄일 수 있다는 점에서 팬데믹 조약이 제정되더라도 획기적인 제도적 변화를 기대하는 수준이 되기는 어려울 것으로 보인다. 그럼에도 불구하고 미중 패권 대결과 우크라이나 전쟁으로 인해 규칙 기반 글로벌 다자주의 질서가 심각하게 취약해진 상황에서 팬데믹 조약의 제정은 코로나 사태와 같은 혼란을 극복하기 위해 국제사회가 협력해야 한다는 의지를 보여주는 상징적인 효과를 가져다줄 수 있을 것이다.

4 한국의 중견국 보건외교

1) 한국 보건외교의 발전과 성과

글로벌 보건외교무대에서 한국은 꾸준히 역량과 위상을 키워왔다. 한국은 근대화의 초석인 양질의 노동력 확보를 위해 교육 분야와 더불어 보건 분야에서 매우 적극적이었다. 일찍부터 구충 사업과 함께 예방접종 사업을 전개했고, 1989년 국민의료보험을 시행하여 세계에서 가장 효율적인 보편적 건강보장제도로 발전시켰으며, 2003년 사스(SARS) 사태를 겪으면서 미국의 질병통제예방

12 Janice Kai Chen, Chris Alcantara and Emily Guskin. "How Different Groups Voted According to Exit Polls and AP VoteCast." *Washington Post*. 2022 Nov 8.

13 Kaiser Family Foundation, "Breaking Down the U.S. Global Health Budget by Program Area." 2023 Feb 10. <https://www.kff.org/global-health-policy/fact-sheet/breaking-down-the-u-s-global-health-budget-by-program-area/> (검색일: 2023년 4월 6일).

센터(CDC)를 모방하여 감염병을 전담으로 관리하는 질병관리본부(KCDC)를 설립했다. 국제적 보건 활동으로서 한국은 1997년 국제백신연구소(IVI) 설립에 앞장섰고 서울에 연구소를 유치했다. 2003년 한국인 최초의 국제기구 수장이었던 故이종욱 WHO 사무총장은 백신 권위자로서 글로벌 백신 연구 및 보급 거버넌스를 주도했고, 한국은 그 핵심 국가로서 활동했다. 2014년 글로벌보건안보구상(GHSA)이 만들어질 때 한국은 44개 창립 멤버의 하나였으며, 10개국으로 구성된 운영그룹(Steering Group)의 일원으로서 GHSA 고위급 회담을 2015년과 2022년에 서울에서 개최했다. G20와 ASEAN+3와 같은 다자간 국제무대에서 글로벌 보건에 관한 논의가 이루어질 때 한국은 가장 적극적으로 활동하는 나라로 평가받았으며,[14] 2021년 글로벌 보건안보 대응역량 평가에서도 한국은 종합 9위로서 영국, 독일 등 선진국과 어깨를 나란히 하고 있다.[15]

코로나 팬데믹이 발생하자 한국은 적극적으로 글로벌 보건안보 외교활동을 전개했다. 팬데믹 초기 한국의 드라이브스루와 같은 신속 검진 방법과 온라인을 이용한 확진자 관리는 효율적이고 모범적인 방역 시스템으로서 국제적인 주목을 받았다. 특히 2015년 메르스(MERS) 사태를 계기로 한국이 개발한 호흡기 바이러스 진단키트가 코로나 팬데믹 초기에 미국, UAE 등을 포함한 여러 나라로부터 호응을 받아 한국의 보건외교활동에 활용되었다. 2020년 3월 한국은 미국 트럼프 행정부의 백악관 과학기술정책실(OSTP)로부터 감염병 정보 공유 및 연구개발을 위한 협력을 요청받고 다른 13개 국가와 더불어 팬데믹 대응을 위한 의견을 교환했다.[16] 또한 앞서 언급한 것처럼 한국은 2020년 5월 유엔 보건안보

14   Mely Caballero-Anthony, Giana G. Amul. "Health and Human Security: Pathways to Advacing a Human-centered Approach to Health Security in East Asia," in Simon Rushton and Jeremi Youde, eds. Routledge Handbook of Global Security (London: Routledge, 2015).

15   Jessica A. Bell and Jennifer B. Nuzzo. Global Health Security Index 2021: Advance Collective Action and Accountability Amid Global Crisis (Washington DC: Nuclear Threat Initiative, 2021).

16   White House, Office of Science and Technology Policy. "President Trump's Science Advisor Leads Conference Call with Government Science Leaders from Around the World on COVID-19" (March 12, 2020).

들의 고통은 그렇지 않은 사람들의 고통보다 상대적으로 적게 관심을 가져도 된다는 식의 사고에 과감하게 저항하는 것이 그것일 수 있다. 나아가서, 북한에서 태어났다는 이유만으로 늘 배가 고파야 하고, 아파도 치료받을 길이 없는 2천만 명의 사람들은 고통을 받아도 어쩔 수 없으며, 자신들이 제대로 된 나라를 스스로 만들려 노력하지 않은 결과이니, 각자 알아서 그 고통에서 나와야 한다는 식의 사고에 대하여 대항하여야 한다는 것이다.

보건의료인이란 사회 속에서, 그리고 한반도 안에서, 인간의 총체적 고통에 대항하는 존재, 인간을 향한 모든 종류의 폭력을 향하여 저항하는 존재이어야 한다. 그런 의미에서, 보건의료인들은 지금 내 눈앞에 와 있는 "보이는 환자"뿐만 아니라, 여러 가지 이유로 나의 외래 진료실, 입원실, 수술실까지 "오지 못한" 그 "눈에 보이지 않는 환자"들까지를 볼 수 있어야 하고, 그들에 관한 관심을 가져야 하며, 그들에 대한 책임 의식을 가져야 한다.

4) 보건의료는 과거, 현재, 미래의 화해를 만들어 내는 도구가 되어야 한다

보건의료는 당장 "현재" 필요로 하는 문제를 해결하기 위한 도구의 역할이 크다. 그러나 현재의 이런 문제를 해결하기 위하여 나선다는 것은 "과거", 즉 그동안 양측이 쌓아온 불신과 갈등, 증오와 의심의 문제가 어느 정도라도 감소하여야 비로소 시작될 수 있는 측면을 가진다. 그런 과거의 문제가 극복되지 않은 상태에서는 "현재"의 문제 해결을 위하여 나서기가 매우 어려워진다는 것이다. 동시에 "과거"와 "현재"의 문제는 "미래"의 과제를 같이 가지고 있다. 즉 현재의 문제를 다루는 이 행위로 인하여 미래는 강력한 영향을 받는 것이다. 그런 의미에서 모든 평화를 만드는 일은 과거, 현재, 미래를 동시에 다룬다. 이와 연관되어, 평화학자 레더라크는 그의 책에서 한 사례를 이야기한다.[6]

1990년 7월 11일, 캐나다 퀘벡의 오카시(市)에서 오카 사태(Oka Crisis)가 발생한다. 이것은 그곳에서 살고 있는 원주민 모와크(Mohwak)족의 선조 묘역 부근에 새로이 골프장 확장 및 콘도 건설을 하겠다는 공사 계획이 발표되면서 이에 반발하는 원주민들과 오카시(市) 간의 갈등 및 충돌이 있었던 것을 말한다. 이에 따

---

6   존 폴 레더라크. 김동진 역. 「평화는 어떻게 만들어 지는가」 (서울: 후마니타스, 2012). p. 53.

라 원주민들은 바리케이드를 치고 78일간 경찰, 군대와 대치하는 일이 있었고, 그 와중에 2명이 죽는다. 결국에 그 개발 계획은 철회되었고, 연방정부는 향후의 갈등을 예방하기 위하여 오카시로부터 그 지역의 땅을 구입함으로써 상황은 종료된다. 이 급박한 대립과 협상의 과정에서 모와크족의 추장은 많은 결정을 하여야만 하였다. 그리고 그는 부족의 전통에 따라 모든 결정은 일곱 세대를 고려하여 결정한다는 것을 내외에 공포하였다. 중요한 결정을 내릴 때 인간은, 그리고 지도자는 당장 자기와 자기 세대의 이익을 위한 즉흥적인 판단을 하여서는 안 되며, 자기 세대와 함께, 과거 3세대가 생각하고 지키려 노력한 것들, 그리고 앞으로 올 미래 3세대가 이번 결정으로 인하여 받게 될 영향을 생각하며 총 7세대를 고려한 결정을 내려야 한다는 것이었다.

이와 같이, 어떤 갈등의 현장에는 무덤 속에 있는 3대의 조상들이 들어오는 것이고, 지금 이 문제를 당대에서 만나 바리케이드 앞으로 집결하고 있는 현재인들이 들어오는 것이며, 이제 막 태어나 이 집결지에 올 수 없는 어린 아기들과 그 아기들이 앞으로 낳아 기를 아이들, 그리고 그 아이들의 아이들까지가 다 들어온다는 것을 의식하여야 한다. 통일은 바로 그런 성격을 가진 일이며, 그와 연관된 보건의료의 사안들 역시, 그런 의식 속에서 바라보아야 할 것이다.

한반도에서 평화를 만들어 가는 것도 마찬가지인 측면을 가진다. 단지 우리 세대만의 이익과 편리함만을 고려하는 어떤 결정은 있어서는 안 될 것이다. 이것은 아주 긴 호흡과 시각을 가지고, 지난 3세대가 분단과 통일을 어떻게 생각하였는지를 바라보아야 하고, 분단과 통일에 의하여 미래의 3세대가 만나게 될 상황들, 아니 미래의 30세대가 만나게 될 상황들까지 바라보면서 분단과 통일, 그리고 한반도의 평화를 구상하고 결정해 나가야 할 것이다. 이러한 결정을 해나가는 과정에서 보건의료는 사람들에게 본질을 바라보게 하는 창으로서의 역할을 할 수 있다.

5) 보건의료는 평화를 이루는 데 있어 중간 수준의 접근 역할을 잘하여야 한다

보건의료 차원에서의 한반도 평화활동은 고위층 지도자들의 활동도 아니고, 일반 국민들의 범시민 운동적 활동과도 구분되는, 그 중간적 위치에서 특수한 전문가 집단의 활동이라는 특징을 가진다. 평화학적으로 평화 구축의 행위자들은 크게 세 수준(레벨)으로 구분될 수 있다.[7]

평화운동 주체들의 세 가지 수준

수준 1은 고위층 지도자들이다. 이들은 군사, 정치, 종교적으로 매우 높은 인지도를 가진 지도자들이고, 상대방 고위층과의 협상에 집중한다. 주로 갈등의 최종적 종식 그 자체에 초점을 둔다. 이들은 대중적으로 상당한 정치적 압박을 받으면서 평화 활동에 나서기 때문에, 자기 측 입장을 반영한 강경한 입장을 유지할 수밖에 없는 측면이 커서 상대적으로 더 경직된 입장에 있게 된다. 그러나 이들은 풀뿌리 사람들이 겪는 매일의 공포와 고난과는 일정 거리가 있는 사람들이고, 상대적으로 사회경제적으로 좀 더 안전하고 풍요롭게 사는 사람들이기에 대중과 유리되어 있는 측면이 있는 사람들일 경우가 많다.

수준 2는 중간 수준 지도자들이다. 이들은 양측 갈등 집단들 내에 있는 널리 존경받는 개인, 또는 교육, 상업, 농업, 보건의료와 같은 분야의 지도적 위치에 있는 사람들, 또는 종교집단, 학문 기관, 인도주의 기관과 같은 곳에서 활동하는 리더들, 유명한 시인처럼 그들의 명망이 갈등의 양자에 모두 알려진 사람 등을 의미한다. 이들의 입지는 정치적 또는 군사적 권력에 기반을 두지 않는다. 또이 지도자들은 그런 종류의 권력을 추구하지도 않는다. 결과적으로 이들은 국내적 또는 국제적으로 집중적인 조명을 받지 않는다. 이에 따라 이들은 언행에 있어 좀 더 유연성을 가질 수 있다. 그러면서도 이들은 고위층 지도자들에게 잘 알려진 경우들이 있고, 그들과 자유로운 교분을 가지고 있는 경우도 있다. 그리고 적대적인 상대방 측의 중간 수준 지도자들과 이미 자신들의 전문 영역을 통하여 일정 수준 관계가 맺어져 있거나 앞으로 네트워크를 만들 잠재력을 가지고 있다. 그래서 이들의 역할은 평화 구축 과정에서 큰 의미를 가진다.

수준 3은 풀뿌리 지도자들이다. 풀뿌리는 대중, 즉 사회의 근간을 대표한다. 이들은 갈등의 결과에 의한 고통을 가장 직접적으로 겪고 있으며, 자기 자신의

---

7   위의 책. pp. 68-75.

생존을 위하여 애써야 하는 사람들이다. 풀뿌리 지도자들은 그런 풀뿌리 사람들의 일부이면서, 그런 지역 사람들을 위한 구호 업무를 수행하는 토착민 비정부기구의 구성원, 의료 공무원, 난민 캠프의 지도자와 같이 지역 공동체에 함께 포함되어 있는 사람들이다. 이들은 지역 정치에 대한 전문적인 지식과 관심이 있으며 정부와 지역 지도자, 그리고 적대적인 상대방 집단의 풀뿌리 지도자들을 개인적으로 알고 있는 경우들이 있다.

이런 구분과 구조하에서, 보건의료 지도자들은 대부분 수준 2의 중간 수준 지도자로서, 그리고 일부가 수준 3의 풀뿌리 지도자로서 역할을 하게 된다. 여기서는 주로 보건의료인들의 역할이 될 수준 2의 중간 수준 지도자로서의 평화 과정에 참여하는 방식을 알아보기로 한다.

중간 수준에서의 접근 방식

중간 수준 지도자들은 평화 구축에 있어 "중간에서의 확산적"(middle-out)이라 부를 수 있는 영향을 끼칠 수 있다. 즉 고위층 지도자들과 풀뿌리 지도자들 양방향으로 그들의 영향을 끼칠 수 있다는 것이다. 이것은 평화를 성취하고 유지하기 위한 기반 구조를 만들어 낼 수 있는 열쇠를 제공할 수 있다.

중간 수준 활동의 역할

위의 내용들을 정리하면서 레더라크는 중간 수준의 평화 운동 역할을 다음과 같이 정리한다.

"… 이와 같은 접근 방식이 보여주는 것은, 중간 수준의 지도자들이 평화 구축 과정을 지속시키기 위한 기술과 관계를 중심으로 한 기반 구조를 설립하는 데 도움을 줄 수 있는 잠재적 가능성을 가지고 있다는 점이다. 중간으로부터의 확산적 접근 방식은 중간 수준 지도자들(갈등의 경계선을 가로지르는 광범위한 네트워크의 수장이거나 그와 가까이 연결된)이 갈등 속에서 도구적인 역할을 할 수 있다는 발상을 기반으로 한다. 중간 수준의 평화 구축 행위는 다양한 형태로 나타난다. 이는 정책 결정 과정에 근접해 있는 행위자의 인식을 바꾸고 새로운 발상을 제시하는 것에서부터 갈등 해소 기술을 트레이닝하고 갈등 상황 내부에서 적극적인 화해 행위를 담당할 수 있는 집단, 네트워크 및 기관을 설립하는 것까지 매우 다양하다."[8]

그런 의미에서 보건의료는 이런 중간 수준의 통일 평화운동적 성격을 가질 수 있다. 즉 남한 내부적으로는 위로는 고위급 정책 결정자들과 소통하고, 아래로는 풀뿌리 지도자들 및 일반 국민들과 소통을 모두 할 수 있는 연결적이고 확산적인 역할을 할 수 있다는 것이다. 그리고 북한과도 북한의 보건의료 전문가 리더들과 공동의 목표를 위한 상호 협조 논의를 할 수 있고, 그것을 통하여 북한의 고위급 정책결정자들에게 직접적, 간접적으로 남한의 의견과 생각을 전달하고 소통할 수 있게 만들어서, 서로를 위한 통로로 사용될 수 있는 측면을 가지고 있다.

 ## 3 한반도 평화를 위하여 보건의료인들이 갖추어야 하는 특성들

1) 평화를 만드는 연결점을 만들어야 한다

레더라크는 평화를 만드는 데에는 반드시 중앙 집권적이고 통제적인 "평화 권위자"에 의하여 진행되는 것이 아니며, 평화는 그 창의성, 관용, 유연성을 통하여 만들어지는 것이라고 하면서, 이를 실천하기 위한 접촉점을 만드는 방법으로 다음과 같은 것들을 제안하였다.[9] 첫째, 평화의 기록을 발전시키기. 평화를 만들기 위하여 시행한 모든 노력을 꼼꼼히 기록으로 남겨두는 것은 향후 미래 갈등을 해결하는 데 중요한 근거가 된다는 것이다. 둘째, 고위층과 중간 수준 사이에 좀 더 명확한 통로 만들기. 이것은 양측 고위급들이 만들어 낸 큰 합의의 구체적인 후속 조치를 만드는 데 있어 중요하며 고위층의 의도 등이 명확히 이해되는 데 필요하다는 것이다. 셋째, 평화-기부자 회의 만들기. 이것은 그동안 원조가 필요한 곳에 기부하고 기여한 기관들이 다 모이는 큰 회의 행사로 만들

---

8   위의 책. p. 86.

9   위의 책. pp. 144-148.

어지는 것이 필요하고, 이를 통하여 새로운 의견 합의를 만들어 내는 것이 원조하는 측이나 원조를 받는 측에 모두 효과적인 외부 압력으로 작동될 수 있다는 것이다. 넷째, 전략적 리소스 그룹 만들기. 이것은 연관된 다양한 전문가들, 활동가들이 모두 모여 함께 정보와 의견을 공유하도록 하는 것을 말한다. 다섯째, 내부와 외부의 피스메이커를 연결하기. 내부 피스메이커의 활동과 자원을 외부 피스메이커의 활동과 잘 조율하도록 한다는 것이다. 일반적으로는 외부 피스메이커들의 활동이 언론에 더 주목받게 되지만, 이것이 정말 효과를 가지려면 내부 피스메이커들과 연결되어야 하기 때문이다.

이것은 보건의료 영역에서도 그대로 적용될 수 있을 것이다. 대북협력 활동과 논의 전체가 꼼꼼히 기록되도록 하고 보존되어야 하며, 보건의료 영역의 논의와 활동이 고위층 정책결정자와 연결되는 공식, 비공식 구조가 있어야 하며, 대북지원에 참여하고 있는 국내외 모든 기관이 공동으로 논의하고 정보를 나누는 모임 또는 플랫폼이 활성화 되도록 하여야 하며, 보건의료 외의 영역에 있는 기관, 전문가들과의 정례적 모임 등을 통하여 좀 더 융합적 상황을 만들어야 하고, 관련 해외 기관, 해외 전문가들과의 연계가 강화되어야 할 것이다.

2) 평화 일꾼들로서 필요한 능력을 갖추어야 한다

갈퉁은 그의 책에서 평화 일꾼들이 필요로 하는 능력을 다음과 같이 이야기하였다.[10] 첫째, 지식이다. 이것은 국가를 초월하는, 세계적인 지식을 흡수, 생산, 축적하고, 그것이 적절하고 현실적이 되도록 하여야 한다는 것이다. 둘째, 상상력이다. 이것은 경험적 현실을 초월하는데 필요한 능력이며, 지식과 관련은 있으나 지식은 아니다. 우리는 이 상상력을 통하여 우리의 가정(假定)을 지키려는 고집에서 벗어날 수 있어야 한다. 셋째, 동정심이다. 넷째, 인내심이다. 긍정적 반응이 없거나 아예 아무런 반응이 없을지라도 지속할 수 있는 능력이다. 갈퉁은 이상과 같이 이야기하면서 이러한 특성을 가지고 일하는 역할 모델의 예를 든다. 첫째는 몸과 마음을 다해 다른 사람들에게 봉사하는 데 전적으로 헌신하는 수도사들과 수녀들, 둘째는 의사와 간호사와 사회사업가들, 그리고 셋째는

---

10   요한 갈퉁. 앞의 책. pp. 564-566.

가족들을 위하여 헌신하는 어머니들이 그 역할 모델들이었다.

한반도의 평화를 위하여 나서는 보건의료인들은 남한과 북한, 그리고 주변 환경들에 대한 다양한 지식을 갖추어야 하고, 눈에 보이지 않는 새로운 통일된 세상을 향한 강한 상상력을 가지고 있어야 하며, 고통받는 사람들에 대한 동정심을 가지고, 긴 세월 아무런 결과가 보이지 않는다고 할지라도 계속 노력하는 인내심을 가져야 할 것이다. 그가 역할 모델로 보건의료인을 들어 준 것은 하나의 격려이고도 도전이었다. 정말 그런 역할 모델이 되도록 하여야 할 것이다.

3) 평화를 만드는 사람들의 7가지 특징을 갖추어야 한다

저자는 마하트마 간디, 마틴 루터 킹, 넬슨 만델라의 3인의 사례를 통하여 평화를 만드는 사람들의 공통된 일곱 가지 특징을 정리한 적이 있었다.[11] 여기서는 그 내용을 간략히 인용하고 그것을 한반도에서의 평화를 위하여 일하는 보건의료인들에게 적용해 보기로 한다.

현장성

"… 평화를 만드는 사람들의 특징은 평화라는 것을 어떤 관념적, 철학적 주제로서 붙잡은 것이 아니라, 자신들이 태어나 살아가던 바로 그 공간, 그 시점에서 벌어지고 있던 가장 절박한 현실의 문제로서 붙잡았다는 것이었다. 그들은 자신이 운명처럼 받아든 그 공간, 그 시점의 문제를 외면하거나 회피하지 않았다."[12]

그런 의미에서 한반도에서 평화를 위해 일하려는 보건의료인은 그 누구보다 현장성을 가장 강렬하게 가질 수 있다는 중요한 장점을 가진 존재들이다. 남북한의 갈등 상황 속에서도 보건의료인들은 이미 그 현장 속에 있고, 새로운 현장 속으로 들어갈 수 있는 힘을 가지고 있다.

---

11 이 부분은 전우택 외. 『평화와 반평화』 (서울: 박영사, 2021)의 12장. 평화를 만드는 사람들의 일곱 가지 특징, pp. 401-442의 내용을 토대로 작성되었다.

12 위의 책. p. 404.

본질성

"… 평화를 만드는 사람들의 특징은 이들이 자기 눈앞에 존재하는 평화를 깨는 악한 인간들, 악한 제도 자체에 매달리는 것이 아니라 늘 더 본질적인 것을 바라보고 그것에 집중한다는 데 있었다. 그들은 개개인의 악행 자체보다는 제도나 법, 관행을 보았고, 더 나아가 결국 인간의 악한 본성에 대한 투쟁을 자신들의 최종 목표로 보았다."[13]

앞에서 이야기한 바와 같이 보건의료인들은 환자의 신체적, 물리적 고통을 야기하는 폭력뿐만 아니라, 이러한 "최종 결과"가 나오기 전에 더 본질적으로 있는 구조적, 문화적 폭력의 근본적 성격을 보고 그 해결을 위하여 노력하여야 할 것이다.

확장성

"… 평화를 만드는 사람들은 자신이 활동하고 있는 현장의 문제가 사실은 전 세계의 문제와 맞닿아 있음을 점차 알아간다. 처음부터 그것을 알고 그에 따라 활동하였던 것 같지는 않다. 보통은 자신의 현장에 집중하면서 활동하다가 점차 이것이 자신의 활동 공간만이 가진 문제가 아니라, 전국, 나아가 전 세계 모든 곳의 문제임을 인식하게 되는 것이었다. 그리고 그에 따라 이들의 의식과 목표는 더 넓게 확장되어 가는 모습을 보인다."[14]

한반도의 보건의료인도 같은 과정을 거쳐 갈 것이다. 처음에는 진료실을 찾아온 환자들의 고통에 집중하겠지만, 이것이 점차 휴전선 너머 북한 사람들의 고통에까지 펼쳐질 것이고, 더 나아가 전 세계 여러 지역에서 아무런 도움도 받지 못하며 고통받고 있는 많은 사람에게 자신의 관심과 활동이 확장되어 나갈 것이다.

내부 적들과의 싸움

"… 평화를 만드는 사람들은 늘 본질성을 더 중요하게 보며 그들의 활동을 하기 때문에, 때

---

13   위의 책. p. 406.

14   위의 책. p. 408.

한반도 보건의료, 생명을 살리는 담대한 도전

로는 지금 당장 적들과의 싸움에서 승리하는 것을 중요하게 보는 자기 동지들과 갈등에 들어갈 가능성을 언제나 가지고 있었다. (그야말로 평화란 갈등의 양쪽 당사자들을 대상으로 싸우는 것을 의미하는 것이다)"[15]

남한의 보건의료인들은 가장 먼저, 핵을 개발하고 남한을 위협하는 북한이라는 국가에 구호와 지원의 손길을 내미는 것을 강력하게 반대하고 비난하는 내부 집단들과의 대화와 설득부터 넘어서야 할 것이다. 그리고 그것에 역시 쉽게 동의하지 않는 북한의 고위층 정책결정자들과도 줄다리기를 하여야 할 것이다. 그리고 만나게 되는 북한의 보건의료인들과도 일을 처리하는 방식 등을 가지고 갈등을 빚어야 할 수도 있다. 단계 단계마다 모두가 "내부"에서 발생하는 갈등일 것이다.

용기

"… 용기는 어느 한순간의 행동을 위하여만 존재하는 것이 아니었다. 용기는 매일 매일의 좌절 속에서도 절대 굴하지 않고 버티는 그런 인내 속에 존재하였다. 그리고 자신이 하는 평화를 위한 활동이 정말 진리라면 결국 그 진리는 언젠가는 반드시 승리할 것이라는 믿음과 맞닿아 있었다."[16]

남북의 보건의료 협력에 있어 가장 필요로 되는 덕목 중 하나는 인내하고, 포기하지 않고, 끝까지 용기를 발휘하는 일일 것이다. 이것은 그날의 내 기분에 따라 결정되는 것이 아니라, 그야말로 천하보다 귀한 한 생명, 한 생명이 걸린 문제라는 이것의 본질을 보고 있을 때만 가능한 일일 것이다.

개방성

"… 평화를 만드는 사람들의 특징 중 하나는 그들 사고의 개방성이다. 그들은 자신들이 최종적으로 목표하는 그 대의에 있어서는 어떤 타협도 없었다. 그러나 그 대의를 이루어 나가는 현실의 문제 앞에서, 그들은 상대방을 존중하고, 그들과의 대화와 타협에 있어서 때로는 당황스러울 만큼의 과감성과 유연성을 보인다. 그리고 그런 과정에서 그들은 자신이 가지고 있던 생각을

15　위의 책. p. 412.

16　위의 책. p. 424.

일부 수정하기도 하고, 더 나아가 자기 자신만이 옳고 상대방은 틀렸다는 식의 절대적인 고정적 사고에서 벗어나기도 한다. 즉 정의와 진실이라는 최종 목표는 그대로이지만, 거기에 도달하는 과정에서, 자신도 얼마든지 틀릴 수 있는 불완전한 존재이고, 그래서 잘못을 수정해 나가는 일은 자신을 흔드는 일이 아니라, 최종 목표를 이루는 데 더 도움이 되는 일이라고 보는 것이었다. 평화를 만드는 사람들에게 있어 평화란 그 자체가 하나의 최종적인 목적인 동시에, 더 숭고하고 높은 목적을 이루어 가는 데 있어 도구라는 생각들을 그들은 가지고 있었다. 따라서, 주변 사람들이 보기에는 때로 지나치게 "개방적이고 타협적이며 수정주의적"이라고 보일 정도가 되어도, 이들은 그 길을 과감하게 걸어가는 태도를 보이곤 하였다."[17]

우리는 남한의 보건의료인으로서 우리 스스로 의식하지 못하는 우리만의 사고 방식, 일 처리 방식, 타인과의 관계에서 반드시 있어야 한다고 믿는 예의와 태도에 관한 생각과 판단을 두고 있다. 특히 도움을 주는 쪽과 도움을 받는 쪽이 있게 된다면, 도움을 받는 쪽은 응당 어떠한 생각과 태도를 도움을 주는 쪽에 가져야 한다는 식의 강한 확신도 있을 수 있을 것이다. 그러나 무언가 의미 있는 진척이 이루어지려면 이 모든 것에서 매우 개방적이고 유연해질 수 있어야 한다는 것이다.

겸손

"… 평화를 만드는 사람들의 특성 중 필자를 가장 숙연하게 만든 특성은 바로 마지막 이 특성이었다. 그들은 자기 시대의 가장 거대한 문제에 도전하여, 수많은 좌절 속에서도 뚜렷한 업적을 만들어 갔지만, 정작 자기 스스로에 대해서는 한없이 낮은 평가를 하였다. 작은 성취만으로도 과대한 자아상(inflated self)을 보이는 것이 보통 사람들의 특징인데, 이들 평화를 만드는 사람들은 그러지 않았던 것이다"[18]

대북협력사업을 해 나갈 남한의 보건의료인이 가져야 하는 마지막 특징은 어쩌면 뜻밖에도(?) 겸손이다. 이 일이 가지는 중대한 영향력과 의미에도 불구하고 정작 그 일을 수행하는 나 자신은 사실 그리 대단한 존재가 아니며, 그저 어쩌다 우연히 이런 일을 할 기회를 만난 것뿐이라는 그런 자기의식이 갖추어져

---

17   위의 책. p. 424.

18   위의 책. p. 434.

야 비로소 이 일은 시작되고, 진행되고 마무리 될 것이다.

4 마치는 말

레더라크는 그의 책의 한국어판 서문에 다음과 같이 썼다.

"… 평화를 만들어 나가면서 마주하게 되는 가장 큰 도전은 오랜 분단의 역사 가운데 여러 분에게 주어진 정치적인 문제의 복잡성이 아니다. 평화를 만들어 가는 일에서 가장 필요한 것은 변화가 가능하다는 것을 믿는 신념이다…. 인간 공동체로서의 우리는 아직 존재하지 않는 그 무 언가를 만들어 낼 수 있는 창의적인 능력을 갖추고 있다는 점을 잊지 말아야 한다"[19]

북한은 그야말로 높은 절벽처럼 꿈쩍도 하지 않고 저렇게 변화 없이 버티고 있는 것과 같이 보인다. 그러나, 인류의 역사는, 저런 특징을 가졌던 나라들이 어떤 과정을 거쳐 가는지를 여러 사례로 보여 주었다. 중요한 것은 그 안에서 고통을 겪고 있는 수많은 갓난아기, 어린 소년 소녀들, 청소년들, 청년들, 엄마 아버지들, 노인들이다. 우리는 그 고통을 그냥 지나쳐서는 안 될 것이다. "남한 우리끼리만의 평화"란 존재하지 않는다. 한반도 전체의 평화가 있을 때만 그것이 진정한 평화이다. 보건의료가 그 평화를 만드는 일에 역할을 할 수 있기를 기대한다.

---

19 존 폴 레더라크. 앞의 책. p. 9.

References

요한 갈퉁. 강종일 외 역. 「평화적 수단에 의한 평화」. 서울: 들녘. 2000.

전우택·김병로·김중호·박원곤 외. 「평화에 대한 기독교적 성찰」. 서울: 홍성사. 2016.

전우택·김선욱·김회권·박정수·서경석. 「평화와 반평화」. 서울: 박영사. 2021.

존 폴 레더라크. 김동진 역. 「평화는 어떻게 만들어지는가」. 서울: 후마니타스. 2012.

외교와 보건의 융합:
팬데믹과 한국 보건외교의 방향

외교와 보건의 융합:
팬데믹과 한국 보건외교의 방향

조한승(단국대학교 정치외교학과)

머리말

코로나 팬데믹이 국제사회에 가져다준 충격은 엄청났다. 수많은 사람이 감염병에 걸려 고통을 받은 것은 차치하고, 글로벌 보건 위기의 여파는 일상의 모든 분야에 영향을 미쳤다. 각국의 경제활동에 큰 차질이 빚어졌으며, 봉쇄, 격리, 비대면, 마스크 착용 등 일상생활에 많은 불편함이 지속되었다. 국제무대에서도 각종 국제회의가 취소되거나 화상회의와 같은 비대면 외교활동으로 대체되었다. 특히 주목할 것은 팬데믹 기간에 국제정치에서 보건이슈가 차지하는 비중이 획기적으로 증가했다는 점이다. 오랫동안 국가들 사이의 관계에서 보건이슈는 이른바 하위정치(low politics) 영역으로서 군사동맹, 무역협정, 해외원조 등에 비해 중요도가 훨씬 낮은 것으로 간주되었다. 하지만 팬데믹 기간에 미국, 중국, 유럽 등 주요 국가들조차 감염병 문제로 쩔쩔매는 모습을 보이면서 보건 이슈가 다른 이슈들을 압도하는 현상이 발생했다.

2020년 3월 코로나 팬데믹이 선언되자 각국은 방역을 이유로 국경을 봉쇄하고 교류를 차단했다. 이 과정에서 국가들 사이에 외교적 갈등이 불거졌고, 특

장하고 있다. 이러한 주장은 당시 사람들의 유골을 가지고 확인한 결과 영양 상태가 좋아짐에 따라 사람들의 평균 키가 늘어났다는 자료들로 뒷받침되고 있다. 또한, 대부분 사망률 감소가 하수구나 수도의 공급과 같은 공중 보건이 충분히 보급되기 이전에 그리고 백신의 발견 등과 같은 의료 혜택이 이용 가능하기 전에 이루어졌다는 자료들도 McKeown의 주장을 뒷받침하고 있다.

이렇게 20세기 이전에는 건강 증진에 대한 의료의 역할이 크지 않았다면 20세기 이후의 건강에는 의료가 훨씬 큰 역할을 하고 있다. 그 대표적인 예로 심근경색 치료와 AIDS환자 치료를 들 수 있다.

먼저, 심근경색 환자에 대한 1950년대 의학 교과서의 가장 기본적인 처치는 최소 6주의 침대에서의 절대안정이었다. 심근경색의 원인이 심장근육이 혈액 공급을 받지 못해 일어나고 이는 혈액 순환 도중에 생기는 혈전이 혈관을 막아 생긴다는 요즈음의 의학상식으로는 침대에서 절대안정은 오히려 환자를 더 위험하게 만들 수 있다. 현재 심근경색에 대한 일반적인 치료는 아스피린과 같은 혈전용해제를 사용하거나 이를 통하여 호전되지 않으면 catheterization, angioplastry, 스텐트와 같은 수술적 방법을 사용하여 치료하게 된다.

두 번째로 AIDS 환자는 1995년 11월 Epivir라는 새로운 약이 등장하기 이전에는 감염자의 30%가 매년 사망하였다. 그러나 신약이 판매되기 시작한 이후에는 사망률은 급격히 낮아졌다. AIDS가 더 이상 죽는 병이 아니라 약을 꾸준히 복용하면 생명에는 아무런 지장이 없는 만성질환과 같은 병으로 바뀐 것이다. 다만 이 약은 상당히 비싸서 개인이 이 비용을 감당하기는 쉽지 않다는 데에 문제가 있다.

건강을 측정하는 데 있어 가장 널리 사용되는 지표는 사망이다. Cutler et al. (2007)에서 재인용한 아래의 표 6-1이 전 세계의 건강 상황을 매우 잘 요약하여 보여주고 있다.

전 세계를 세계은행(World Bank)의 기준에 따라 저소득 국가들과 고소득 국가들로 나누고 나면 인구 십만 명당 사망자 수는 저소득 국가들은 1,113명이고 고소득 국가들은 846명이다. 이러한 차이는 전체 사망 중 4세 미만의 어린이 사망이 차지하는 비중과 60세 이상의 노인이 차지하는 비중으로 구분하면 훨씬 놀라운 수치를 보여준다. 저소득 국가들은 4세 미만의 어린이 사망이 30.2%를 차지하는 반면, 고소득 국가들은 0.9%밖에 되지 않다. 반면 60세 이상 노인의 사망은 저소득 국가들에서는 34.2%인 반면, 고소득 국가들에서는 75.7%이다. 즉, 저소득 국가들에서는 어린이들의 사망이 많이 발생하는 반면, 고소득 국가에서는 대부분 노인까지 살아남았다가 60세 이후에 사망한다는 것이다. 이렇게 건강 수준은 전 세계적으로 매우 불평등하다.

표의 다음 행에서는 만성질환에 의한 사망 비중을 보여주고 있는데 이는 부분적으로 예방이나 치료가 가능한 암이나 심장계 질환들이다. 만성질환은 나이가 들면서 발생하는 질환이어서 고소득 국가들은 64%가 이로 인해 사망하는데 비해 저소득 국가들은 27%만이 이로 인해 사망하고 있다.

이러한 국가의 소득별 사망요인의 차이는 매우 뚜렷하며, 표의 아래 부분에서 더 명확하다. 항생제로 치료가 가능한 호흡기 질환, 앞에서 언급한 신약으로 사망을 막을 수 있게 된 AIDS, 출산과 관련한 사망, 경구수액요법으로 치료할 수 있는 설사, 공중보건으로 감염률을 낮출 수 있고 치료도 가능한 결핵 등이 고소득 국가들에서는 사망자가 매우 적은 데 비해 저소득 국가들에서는 상당히 많은 사망자가 지속해서 나오고 있다. 예방접종을 통해 선진국에서는 거의 더 이상 발병이 보고되지 않고 있는 소아마비도 저소득 국가들에서는 여전히 백만 명 이상이 사망하고 있다. 이렇게 국가별 소득 수준에 따라 현재 누리고 있는 의료의 혜택은 매우 다르고, 이는 국민들의 건강 상태로 나타나고 있다.

한반도 보건의료, 생명을 살리는 담대한 도전

표 6-1 2002년 사망률의 세계적 구조

	Treatments/Prevention	World	Low-income countries	High-income counties
Deaths per 100,000		916	1,113	846
Percent of total deaths by age				
Children (0-4)		18.4%	30.2%	0.9%
Elderly (60+)		50.8	34.2	75.7
Percentage of deaths from chronic diseases				
Cancer	Partially preventable and treatable	12.4	16.3	26.2
Cardiovascular discas	Partially preventable and treatable	29.3	21.5	38.1
Numbers of deaths, millions				
Respiratory infections*	Antibiotics	3.96	2.90	0.34
HIV/AIDS	Anti-retroviral therapy	2.78	2.14	0.02
Perinatal deaths*	Pre- and post-natal care	2.46	1.83	0.03
Diarrheal diseases*	Oral rehydration therapy	1.80	1.54	—
Tuberculosis	Preventable with public health; usually treatable	1.57	1.09	0.01
Malaria*	Partially preventable; treatable	1.27	1.24	—
DPT/Polio/Measles*	Vaccinations	1.12	1.07	—

Source: Reproduced from Cutler, David, Angus Deaton, and Adriana Lleras-Muney. (2006, Table 1).

Notes: DPT stands for diphtheria, pertussis (whooping cough) and tetanus. An asterisk (*) indicates that the disease is most commonly fatal in children, except respiratory disease in high-income countries.
— indicates less than 10,000 deaths. "Low-income" and "high-income" are World Bank designations of countries; these can be thought of as corresponding to below $5,000 PPP and above $10,000 PPP in Figure 1. Perinatal deaths are deaths in the first seven days of life and are primarily associated with low birth weight.

이제까지는 2002년의 자료를 가지고 확인해 보았는데 2014년 WHO의 자료를 이용하여 5세 미만의 사망률인 아동 사망률이 1990년에 비해 2012년에 얼마나 변화했는지를 살펴보면 시간의 변화에 따라 저소득 국가들에서도 건강의 향상은 있지만, 고소득 국가들과의 격차는 여전히 상당히 존재함을 확인할 수 있다.

그림 6-1 1992년과 2012년의 세계 소득 그룹별 신생아 및 5세 미만 사망률

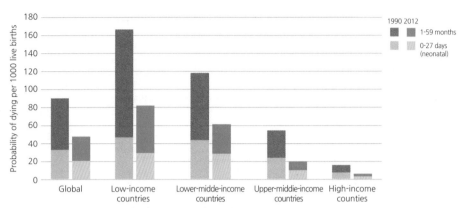

Source: Reproduced from World health statistics 2014 (Figure 1).

Notes: Each bar indicates the total under-five mortality rate as the sum of the neonatal mortality rate (0-27 days; lighter-shaded bars) plus the combined mortality rate for infants aged 1-11 months and children aged 1-4 years (darker-shaded bars).

Preston(1975)은 처음으로 국가들 사이의 소득과 건강의 관계를 연구하였다. 1인당 국민소득과 기대수명과의 관계를 확인하였는데 그림 6-2가 그 결과이고 Preston 커브라고 불린다. 먼저 1930년대의 자료를 가지고 그린 그래프를 보면 1인당 국민소득이 증가하면 기대수명이 급격하게 상승하다가 일정 수준에 다다르고 나면 기대수명의 증가 속도는 상당히 완만해지는 것을 알 수 있다. 30년이 지난 후 1960년대에 다시 이 관계를 살펴보면 두 가지 변화를 확인할 수 있다. 첫째, 커브가 전체적으로 위로 상승한 것을 확인할 수 있는데, 이는 의료기술 발전에 의한 기대수명의 증가로 해석하였다. 둘째, 1인당 국민소득이 훨씬 증가한 국가들을 볼 수 있는데, 기대수명은 크게 변화하지 않았다.

그림 6-2　1인당 국민소득과 기대수명과의 관계

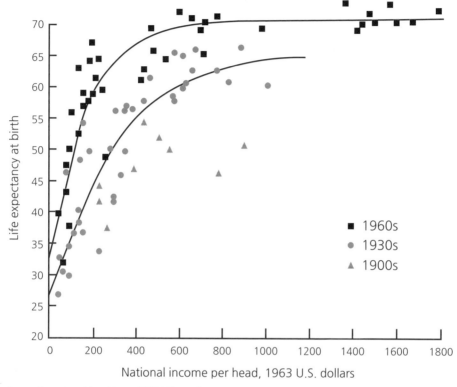

Source: Reproduced from Preston(1975, Figure 1).

　　Deaton(2003)에서는 그림 6-3에서 보는 바와 같은 그래프를 2000년의 자료를 가지고 다시 그렸는데 모양은 거의 비슷하게 유지되면서 의료기술 발전으로 커브는 위로 더 올라간 것을 확인할 수 있다. 미국은 커브의 거의 맨 오른쪽 끝에 있어서 소득은 가장 높지만, 기대수명은 소득이 더 낮은 일본보다 낮은 수준을 보인다. 한국은 2000년에 1인당 GNI가 18,410 PPP 달러로 커브가 완만해지는 중간 정도 지점에 있다. 향후 경제 수준이 더 높아져도 의료기술의 발전이 없다면 기대수명은 더 늘어나기 쉽지 않은 상황이다.

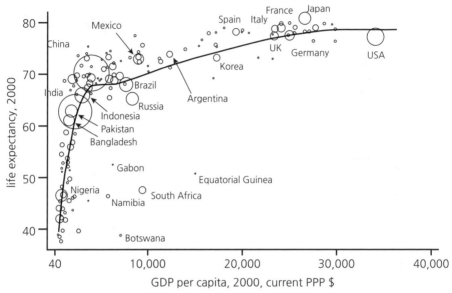

그림 6-3 1인당 국민소득에 따른 기대수명의 변화에 대한 프레스톤 커브

Source: Reproduced from Deaton(2003).

　　북한 경제 상황에 대한 자료는 매우 제한적이고 그 정확성도 확인하기 어렵다. 한국은행의 북한 경제 수준의 통계에 따르면 1인당 GNI는 2021년 1,243달러로 추정되고 있다. 이는 Preston 커브에서 경제 수준이 좋아짐에 따라 기대수명이 매우 가파르게 증가할 수 있는 구간이다. 이에 따르면 우리나라와 북한의 경제 수준의 차이는 앞에서 비교한 저소득 국가와 고소득 국가의 차이보다 결코 적지 않다. 우리나라의 2021년 1인당 GNI는 47,770 PPP 달러이다. 참고로 미국의 2021년 1인당 GNI는 70,480 PPP 달러이다.

　　세계은행에서 발표하고 있는 2014년의 북한의 기대수명을 보면 72.94세로 2000년 Preston 커브에서 소득에 비해 상당히 높은 기대수명을 보여주고 있다. 여기에서 먼저 생각해 보아야 하는 문제는 북한 자료에 대한 정확성과 신뢰도이다. 통일연구원에서 2007년 발표한 북한의 통계: 가용성과 신뢰성이라는 책에 따르면 북한의 GDP 통계, 무역통계, 인구통계의 세 분야에 대해서 신뢰성을 확인하고 있다. 이 중 Preston 커브와 관련 있는 통계는 무역통계를 제외한 두 가지이다. GDP 통계는 북한이 공식적으로 발표하는 통계와 UN이나 한국은행에서 전혀 다른 자료를 사용하는 통계를 서로 비교하였을 경우 자료들 간의 차이가 크지 않아 공식통계가 문제가 있다고 말하기 어렵다는 결론을 내리고 있다.

다음으로 인구통계의 경우 북한이 발표하는 자료만이 존재하고 외부에서 다른 기초자료를 사용하여 추정하는 것이 불가능하다. 그러나 북한이 발표한 자료의 시계열을 가지고 신뢰도를 확인해 볼 수 있다. 저서에서는 북한이 1994년 시행된 인구센서스 데이터를 토대로 연령별 사망률을 계산하고 북한 당국이 국제 언론이나 NGO를 대상으로 자국의 통계를 브리핑의 형식으로 공표한 사망률의 변화 정보를 적용하여 그 이후 연도들의 연령별 사망률을 계산하여 최근 인구 규모를 추계하고 이를 북한의 공식 발표와 비교하였다. 그 결과 과거 자료를 바탕으로 추정된 북한의 2002년 현재 15~65세 인구 추계치의 추정오차를 고려한 최솟값(1,557만 명)과 최댓값(1,571만 명) 사이에 실제 공표치(1,620만 명)가 존재하지 않아 북한의 인구통계 발표 간에는 일관성이 결여되어 있음을 확인하였다고 기술하고 있다.

이를 바탕으로 Preston 커브에 필요한 북한의 기대수명이나 1인당 GNI가 정확하게 측정되었다는 확신이 부족함을 확인할 수 있다. 북한이 발표한 자료에 따르면 북한의 기대수명은 비슷한 소득 수준인 다른 나라들에 비해 월등히 높은데 이는 자료의 정확성 문제일 수도 있다. 다른 측면에서는 과거 사회주의 국가 특성상 의료인력과 시설, 공중보건 정책을 통해 아동 사망률 감소를 이루고 있을 가능성도 존재한다.

Preston 커브는 소득이 전 세계 수준에서 낮을 때에는 쉽게 기대수명을 높일 수 있다는 것을 보여주고 있다. 즉, 저소득 국가의 경우 기대수명을 높이기 위해서는 비교적 쉬운 해결책들이 존재한다는 것이다. 일반적으로 정책의 실행 여부를 결정하거나 실행 순위를 정하기 위해서는 비용편익분석이나 비용효과 분석을 실시한다. 비용편익분석은 정책을 실행하기 위해 지불해야 하는 비용과 그 정책실행으로 인해 창출되는 편익을 계산하여 비용 대비 편익이 큰 경우 정책을 실행하라는 의미이다. 하지만, 비용을 돈으로 계산하는 것은 비교적 쉽지만 편익을 화폐단위로 측정하는 것은 쉽지 않다. 이렇게 산출 결과를 화폐가치로 환산하기 어려운 경우에는 효과만을 측정하는 방법이 비용효과분석이다.

Horton et al.(2017)은 비용 효과적인 측면에서 저소득 국가나 중소득 국가들에서 적절한 정책들로 다음과 같은 정책들을 추천하였다. 먼저, 말라리아, 결핵처럼 이미 비교적 싼 가격에 처치가 가능한 전염성 질환을 치료하는 것을 추천하였고 모기장을 사용하여 전염성 질환을 사전적으로 예방하는 것, 포경수술, B형 간염 예방 접종하는 것도 효과적이라고 평가하였다.

WHO는 개별 국가가 어떤 정책까지 실행해야 하는가에 관한 가이드라인으로 적절한 비용을 Disability Adjusted Life Year(DALY)으로 제시하였다. DALY는 질병으로 인한 사망뿐만 아니라 이로 인한 장애까지도 포함한 개념이다. 예를 들어, 기대수명이 80세인 국가에서 출생아가 사망했다면 잃어버린 수명은 80년이고 40세가 사망했다면 잃어버린 수명은 40년이다. 여기에 장애로 인한 불편함을 사망과 같은 수준으로 환산한 것까지 더하여 DALY를 구하고 1년의 DALY를 줄이기 위해 얼마까지 사용하는 것이 적절한지를 생각하는 것이다. WHO는 저소득 국가의 경우 2013년 기준으로 1인당 소득 $400을, 중소득 국가도 역시 2013년 기준으로 1인당 소득 $1,045를 기준으로 삼고 있다. 저소득 국가에 대해서는 $200/DALY 이하의 정책은 모두 비용 대비 효과적인 것으로, 하위 중소득 국가에 대해서는 $500/DALY인 정책은 효과적인 것으로 결론 내리고 있다.

WHO는 "Saving lives, spending less"라는 보고서에서 당뇨, 심장 질환, 암, 만성 호흡기 질환과 같은 비전염성 질환들로 인한 사망이 전 세계 사망의 70%를 차지한다고 주장하였다. 이들 대부분은 저소득 국가나 중간 정도의 소득 수준 국가들에서 발생하고 있으며 사망자들의 연령이 30세에서 69세 사이의 가장 많이 노동력을 제공할 생산적인 연령의 사람들이 사망한다는 점에서 더욱 중요한 문제라고 밝혔다.

보고서는 비전염성 질환으로 인한 사망을 줄이기 위해 몇 가지의 효과적인 방법들을 제안하고 있는데 이는 흡연과 음주를 줄이기 위한 세금 인상 등의 정책 제안, 소금 섭취를 줄이기 위한 제안, 육체 활동을 늘리기 위한 교육과 캠페인 등이다. 이러한 노력에 1달러를 들이면 7달러의 혜택이 돌아올 것으로 추정하였다. 또한, 약 7백만의 생명을 살릴 수 있고 천만 케이스의 심장마비와 뇌졸중을 줄일 수 있을 것으로 추정하였다.

한반도 보건의료, 생명을 살리는 담대한 도전

References

Cutler, David, Angus Deaton, and Adriana Lleras-Muney. "The Determinants of Mortality." *Journal of Economic Perspectives*. 2006; 20(3): pp. 97-120.

Deaton, Angus. "Health, Inequality, and Economic Development." *Journal of Economic Literature*. 2003; 41(1): 113-158.

Preston, Samuel H. "The changing relation between mortality and level of economic development." *Population Studies*. 1975; 29: 231-248. https://doi.org/10.2307/2173509

World Health Statistics 2014, https://iris.who.int/bitstream/handle/10665/112738/?sequence=1 captured on March 31 2024.

식량과 보건의 융합 – 북한에 대한 식량지원 문제를 중심으로

식량과 보건의 융합
– 북한에 대한 식량지원 문제를 중심으로

이덕행(통일연구원)

1 들어가며

북한의 식량 사정이 어려워진 것으로 보인다. 국내 언론은 2023년 2월 말 북한 소식통을 인용하여 상대적으로 넉넉한 지역인 개성에서도 아사자가 발생하였다고 보도하였다.[1] 북한 노동당의 최고 의사결정 기관인 중앙위원회는 작년 말 개최된 지 두 달여 만인 2023년 2월 26일 다시 소집되어 식량증산과 농업 문제 등을 주요 의제로 논의하였다. 식량부족 문제는 현재 북한만이 아니라 전 세계적인 과제이다. 세계식량기구(WFP, World Food Programme)는 코로나19, 국가 간 무력충돌 및 전쟁, 기후 위기, 비료 가격 상승 등의 영향으로 전 세계 인구 약 80억 명 중 3억 5천만 명 이상이 기아와 영양실조로 고통을 받고 있다고 분석하고 있다.

1990년대 중반 '고난의 행군' 시기 처음으로 외부에 알려진 북한의 식량난과 그로 인한 많은 인명 손실 등의 소식은 한반도에 사는 같은 민족으로서, 언젠

---

1   「한국일보」, 2023년 2월 23일: 반면, 한 언론사는 정부가 "'아사자 속출' 혹은 '고난의 행군' 같은 위기 재연 가능성 등을 언급한 데는 정치적 의도가 다분한 것으로 보인다"는 기고문을 게재하기도 했다. 「한겨레」, 2023년 3월 11일.

가 다가올 통일을 기대하는 우리에게 큰 충격이었다. 고난의 행군기를 넘긴 북한은 작황에 따라 매해 수십만 톤에서 100만 톤 이상으로 추산되는 식량부족분을 주민들에 대한 배급량 절감, 중국 등 외부의 지원과 해외에서의 곡물 도입 등으로 메꾸어왔다. 그러나 북한의 핵무기 개발에 따른 지속적인 국제제재, 2020년 초부터 시작된 코로나19로 인한 국경 봉쇄 등으로 식량 수급이 더 어려워진 것으로 보인다.

식량은 인간의 생존 문제와 직결되어 있어 생산과 안정적 공급은 시대와 국가를 막론하고 매우 중요한 과제이다. 일상생활에서 식량부족으로 인한 영향 결핍은 삶의 질을 낮추고 면역력을 약화시켜 각종 질병 위험을 증가시키며, 중장기적으로 개인의 건강과 신체 발달에 지속적인 효과를 준다. 북한 당국의 입장에서 본다면 식량의 안정적인 확보는 대북제재와 어려운 안보·경제 환경 속에서 자립경제 노선을 표방하는 정권의 안정에 직결되는 사안이라고 할 수 있다.

UN 산하 5개 전문기관(FAO, IFAD, UNICEF, WFP, WHO)이 합동으로 제작한 「식량안보와 영양 상태에 관한 보고서 2022년」은 북한 주민 2,590만 명 중 40%에 해당하는 약 1,070만 명이 영양부족 상태에 있으며 이들에 대한 인도적 지원이 필요하다고 평가했다.[2] 영양부족 상태는 특히 어린이, 임산부, 수유 중인 여성 등의 건강에 부정적 영향을 준다. 북한 5세 이하 어린이의 약 18% 정도가 영양부족으로 인해 저성장증을 겪고 있다. 유엔아동기금(UNICEF)은 2019년 기준 북한 여성의 약 34%가 영양 부족으로 빈혈 증상을 보이고 있는데, 이는 2012년보다 2% 악화한 것이며, 2030년까지 계속 악화할 것으로 예상된다고 하였다.[3]

1995년 북한이 국제사회에 식량지원을 공개적으로 호소한 이후 한국은 국제사회와 함께 다양한 방식으로 북한에 식량을 지원하였다. 하지만, 2010년을 마지막으로 현재까지 대북 식량지원은 중단되어 있다. 한반도의 오랜 역사, 남과

---

2   「The State of Food Security and Nutrition in the World 2022. Repurposing food and agricultural policies to make healthy diets more affordable」, FAO, IFAD, UNICEF, WFP, and WHO. Rome, 2022.

3   「Undernourished and Overlooked: A Global Nutrition Crisis in Adolescent Girls and Women. Data Tables」, UNICEF Child Nutrition Report Series, 2022. UNICEF, New York, 2023. p.13.

북의 관계, 그리고 통일 미래를 생각할 때 북한에 심각한 식량부족 사태가 우리에게 가져올 효과와 의미는 작지 않다. 북한의 식량부족 상황이 심각해진다면 한국이 마냥 모르는 체 할 수는 없다.

하지만, 북한이 핵 개발과 미사일 도발 등을 지속하는 현재 국내외 여론 등을 감안할 때 북한에 대한 식량지원을 적극적으로 추진하기도 쉽지는 않다.

북한에 대한 식량지원 문제를 검토하기 위해서는 먼저 그동안 북한 당국의 식량정책과 이에 따른 현재 북한의 식량 수급 상황을 점검해 보는 것이 필요하다. 이어 우리가 왜 지원해야 하는 지를 따져본 후에 현시점에서 가능한 대북지원 방안과 중장기적으로 북한의 식량문제를 해결하기 위한 방안을 살펴보겠다.

➕2 북한의 식량 상황

1) 북한의 식량 정책

식량 수급 문제는 북한 정권 수립 이후 현재까지 가장 중요한 경제적 과제의 하나이다. 북한은 지형상 산이 많고 경사가 급하며 기후조건도 식량 생산에 적합하지 않아 분단 직후부터 식량이 부족해서 먹는 문제가 시급한 과제였다. 북한에서는 '의식주' 대신 '식의주'라는 말이 사용된다. 이는 먹는 것이 무엇보다도 중요하다는 뜻이다. 김일성 주석은 1962년 10월 제3기 최고인민회의에서 "쌀은 곧 사회주의"라고 말했다. 30년이 지나서 김 주석은 1993년 신년사에서 "모든 사람이 흰 쌀밥에 고깃국을 먹으며 비단옷을 입고 기와집에서 살려는 우리 인민의 숙망을 실현하는 것은 사회주의 건설의 중요한 목표"라고 강조했다.[4] 김정일 국방위원장도 흰쌀밥에 고깃국을 먹으며 인민들이 잘살게 하려는 김일성의 유훈을 관철하겠다는 의지를 여러 차례 밝히곤 했다. 김정은 국무위원장은 집권 직후인 2012년 4월 15일 김일성 광장 연설에서 "인민이 다시는 허리띠를 졸라매지 않게 하고 사회주의 부귀영화를 마음껏 누리게 하자는 것이 확고한 결

---

4   「로동신문」. 1993년 1월 1일.

심"이라고 말했다.[5]

하지만, 김정은은 2023년 2월 8일 인민군 창건 열병식에서 "사랑하는 우리 인민들과 아이들이 허리띠를 더 조이고 배를 더 곯아야 했다. … 보다 큰 승리를 위한 불가피한 선택"이라고 했다.[6] 이는 북한이 생존에 더 중요한 핵과 미사일 개발 등을 위해 식량 생산에 충분한 자원을 배분하지 못했다는 뜻으로 읽힌다.

북한은 1958년 8월 모든 농가를 협동조합에 가입시켜 농업의 집단화를 완료하였다. '사회주의 국가건설'이라는 당면한 목표를 달성하기 위해 1957년부터 '배급제'[7]를 도입하고, 식량에 대한 국가의 통제를 계속해 왔다. 하지만 배급제로 인한 폐해를 막고 숨통을 틔우기 위해 농민시장에서 쌀 거래를 허용하는 등 유연성을 발휘하기도 하였다.

북한의 식량 위기는 1970년 도입된 '주체농법'의 실패, 농업생산력 침체 등으로 1980년대 중반부터 점진적으로 진행되었다. 이에 따라 북한은 1987년부터 1인당 배급량을 평균 700g에서 22% 감량한 546g으로 줄였다. 동유럽의 변화에 따라 1990년대 들어와 사회주의 우호 국가들의 지원 및 우호 무역이 중단되고, 경제난으로 인한 농업 원자재 생산 급락 등으로 식량 생산이 급감하였다.[8]

김정일이 집권한 직후인 1995년과 1996년 대홍수에 이어 1997년에는 가뭄과 태풍으로 북한의 농업은 큰 타격을 입었다. 그 기간에 연평균 식량 생산량이 400만 톤 이하로 급감하면서 매년 식량부족량은 150만~200만 톤에 이르렀다. 북한은 생산량과 농업 생산 기반을 조속히 복구하기 위해 노력하는 한편으로 자체적인 농업 및 경제 분야 개혁 조치들도 취했다. 1996년 시행된 새로운 분조관리제, 2002년 발표된 7.1 경제관리개선 조치들이 대표적이다. 이들 조치

---

5   「로동신문」. 2012년 4월 15일.

6   「로동신문」. 2023년 2월 8일.

7   북한은 1957년 11월 내각결정 102호 '식량 판매를 국가의 유일 체계로 할 데 대하여' 제정 이후 전면적인 식량 배급제를 실시해 왔다. 그러나 1980년대 들어와 '애국미' 명목으로 10%, '전쟁비축미' 명목으로 12% 감축 등 배급량을 줄여왔고, 고난의 행군 시기 들어 식량난이 겹치면서 특정 계층과 지역을 제외하고는 배급이 중단되었다. 「북한지식사전」 (통일교육원, 2016). pp. 294-297.

8   국립통일교육원. 「북한이해 2021」 (서울: 국립통일교육원, 2021). pp. 174-175.

는 사회주의 집단농업 생산체제를 고수하는 가운데 생산단위(분조규모) 축소, 생산물 처분의 자율성 증대 등 농업 생산증대를 위한 인센티브 제공 등을 담고 있다. 2003년경부터 농민시장을 종합시장으로 전환하고, 2005년 10월에는 고난의 행군 기간 무너진 식량배급제를 정상화하려는 시도를 보였다.

김정은 위원장 집권 직후부터 경제 전반에 대한 개혁적 조치가 추진되었다. 그 핵심에는 '우리식 경제관리방법'과 '사회주의기업책임관리제' 도입이 있다. 이를 농업 측면에서 보면, 협동농장의 계획, 조직, 재정운영, 판매 등 권한을 확대하는 한편, 설정한 목표는 책임지고 달성하도록 하였다. 또한 (기존의 분조제에서) 포전담당제를 도입하여 가족 중심의 영농이 가능하게 되었고, 초과로 생산된 농산물에 대한 현금 분배와 현물 분배가 가능해졌으며, 투입 노동의 양과 질에 따라 성과를 분배하는 새로운 사회주의 분배원칙이 강조되었다. 이러한 농업 개혁 조치는 '농장법' 개정을 통하여 제도화되었다.

2021년 개최된 제8차 당대회에서 국가경제발전 5개년 계획(2021-2025)이 발표되었다. 5개년 계획에서 농업부문의 전략적 과제로 "종자혁명, 과학농사, 저수확지에서의 증산, 새 땅 찾기와 간석지 개간, 농산과 축산, 과수의 발전, 농촌경리의 수리화, 기계화"가 제시되었다.[9] 그러나 지난 2016년 제7차 당대회에서 제시된 5개년 계획의 농업부문 과제와 비교해 보면 새로운 내용은 거의 찾아볼 수 없다.

조선노동당 중앙위원회(이하 당 중앙위) 제8기 제7차 전원회의가 2023년 2월 26일부터 3월 1일에 걸쳐 진행되었다. 전원회의는 2021년 12월 말 당 중앙위 전원회의에서 채택된 10년의 중장기적 농촌발전전략인 '새로운 농촌혁명강령'의 진행 상황을 점검하고 개선책을 마련하는 데 집중되었다. 전원회의는 '과학농사' 등 기존 방안을 다시 한번 강조했다. 또한 알곡 생산목표 달성, 농사지도 개선, 농촌 살림집 건설을 세부 과제로 제시했다. 아울러 재원 조달 의정을 추가하고 경제 전반의 난관을 시사하며 자력갱생과 중앙집권적 통제를 고수하겠다는 입장을 밝혔다. 이례적으로 전원회의가 끝난 후 당 중앙위 부장 리철만과 내각 부총리 겸 농업위원장인 주철규의 농업지도를 잘못한 데 대한 자기반성과 결의

9　「로동신문」. 2021년 1월 13일.

를 피력한 글이 노동신문에 실렸는데, 이는 북한 당국의 절박성과 농촌진흥 목표를 향한 험난한 여정을 말해주고 있다.[10] 한편, 2022년 12월에는 농장법 개정을 통해 "협동농장에서 생산한 양곡을 당국이 수매해 국영판매소에서만 팔게 했다. 이 조치 전까지 농민은 정부 수매분을 뺀 나머지를 시장에 팔았는데 이것이 금지됐다."[11]

북한은 식량문제 해결을 지속해서 강조해 왔지만, 핵무기 개발 등 국방 부문에 많은 자원을 배분하는 한편, 식량증산 부문에는 충분한 자원을 배분하지 않았다. 이는 종래의 '중공업 우선 발전 노선', 과거 김일성의 '경제·국방 건설 병진노선', 김정일의 '선군정치', '김정은의 '경제·핵 무력 건설 병진노선'에 따른 것이다. 식량증산을 위한 농사의 과학화, 수리화, 기계화 등은 여전히 목표로서 계속 제시되고 있다.

그림 7-1 북한 노동당 출판사와 만수대창작사의 새로운 선전화

출처: 2023.3.6.연합뉴스

---

10 정은미. "절박한 농업증산의 활로 찾기: 북한 제8기 제7차 당 전원회의 분석과 전망." 「On line Series」(통일연구원, 2023.3). pp. 2-4.

11 「조선일보」. 2023년 3월 10일.

2) 최근 북한의 식량 수급 상황

가. 북한의 국내 생산량과 외부 도입량

북한의 식량 생산량은 2000년 이후 뚜렷이 증가하기 시작했다. '고난의 행군' 기간인 1995~1998년 기간 연평균 식량 생산량은 363만 톤이다. 연평균 식량 생산량은 2001~2009년 기간 423만 톤, 2012~2022년 465만 톤으로 증가했다.

표 7-1 북한의 식량작물 생산량(1995~2022)

연도	식량작물 생산량(천톤)	증감률(%)
1995	3,451	-16.3
1996	3,690	6.9
1997	3,489	-5.4
1998	3,886	11.4
1999	4,222	8.6
2000	3,590	-15.0
2001	3,946	9.9
2002	4,134	4.8
2003	4,253	2.9
2004	4,311	1.4
2005	4,537	5.2
2006	4,484	-1.2
2007	4,005	-10.7
2008	4,306	7.5
2009	4,108	-4.6
2010	…	…
2011	…	…
2012	4,676	…
2013	4,806	2.8
2014	4,802	-0.1
2015	4,512	-6.0
2016	4,823	6.9
2017	4,701	-2.5
2018	4,558	-3.0
2019	4,640	1.8
2020	4,398	-5.2
2021	4,692	6.7
2022	4,505	-4.0

출처 : 통계청 북한통계포털 https://kosis.kr

한반도 보건의료, 생명을 살리는 담대한 도전

최근 10년간 연평균 식량 생산량은 고난의 행군기보다 약 100만 톤이 증가했다. 이러한 증가의 원인으로 북한의 자체적인 농업 기반 복구 노력, 식량작물 재배 면적 증가,[12] 농업 분야에서 실용정책 추진, 시장 활성화 등이 영향을 미친 것으로 보인다.

한편, 일반 주민의 식생활에 있어서 먹거리의 다양화가 나타나고 식품을 가공제조하는 경공업이 활성화 되었다. 정은이, 홍재환 외 등의 연구는 북한 주민의 식생활 수준이 양적·질적으로 나아졌으며 식품제조 가공 산업에 국산화가 진행되어 뚜렷한 성과가 나타나고 있다고 평가하고 있다.[13] 이는 북한이 2021년 채택한 '새로운 농촌혁명강령'에 따라 2022년부터 알곡 생산 구조를 기존의 벼와 옥수수에서 벼와 밀로 전환한 이유의 하나이기도 하다.

그러나 일정한 성과에도 불구하고 당초 계획에는 미치지 못하고 있다. 특히 핵 개발 지속으로 인한 국제사회의 대북제재, 코로나19, 기상 조건 등이 주요한 영향을 미친 것으로 보인다.

북한은 2021년 유엔 고위급정치포럼에 제출한 자발적국가보고서(VNR, Voluntary National Review)에서 2018년 곡물 생산량은 약 495만 톤으로 지난 10년 동안 최저치를 기록했는데, 생산감소의 주된 원인은 자연재해와 낮은 회복탄력성, 농자재 부족, 낮은 기계화 수준 때문이라고 설명했다. 북한은 2019년에는 지난 10년간 가장 많은 655만 톤을 생산했고, 2020년에는 태풍과 홍수로 인해 552만 톤으로 생산량이 줄었다고 보고했다. 동 보고서는 "2012년부터 시작된 대규모 개간사업은 2021년 4월 완성되어 서해안 홍건도와 용매도에 약 13,000 헥타르의 새로운 간석지가 만들어졌다"고 설명했다. 또한 보고서는 식량부족을 보완할 수 있는 "목축, 채소, 과일 재배와 어업의 지속 가능한 발전을 위해 상당한 노력을 하고 있다"고 언급했다.

---

12 북한의 경지면적은 소폭 감소했지만, 식량작물 재배 면적은 1995년 148.6만 헥타르에서 2021년 186.3만 핵타르로 약 25% 증가했다. 통계청 북한통계포털 https://kosis.kr.

13 한국농촌경제연구원. 「경제·인문사회연구회 협동연구 총서: 평화시대 한반도 농업통합 중장기 로드맵 수립 연구(2/5차년도)」. 2021.12. p. 31.

북한의 자체 곡물 생산량이 증가한 반면, 외부로부터의 식량 도입은 크게 줄어들었다. 특히, 2020년 초 발생한 코로나19로 인한 국경 봉쇄 등이 큰 영향을 준 것으로 보인다. 북한의 중국 및 러시아로부터의 식량 도입량은 2018년 25.6만 톤이었으나, 코로나19 봉쇄 직후인 2020년 17.2만 톤, 2021년 0.9만 톤, 2022년 13.7만 톤으로 크게 줄었다.[14]

표 7-2 북한의 식량 도입량(2018~2022)

구분	2018	2019	2020	2021	2022
대중,대러 식량도입량	25.6만 톤	43.6만 톤	17.2만 톤	0.9만 톤	13.7만 톤

출처 : 중 해관총서, 러 세관 자료

2022년 10월 이후 중국으로부터 식량 수입량이 증가하는 경향을 볼 수 있는데, 이는 최근 북한의 어려워진 식량 사정 등에 기인한 것으로 보인다. 중국 해관총서가 공개한 자료에 따르면 북한이 2023년 1월부터 3월까지 중국에서 수입한 곡물은 총 99,644톤에 달한다, 이 가운데 쌀은 76,120톤, 밀가루는 23,524톤이다.

표 7-3 북한의 최근 주요 곡물 수입량(2022.10~2023.03)

(단위: 톤)

구분	2022			2023		
	10월	11월	12월	1월	2월	3월
옥수수	-	-	-	-	100	-
쌀	16,450	30,172	17,344	10,573	18,785	46,762
밀가루	2,621	6,597	6,735	11,663	5,810	6.051

출처 : 中 해관총서

---

14 연도별 북한의 곡물 생산량 및 도입량(통일부 국회보고 자료).

북한 내 곡물 생산 및 수입량 감소를 반영하여, 장마당에서 거래되는 주요 곡물 가격은 상승한 것으로 보인다. 2023년 2월 현재 쌀의 1kg 가격은 5,717원(22년 4,817원)으로 전년 대비 약 19% 상승했으며, 옥수수 1kg 가격은 3,200원(22년 2,500원)으로 전년보다 약 28% 상승했다.

표 7-4 북한 장마당에서 거래된 쌀, 옥수수 가격(2021.02~2023.02)

기 간	쌀 1kg 가격(북한 원)	옥수수 1kg 가격(북한 원)
2023. 2월	5,717	3,217
2022.11월	6,092	2,800
2022. 8월	6,192	3,138
2022. 5월	5,338	2,833
2022. 2월	4,817	2,500
2021.11월	4,606	2,163
2021.8월	5,183	2,988
2021.5월	4,033	2,833
2021.2월	4,633	2,500

출처: 가격은 3개 지역(평양, 신의주, 혜산) 평균, 쌀 가격은 Daily NK, 옥수수 가격은 아시아프레스 물가 동향 참고

나. FAD와 FED 측면에서 본 북한 식량난

식량난은 식량의 생산·유통·구매 및 소비의 전 과정에서 발생한다. 북한 식량난의 원인과 현황을 정확히 알기 위해서는 어떤 단계에서 어려움이 있는지를 따져보는 것이 필요하다. 특히, 북한과 같이 아직 시장경제가 충분히 발전하지 못했고, 식량을 획득하는데 차별과 장벽이 존재하는 곳에서는 좀 더 자세히 과정을 보는 것이 필요하다.

노벨 경제학상 1998년 수상자인 인도 출신의 아마르티아 센(Amartya Sen) 교수는 기아가 단순히 식량 총공급량의 감소(Food Availability Decline, FAD) 때문에 발생하는 것은 아니라고 본다. 그는 기아 발생에는 공급 체계상의 문제, 분배에

서의 차별, 구매력의 약화 등 정치·사회·경제적인 요인들 때문에 취약계층의 식량 접근권의 약화(Food Entitlement Decline, FED)가 더 지배적인 변수로 작용한다고 주장한다.[15] FAD는 공급되는 식량 총량의 감소를 말하는데, 공급되는 식량의 총량은 국내 생산 + 외부 도입으로 구성된다. FED는 식량부족의 원인을 식량 생산량(또는 총량)보다 개인이 식량을 획득할 수 있는 권리 측면에서 접근한다. FAD 관점은 한 국가의 특정 지역이나 특정 계층에서 발생한 기아 현상을 설명하는 데 한계가 있다. FED 관점은 식량부족이 기근 원인의 전부라고 간주하지 않으며, 오히려 국가의 배급시스템과 시장교환으로 식량을 구할 수 있는 획득 권리의 보장에 실패했기 때문이라는 것이다.[16]

FAD 측면에서 보면, 2022년 북한의 곡물 생산량은 451만 톤으로 2021년보다 약 18만 톤이 감소했다. 2022년 북한이 중국·러시아로부터 도입한 식량은 13만 7천 톤 수준으로 2021년 중·러로부터의 식량 도입량 9천 톤보다는 늘었지만, 예년 수준에 비해 상당히 적은 편이다. 북한이 현재 가용한 식량은 국내 생산량(451만 톤)과 해외 도입분(13.7만 톤)을 합한 총 464만 7천톤 정도이다. 유엔 식량농업기구(FAO)는 2021년의 경우, 북한 인구(추정 2,590만 명) 1인당 연간 소비량 175kg[17]을 기준으로 북한 주민 소요량 454만 톤, 사료용 17.5만 톤, 종자용 21.3만 톤, 가공과 저장 기간 중 손실률 100만 톤을 고려하면, 총 식량 소요가 연 590만 톤 정도라고 평가하였다.[18] FAO의 연 식량 소요량과 비교하면 약 120만 톤 정도가 부족하다.

FED 측면에서, 먼저 일반 주민이 식량을 조달하는 창구인 약 400개가 넘는 종합시장의 활동을 점검할 필요가 있다. 코로나19로 인한 국경 봉쇄와 대외 물

15   허만호. "김정은 집권 10년과 북한 주민들의 식량권: Entitlement와 R2P의 관점에서." 「국제 정치연구」. 2022; 25(4): pp.61-63.

16   박성열·한지만·정원희. "북한의 식량 위기론 : 1990년대와 2020년대 사례 비교 분석 - FAD와 FED 접근법 중심으로-." 「통일인문학」. 2022; 91: pp. 5-6.

17   FAO 기준: 하루 소비량 480g/인, 하루 1700kcal.

18   GIEWS update(14 Jyune 2021), Food and Agriculture Organization of the United Nations, p. 5.

품 수입의 어려움 등의 상황에서도 종합시장은 정상적으로 기능하고 있다. 다만, 코로나19가 확산된 이후 종합시장의 운영시간을 단축하면서 주민들의 소득이 감소하는 한편 구입 경로도 축소되는 현상이 동시에 발생했다. 북한은 작년 가을부터 식량에 대한 당국의 통제를 강화하는 정책 기조를 시사한 바 있다. 김정은 국무위원장은 2022년 9월 8일 개최된 최고인민회의 시정연설에서 "양곡 수매와 식량 공급을 개선하는 것이 중요한 과업"이라고 언급했다. 이에 따라 협동농장에서 생산되는 양곡은 우선적으로 국가가 운영하는 '양곡 배급소'에 수매할 것을 강력히 권유하는 것으로 알려졌다. 이는 종합시장의 위축을 더욱 가속화 할 것으로 보이며, FED 측면에서 식량 획득에 다소나마 장애가 될 우려가 있다.

3) 현 북한의 식량 상황 평가: '고난의 행군' 시기와의 비교

FAD(총량) 측면에서 북한의 식량 사정이 어려웠던 1995년부터 1998년까지 4년 동안 연평균 식량 생산량은 약 362만 톤이다(표 7-5 참조). 동 기간 외부 도입량(수입과 원조 포함)은 연평균 116만 톤이다. 해당 기간 북한의 국내 생산량과 외부 도입량을 합하면 연평균 총 478만 톤 정도이다.

표 7-5   **북한의 식량 도입량(1995-1998)**

(단위: 만 톤)

연도	1995	1996	1997	1998
통계청 추산	96	105	163	103

출처 : 통계청

이에 비해 2019년부터 2022년까지 4년 동안 북한의 평균 식량 생산량은 456만 톤 수준이며, 동 기간 외부로부터의 곡물 도입량은 코로나19로 인한 국경 봉쇄 등의 영향으로 연평균 18.9만 톤 수준에 지나지 않는다. 지난 4년간 북한 국내 생산량과 외부 도입량은 평균 474.9만 톤 정도로, 고난의 행군 시절 식량 가용량과 큰 차이가 나지 않는다. 북한 국내 생산 측면에서는 지난 4년 동안 연평균 식량 생산량이 고난의 행군기보다 94만 톤 증가한 반면, 외부로부터의 도입 측면에서는 연평균 97만 톤이 감소한 결과이다. 현재까지 외부에 공개된 식량의 공급 총량 측면에서 본다면 북한이 어려움에 처해 있을 것으로 보인다.

FED 측면에서는 현재 국가의 공적인 식량 배급체계, 협동농장 및 국영농장의 생산과 분배 시스템이 정상적으로 작동하고 있다. 각급 공장과 기업소가 운영되고 있으며 노동자에 대한 임금 등을 지급하고 있다. 시장의 경우 전국에 400여 개 이상이 운영되며 일반 주민들의 식량 구입 창구로서의 역할을 하고 있다. 또한 물가도 과거에 비해 다소 올랐지만 일정한 수준을 유지하고 있다. 북한의 1990년대 중·후반 '고난의 행군'을 연구한 결과에 따르면 당시 기근은 총 공급 식량부족(FAD)보다는 식량 접근권의 약화(FED)가 원인임을 제시하고 있다.[19] 북한 당국이 1993년경 식량 배급을 '개인별 지급에서 직장 단위 지급'으로 바꾸었는데, 당시 다수의 직장(공장, 기업소) 가동률이 저조하여 사실상 식량을 배급할 수 없었다. 아울러 장마당이 활성화되기 이전에 식량이 거래되던 기존의 농민시장이 공급량 감소와 물가 폭등, 사회적 이동 제한 등으로 식량 공급 기능을 충분히 수행하지 못한 점이 주요 원인이 되었다.

논의와 연구 결과를 종합하면, 현재 북한은 식량 공급 총량(FAD) 측면에서 과거 고난의 행군 시기와 비슷하며, 위기에 처한 것으로 평가할 수 있다. 그동안 위기 시마다 식량을 공급해 왔던 중국이나 국제기구 등으로부터 지원이 없을 경우 기근 사태가 발생할 우려가 있다. 다만, 국가 배급체계와 시장에서의 식량 교환 획득력이 작동할 경우 1990년대 '고난의 행군' 시기와 같은 대기근이 초래되지는 않을 것으로 예상할 수 있다. 하지만, 북한 사회에서의 특정 지역 주민이나, 취약계층은 상당한 어려움을 겪고 있을 가능성이 높아 보인다. 북한이탈주민과의 최근 면담 결과에 따르면, 최근 아사자가 발생한 것으로 언론에 보도된 개성 등 대도시보다는 국경무역 등이 주된 수입원이었던 중국과 러시아 국경 인근 지역의 식량 상태가 더 취약할 것으로 보인다.[20] 2020년 1월 코로나19 사태 이후 북한의 국경 봉쇄 사태가 오랫동안 지속되고 있으나, 대도시 인근에는 현재까지 식량 배급이 지속되고, 시장에서도 식량을 구매할 수 있기 때문이다.

---

19 박성열·한지만·정원희. 앞의 논문. pp. 22-32.

20 북한이탈주민 면담: 2023년 3월 10일, 3월 17일.

❸ 3 역대 한국 정부의 대북 식량지원

　남북한 간에 최초로 식량을 지원한 것은 북한이다. 북한은 1984년 8월 말부터 9월 초 남한에서 홍수로 크게 피해가 발생하자, 9월 8일 북한적십자회 명의로 대한적십자사에 보낸 방송 통지문을 통해 쌀 5만 석, 천 50만 미터, 시멘트 10만 톤과 의약품을 보내기로 결정했다며, 대한적십자사가 적극적으로 협력해 줄 것을 요청하였다. 이에 따라 판문점에서 남북 적십자 간에 실무접촉이 개최되고 수재 물자의 인도와 인수 작업이 그해 9월 29일부터 10월 4일까지 이루어졌다.[21]

　북한은 1995년부터 수해와 태풍, 가뭄 등 자연재해가 연이어 발생하면서 식량부족 상황이 심해졌다. 하지만 이러한 심각한 상황이 외부에는 제대로 알려지지 않은 '조용한 기근'[22]이었다. 북한의 이성록은 1995년 5월 26일 일본 방문 시 일본 쌀의 대여를 요청하면서, 전제조건이 없다면 한국 쌀도 받겠다는 의사를 표명하였다. 우리 정부는 당일인 1995년 5월 26일 아무런 전제조건 없이 북한에 곡물을 제공할 용의가 있음을 표명하였으며, 이어 남북한 당국 간 북경회담이 개최되었다.[23] 김영삼 정부는 당시 '동포에 대한 인도적 견지'에서 식량지원을 결정하였다고 발표하였다. 정부는 동년 6월부터 10월까지 국내 쌀 15만 톤을 북한에 직접 전달하였다. 쌀 전달 과정에서 '인공기 게양' 사건 등으로 국내적으로 논란이 발생하였지만, 인도적 차원의 대북지원은 계속되었다. 한편, 북한 UN 대표부는 1995년 8월 23일 유엔인도지원국(UNDHA)에 수해 피해를 위한 긴급 구호를 요청하였고, 유엔아동기금(UNICEF)에도 5만 달러 상당의 콩을 지원해 줄 것을 요청하였다. 정부는 같은 해 9월부터 국제식량기구(WFP), 유엔아동기금(UNICEF) 등을

21　통일부. 「통일노력 60년 하늘길 땅길 바닷길 열어 통일로」 (서울: 다해출판사, 2005). pp. 110-111.

22　대북협력민간단체협의회. 「대북지원 20년 백서」 (2015.12). p. 38.

23　북한 리성록 국제무역촉진위원장은 1995년 5월 26일 일본 방문하여 여당대표단 면담시 식량난을 시인하면서 일본 쌀의 대여를 요청하였으며, 한국쌀도 "전제조건이 없으면 받겠다"는 의사를 표명하였다. 「통일백서 1995」. p. 240.

통해 대북 식량지원을 하였다. 한편, 민간 차원의 대북지원도 이루어졌다.[24]

김대중 정부는 취임사에서 정부와 민간이 합리적인 방법을 통해 북한에 식량을 지원하는 데 인색하지 않겠다고 천명하고, 정부 대북정책 추진 방향의 하나로 '북한 식량문제 해결을 위한 대북지원의 탄력적 제공'을 포함했다. 한편 "정부 차원의 대규모 직접 지원은 '상호주의'원칙하에 탄력적으로 전개해 나갈 것"이라고 밝힌 바 있다. 대북 포용정책 추진과 6.15 남북정상회담 등을 계기로 남북관계가 안정되면서 식량지원도 계속되었다. 남북한 당국 차원에서 식량, 비료 등을 지원하는 한편, 민간단체의 대북지원 활성화를 위한 '창구 다원화', 민간단체에 대한 '남북협력기금 지원' 등이 이루어졌으며, 국제기구 기탁을 통한 대북지원도 활성화되었다. 김대중 정부 기간 쌀 70만 톤(외국쌀 30만 톤)과 중국 옥수수 20만 톤이 지원되었다.[25]

노무현 정부에서도 전임 정부의 대북 포용정책을 계승한 '평화번영정책'에 따라 대북 식량지원은 계속되었다. 북한의 2005년 핵 보유 선언 및 2006년 10월 1차 핵실험에 따라 국제사회의 대북제재 등이 이어졌지만, 북핵문제를 해결하기 위한 국제적 노력과 함께 남북관계도 지속되었다. 노무현 정부 임기 동안 180만 톤(이 중 외국쌀 65만 톤)의 쌀이 북한에 지원되었다.[26]

이명박 정부는 인도적 대북지원을 '인도주의와 동포애적 차원에서 조건없이 추진한다'는 기본입장에 따라 민간단체와 국제기구를 통한 대북지원을 추진하였다. 그러나, 2008년 금강산 관광객 피살, 2009년 장거리로켓 발사와 2차 핵실험, 이에 대한 대북제재 등이 이어지면서 남북관계가 중단되었다. 2010년 3월 천안함 사건과 5.24 조치, 2010년 11월 연평도 포격사건 등으로 남북관계는 더욱 악화되었다. 미국 오바마 정부의 '전략적 인내(Strategic Patience)' 정책에 따른 미국 정부의 소극적 입장, 북한에서 김정일 위원장 사망 등으로 이명박 정부 임기 동안 대북 식량지원의 계기는 마련되지 않았다. 당국 차원에서 국내 쌀 5천

---

24   「통일백서 1995」.

25   「통일백서 2003」.

26   「통일백서 2008」.

톤이 지원되었다.

박근혜 정부도 정치문제와 구분하여 대북 인도적 지원을 추진할 방침임을 밝혔다. 특히 2014년 3월 28일 독일에서 '대북 인도적 지원 확대, 남북 민생 인프라 구축, 남북 간 동질성 회복' 등을 골자로 한 드레스덴 선언을 발표하였다. 하지만, 북한 핵 문제와 대북제재, 개성공단 폐쇄 등 남북관계 경색 등으로 대북 식량지원은 이루어지지 못했다. 공식적으로 인도지원 물품을 확대한다는 입장을 보였지만, 저장이 가능한 쌀, 밀가루 등 식량은 지원대상에서 제외되었으며, 당국 차원에서 식량이 지원된 바 없다.

문재인 정부는 북한 주민의 인도적 상황 개선 및 삶의 질 향상 차원에서 인도적 지원은 정치적 상황과 분리하여 지속 추진한다는 방침이었다. 북한의 평창 동계올림픽 참가와 남북정상회담 개최 등으로 남북관계가 개선되었다. 매년 편성되는 남북협력기금 예산에 북한 식량지원을 위한 예산이 반영되었으나, 그 기간 북한의 곡물 작황이 나쁘지 않았으며, 남북관계도 다시 경색되면서 실제로 대북 식량지원이 이루어지지는 않았다.

역대 한국 정부 차원의 대북 식량지원을 종합하여 보면 1995년 쌀 15만 톤을 시작으로, 쌀 256만 5천 톤, 옥수수 20만 톤이 지원되었다. 이 중 '식량차관 제공' 방식으로 이루어진 것은 쌀 240만 톤, 옥수수 20만 톤이며, 차관 규모는 7억 2,004만 달러 상당이다. 식량지원과 병행하여 비료도 지원되었다. 비료는 1999년부터 2007년까지 총 251만 5천 톤이 지원되었다.

정리하여 보면, 역대 한국 정부는 인도적 측면에서 식량을 지원하자는 데는 기본적으로 동의하였다. 그러나 실제 대북 식량지원에는 북한 당국의 식량지원에 대한 적극성 여부, 북한 핵 문제 및 북미관계, 남북관계 등이 중요 변수로 작용하였다. 북핵문제 해결을 위해 미국이 적극적인 태도를 보였을 때는 미국도 직접 북한에 식량을 지원하는 한편, 일본 및 국제기구를 통한 식량지원에 긍정적인 반응을 보였다. 그러나, 북한의 핵 개발이 가속화되고 미국이 오바마 정부 시기(2009-2017) 전략적 인내 정책을 펴는 한편, 우리 정부도 강경한 입장을 보였을 때 식량지원은 이루어지지 않았다. 북한의 대남 도발, 핵과 미사일 개발 등이 지속되는 가운데, 대북 지원식량의 군량미 전용, 분배 투명성에 대한 의혹, 북한 체제 강화

등으로 인한 부정적 여론도 실제 식량지원 결정에 영향을 주었다. 대북 협상 과정, 식량 인도 과정에서 발생한 사건들도 국내외 여론에 영향을 미쳤다.

한편, 북한은 2004년 UNOCHA의 합동지원 호소를 더 이상 수용하지 않을 것이라는 입장을 표명하였다. 그 이유로 북한은 9년 동안의 장기 긴급 인도적 지원으로 인한 지원 형태 전환의 필요성, 안보상 현장 접근 등 국제기구 요구 수용 곤란 등을 제시하였다. 2005년 9월 북한은 북한 내 인도적 지원 사업을 연내에 종결하고 인도적 지원에서 인프라 건설 등 개발지원으로 전환할 것을 요구하였다.[27]

북한에 대한 인도적 지원의 방향도 변화하기 시작했다. 북한의 식량 사정이 다소 안정되고, 북한 당국의 '개발지원' 요청 등에 따라 단순 식량지원에서 취약계층 영양지원, 의료지원, 개발협력 등으로 중점이 옮겨지기 시작했다.

 4 대북 식량지원 문제에 대한 검토

1) 대북 식량지원 필요성

북한의 식량부족 상황이 계속된다면, 북한 내에서도 상대적으로 취약한 계층이 피해를 볼 가능성이 클 것으로 보인다. 물론 일차적인 책임은 북한 당국에 있다. 북한 당국은 주민들의 생존에 필요한 식량을 조달하고, 이를 효율적인 시스템을 통하여 공평하게 분배하여야 한다. 그러나 북한이 충분한 식량을 공급하지 못하여 인도적인 어려움이 발생할 경우 남한도 북한의 식량난 해소를 위해 도와야 할 의무가 있다. 그 이유를 들어보면 다음과 같다.

국내법적 측면에서 본다면, 헌법 제3조 "대한민국의 영토는 한반도와 부속 도서로 한다"의 논리적 귀결로 북한 주민은 대한민국 국민으로 간주되고 있다. 그동안 정부는 남한에 정착하려는 북한이탈주민에게 일정한 절차를 거쳐 대한민국 국적을 부여하였다. 2019년 한국으로 귀순하려다 북한으로 강제 송환된 2

---

27   대북협력민간단체협의회. 「대북지원 20년 백서」(2015.12). p. 54.

명의 북한 어민 사례에서도 대다수의 국민이 공감한 입장이기도 하다. '북한인권법'은 2016년 3월 3일 제정되었는데, 동법 제2조는 국가에게 북한 주민이 인간으로서의 존엄과 가치를 가지며 행복을 추구할 권리가 있음을 확인하고 북한 주민의 인권 보호 및 증진을 위하여 노력할 책무를 부과하고 있다.[28] 동법 제8조와 북한인권법 시행령 제7조는 북한 주민의 생명 및 건강 보호, 재해 등으로 발생한 긴급한 위기 대처에 필요한 지원을 하기 위한 근거를 규정하고 있다.

남북관계 측면에서 조망해 보자. 남과 북이 합의·서명하고 각각 필요한 내부절차를 거쳐 1992년 2월 19일 발효된 '남북 사이의 화해와 불가침 및 교류협력에 관한 합의서'(이하 남북기본합의서)는 서문에서 남과 북의 관계는 "나라와 나라 사이의 관계가 아닌 통일을 지향하는 과정에서 잠정적으로 형성되는 특수관계" 즉 민족 내부관계임을 명시하고 있다. 남북기본합의서 제3장 남북교류협력의 이행과 준수를 위한 부속합의서 제15조에서 "남과 북은 인도주의 정신과 동포애에 입각하여 상대측 지역에 자연재해 등 재난이 발생할 경우 서로 돕는다"고 명시하고 있다. 비록 북한이 남북기본합의서 이행을 거부하고 있지만, 통일을 지향하는 우리는 같은 동포로서 식량부족 등 어려운 상황에 빠진 북한 주민들에게 적절한 도움을 제공해야 한다.

국제법적 측면에서 한국을 포함한 국제사회의 보호책임(R2P, Responsibility to Protect) 의무가 있다. 북한 당국이 북한 주민의 복지에 대한 일차적인 의무[29]를 다하지 못할 때 국제사회, 그중에서도 역사적·지리적으로 특별한 관계에 있는 남한에 차선적인 책임이 있음을 부인하기는 어렵다. R2P가 처음 사용된 2001년 R2P는 '대규모 재앙을 보호할 책임을 1차적으로는 주권국가가 지지만, 국제사회도 보충적인 책임을 진다는 시각을 내포하였다.[30] 다만, 유엔은 2005년 대량학살, 인종청소, 전쟁범죄, 반인륜적 범죄 등 4가지에 대해 국가의 보호책임

---

28 임예준·이규창. 「북한 재난협력 방안과 과제」 (서울: 통일연구원, 2017). pp.121-122.

29 북한도 가입한 유엔 '경제적사회적문화적 권리에 관한 인권 규약'(사회권규약) 제11조 2항에는 규약의 당사국이 '기아로부터의 해방을 위해 식량의 생산, 보존 및 분배의 방법을 개선할 것을 규정하고 있다.

30 서철원. "보호 책임의 내용과 법적 성격." 「법학논총」. 2012; 27: pp. 4-6.

(R2P)을 만장일치로 채택하였는데, R2P를 북한에 확대 적용하는 것에 대해서는 매우 조심스러운 접근이 필요하다는 의견도 있다.[31]

그림 7-2 북한 유치원 어린이들의 하루

출처: 2013.8.22. 유엔세계식량계획/https://ko.wfp.org/

그림 7-3 식량난에 산 정상까지 경작지로 활용하는 북한

출처: 연합뉴스

31 이신화. "국가실패와 보호책임(R2P)의 북한 적용가능성." 「한국정치학회보」. 2012; 46(1): pp. 274-276.

2) 대북 식량지원의 현실적인 어려움

북한이 국제사회의 반대에도 불구하고 핵 개발과 미사일 시험 등 도발을 지속하는 상황에서 사실상 대북 식량지원이 어렵다. 주민의 민생을 외면하고 많은 돈을 무기 개발에 쓰는 북한 정권의 행태에 대한 거부감 때문에 대북지원에 대한 국내 여론과 국제사회의 공감을 받을 수 없기 때문이다. 미국 랜드연구소(RAND corporation)는 북한이 ICBM 1발 발사하는 비용은 2000~3000만 달러에 달할 것으로 추정하였다. 통일부는 ICBM 1발 발사 예산이면 북한 취약계층 200~300만 명의 5개월분 식량(약 10만 톤)을 구입할 수 있다고 지적했다.[32]

또 하나의 어려움은 북한에 대한 유엔 및 국제사회의 대북제재이다. 엄격하게 대북제재 내용을 해석하면 식량을 포함한 인도적 지원은 제재의 범주에서 제외된다. 하지만, 예외로 인정받기 위해서는 유엔안보리 산하 대북제재위원회에 예외를 신청하여 인정받아야 한다. 유엔의 대북제재 예외 인정과 북한 당국의 사업 추진 동의를 받더라도 현실적인 장애요인이 있다. 인도적 사업 운영을 위한 최소한의 현금 이전, 인도 물품의 선박 운송 등이 매우 어렵기 때문이다. 미국의 독자 제재에 따라 북한 기항 선박·항공기는 180일간 미국 입항과 기착이 금지되는 한편, 대북 현금(특히 미국 달러) 거래도 불가하다. 한국의 독자제재도 북한 기항 외국 선박의 국내 입항을 1년간 금지하고 있다.[33]

북한은 국제기구 요원들의 현장 방문 및 모니터링을 사실상 거부하고 있는데, WFP를 포함한 국제기구는 현장에 대한 접근이 허용되지 않는 한 지원을 하지 않는다("No Access, No Aid")는 일관된 원칙을 견지하고 있다. 특히 코로나19 때문에 2021년 3월 WFP 북한사무소장 철수를 마지막으로 북한에 주재하던 국제기구 및 NGO에 근무하는 국제 요원은 없는 상태이다. 북한과 국제기구 간 모니터링 원칙에 합의가 없는 한 국제기구 요원들의 현장 복귀 및 식량지원은 이

---

32 「한국일보」. 2023년 3월 3일.

33 미국의 행정명령 13810호(2017년 9월 20일)에 따라 북한 기항 선박·항공기의 180일간 미국 입항과 기착이 금지된다. 한국의 독자제재(2016년 12월 2일)도 북한 기항 외국 선박의 국내 입항을 1년간 금지하고 있다. 이러한 여건을 반영하여 UNICEF는 북중열차 등으로 영양·보건·식수위생 물자를 지원중이다.

루어지기 어렵다.

아울러, 북한은 남북관계에 대한 불만 등을 이유로 남한 정부의 지원을 받는 국제기구 및 NGO의 인도지원을 거부해 왔으며, 이는 지금도 여전하다. 우리 정부는 대북지원을 위한 사업비로 2019년 WHO에 100만 달러, 2020년 WFP에 1000만 달러를 공여한 바 있으나 북한의 협조 거부로 실제로 집행되지는 못했다.

그림 7-4 김정은 핵 병기화 사업 지도

그림 7-5 김정은 딸과 화성- 12형 시찰

출처: 2023.1.2. 서울신문

3) 북한 식량문제 접근 방향: 중장기적 관점에서 해결 방안 모색

대북 식량지원의 타당성과 시급성은 인정되지만, 식량을 지원하는 것이 어려운 현재 상황에서 중장기적 관점에서 북한 식량문제 해결 방안을 모색하는 것이 바람직하다.

한반도 보건의료, 생명을 살리는 담대한 도전

우선, 북한의 취약계층 식량 지원 문제에 대한 국내 여론 및 국제적인 공감대 형성을 통해 사업 추진의 모멘텀을 만드는 것이 필요하다. 한국 정부가 평양에 사무실을 둔 국제기구(WFP, WHO, UNICEF, UNDP 등) 및 국내외 NGO 등과 교감을 갖고, 공감대 형성을 위한 모임을 주관하는 것이 좋겠다. 이 모임을 통해 현재 북한의 식량 사정을 평가하고, 지원 필요성과 현실적인 가능성, 북한의 호응 여부 등을 냉정히 따져보는 것이 좋겠다.

북한이 공식적으로 우리 정부가 지원하는 단체 및 국제기구 지원을 거부하고 있는 상황 등을 고려하여 만약 대외 공개 없이 지원하는 것이 가능하다면 이를 적극 고려하는 것도 바람직하다.

아울러, 북한이 우리나라와 국제사회의 대북 인도적 지원 제안을 받을 수 있도록 사안별, 계기별로 대북 제안을 계속하여야 한다. 한반도 인도 문제 해결 차원에서 남북한이 서로 배려할 수 있는 사안, 예를 들자면 남측의 이산가족 문제와 북측에 현재 필요한 지원을 함께 토의하는 계기를 마련하는 것도 좋은 방안이 될 것으로 본다.

중장기적으로는 북한이 농업 개혁 및 식량배급 체제 개편 등을 통해 필요한 식량을 자급할 수 있도록 돕는 방안도 필요하다. 남북 간 또는 국제기구와의 협력을 통해 북한의 농업 생산성을 높일 수 있도록 품종 개량, 자연재해 대응 등 전문성을 활용한 지원에 나서는 것이 좋겠다. 북한의 홍수 등 자연재해에 대한 대응 차원에서 산림협력 강화도 필요하다. 특히 산림복구는 북한도 많은 관심을 두고 있는 분야이다. 한편, 북한이 역점을 두고 있는 '간석지 개간사업'도 눈여겨볼 분야이다. 이는 김일성, 김정일 시대부터 내려오는 '대자연 개조구상'의 일환이다. 당 중앙위 제8기 제7차 전원회의는 '알곡 증산을 위해' 간석지 개간을 국가적으로 강력하게 추진하여야 할 또 하나의 중대사로 내세웠다.[34] 아울러, 북한의 문화 및 식생활 등 변화 추세에 맞추어 식량을 대체하는 영역인 축산, 수산업 분야의 협력도 차근히 준비해 나가는 것이 필요하다.

---

34 김정은은 "간석지개간사업에 큰 힘을 넣어 부침 땅을 늘려야 합니다."라고 언급한 바 있다. 「로동신문」, 2023년 5월 27일.

⊕5 맺음말

북한은 '고난의 행군' 기간 식량부족으로 많은 어려움을 겪은 이후 농업 및 경제 분야 정책 개선 등을 통해 연평균 곡물생산량을 평균 100만 톤 늘렸다. 아울러 식량배급제를 일부 복구하는 한편, 전국에 있는 장마당을 시장으로 합법화하여 식량의 유통과 배분을 돕는 조처를 했다. 그러나 대북제재와 코로나19로 인한 국경 봉쇄 등으로 외부의 지원이 줄어들면서 또다시 어려움에 처한 것으로 보인다. 공개된 자료에 근거하여 북한의 현 식량 수급 상황이 과거 '고난의 행군' 시기와 큰 차이가 없어 보인다. 국내 생산은 늘었지만, 대외 지원과 외부 도입이 줄었기 때문이다. 다만, 작년 10월 이후 중국으로부터 식량 도입이 늘고 있는 것은 긍정적 신호이다.

총량적으로 식량부족 상황이 계속된다면, 북한 내에서 상대적으로 취약한 계층이나 지역 주민이 피해를 볼 가능성이 클 것으로 보인다.

북한의 식량부족 사태는 오래된 문제이면서도 새로운 도전 과제이다. 북한의 국토 면적, 토양, 기후 등 환경적 제약 외에도 북한 당국의 정책적 우선순위와 자원배분 문제가 겹쳐 있다. 과거 북한이 국제사회에 식량지원을 공개적으로 요청하면서 알려지게 되었고, 우리와 미국, 일본, 유럽의 여러 국가와 국제기구가 식량문제 해결에 적극 동참하였다. 그러나 현재 북한에 대한 식량지원은 정책적으로 추진하기에 상당히 어려운 문제이다. 북한이 국제사회의 반대와 제재에도 불구하고, 핵무기와 미사일 도발 등을 계속하고 있으며, 외부의 식량지원도 거부하고 있기 때문이다.

물론 일차적인 책임은 북한 당국에 있다. 북한 당국은 주민에게 생존권 차원에서 생존에 필요한 최소한의 식량을 조달하고, 이를 효율적인 시스템을 통하여 공평하게 분배하여야 한다. 그러나 남한도 북한 식량문제를 해결하는데 진정성을 갖고 대응해야 한다. 인도적인 차원에서 한반도의 북쪽에 사는 민족 구성원의 안녕과 건강에 대한 배려와 고민이 있어야 한다. 식량지원은 북한 주민의 남한에 대한 적대감을 완화하고 긍정적인 관계를 만들어 가는 데 도움이 될 수 있다. 중장기적으로 남북이 화해하고 관계를 개선하는 데 기여할 것이다.

References

김규철. "북한 시장에서 거래되는 식량의 가격은 무엇에 영향을 받는가?." 「KDI 북한
    경제리뷰」. 2022년 3월호.

김석진·홍제환. 「국제 비교를 통해 본 북한의 생활수준」. 통일연구원. 2019.

김양희. "북한 식량권의 연구동향 및 과제." 「통일인문학」. 2014.12; 60.

대북협력민간단체협의회. 「대북지원 20년백서」. 2015.

도흥렬. "북한 농촌사회의 사회심리학적 이해-식량난의 파급효과-." 「농촌사회」. 2001;
    11(1).

「로동신문」

모춘흥·정병화. "북한과의 공생, 그 (불)가능성: 식량문제와 보건의료 실태를 중심으
    로." 「현대사회와 다문화」. 2019.6; 9(1).

문경연, "대북지원의 인간안보적 재해석." 「북한연구학회보」. 2010; 16(2).

박성열·한지만·정원희. "북한의 식량 위기론 : 1990년대와 2020년대 사례 비교 분석
    -FAD와 FED 접근법 중심으로-." 2022.9.

배성인. "북한 식량난으로 인한 대내외적 변화와 새로운 모색." 「국제정치논총」. 2000;
    40(1).

서철원. "보호책임의 내용과 법적 성격." 「법학논총」. 2012; 27: pp. 153-177.

숭실평화통일연구원. 「통일로 가는 새로운 길을 찾아서」. 2023.

윤기관 외. 「현대북한의 이해」. 서울: 법문사. 2004.

이신화. "국가실패와 보호책임(R2P)의 북한 적용가능성." 「한국정치학회보」. 2012;
    46(1).

임예준·이규창. 「북한 재난협력 방안과 과제」. 통일연구원. 2017.

정광민. 「북한 기근의 정치경제학: 수령경제·자력갱생·기근」. 시대정신. 2005.

정은미. "절박한 농업증산의 활로 찾기: 북한 제8기 제7차 당 전원회의 분석과 전망."
    「On line Series」. 통일연구원. 2023.

「조선일보」 등 국내신문

조충희. "1990년대 이후 북한의 축산업 변화 연구." 북한대학원대학교 박사학위 논문. 2023.

최은경. "분단이후 북한 식생활의 시기별 변화 연구." 이화여자대학교 대학원 박사학위 논문. 2019.

통계청. 「2021 북한의 주요통계지표」. 2021.

통일교육원. 「북한지식사전」.2016.
　　　　　「북한이해 2021」. 2021.

통일부. 「통일백서 95」
　　　　「통일백서 98」
　　　　「통일백서 03」
　　　　「통일백서 08」
　　　　「통일노력 60년 하늘길 땅길 바닷길 열어 통일로」. 2005.

통일연구원. 「남북 민생협력의 효율적 추진방안: 추진체계, 사업기획 및 성과관리」. 2021.

한국농촌경제연구원. 「경제·인문사회연구회 협동연구 총서: 평화시대 한반도 농업통합 중장기 로드맵 수립 연구(2/5차년도)」. 2021.12.

허만호. "김정은 집권 10년과 북한 주민들의 식량권: Entitlement와 R2P의 관점에서." 「국제정치연구」. 2022; 25(4).

홍제환·김석진·정은미. 「북한 민생 실태 및 협력 방안」. 통일연구원. 2018.

「Country Office Annual Report 2022, Democratic People's Republic of Korea(north Kotrea)」. unicef.org

DPRK. *Democratic People's Republic of Korea Voluntary National Review on the Implementation of the 2030 Agenda 2021*, 대북협력민간단체협의회 역, 『조선민주주의인민공화국 지속가능한 발전을 위한 2030 의제 이행에 관한 자발적 국가 검토 보고서』. 2023.

「The State of Food Security and Nutrition in the World 2022. Repurposing food and agricultural policies to make healthy diets more affordable」. FAO.

IFAD. UNICEF. WFP and WHO. 2022.

「Undernourished and Overlooked: A Global Nutrition Crisis in Adolescent Girls and Women. Data Tables」. UNICEF Child Nutrition Report Series. 2022. UNICEF. New York, 2023.

북한 의학학술지
<조선의학> 수록 논문 목록
2012년 1호~2023년 4호

북한 의학학술지 <조선의학> 수록 논문 목록
2012년 1호~2023년 4호

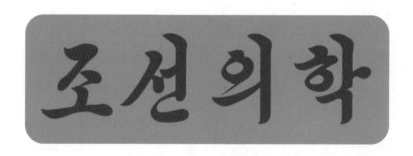

* <조선의학>지는 1954년에 창간되어 계간지로 과학백과사전출판사에서 발간되는 북한의 대표적인 의과학 전문학술지임. 1997년까지는 <주체의학>으로 발간되었음. 북한 의과학계 연구논문들을 1편에 1~2면 정도로 간단하지만 원저를 게재함. 북한 자체의 의과학적 발전을 목적으로 하고 있음. 북한의 의과학 연구 동향을 파악하는 데 가치 있고 유용함. 북한이 대외 공개하는 의과학 학술지로는 이외에 <예방의학>, <기초의학>, <내과>, <외과>이 있고, 2020년에 종간된 <고려의학> 등이 있음.

* 여기에 수록된 논문 목록은 2012년 1호부터 2024년 4호까지 수록하고 있으며, 주로 학술논문 중심으로 한 바 권두언이라 통칭하는 일부 글과 단신 글 등은 일부 제외함. 저자, 논문명, 발간 연도 호수, 페이지를 순서대로 수록하고 있음.

〈조선의학〉 2012년 1호

†김명일, 김영철, 「본태성고혈압환자들에 게서 심박변동지표들의 일내변동에 대한 림상적연구」 2012;1:7-8

†리상일, 정금철, 「방사선치료를 받은 자 궁경부암환자들의 예후와 자궁강내쪼임 및 화학료법의 효과성에 대한 연구」 2012;1:9-12

†전광혁, 김영애, 「망막정맥페색증의 형광 조영상특징을 밝히기 위한 림상적연구」 2012;1:12-13

†최은주, 김용훈, 「초탄성티탄-니켈합금호선을 구강교정에 쓰기 위한 연구」 2012;1:14-15

†윤강진, 장광선, 「화상성패혈증모형에서 간대사지표값들의 변화를 밝히기 위한 연구」 2012;1:15-16

†장은정, 문성철, 「간장애에 의한 콩팥기능지표값들의 변화를 밝히기 위한 연구」 2012;1:17-18

†리경일, 김승식, 「족삼리혈자극때 건강한 사람과 만성위염환자의 원혈맥동변동에 대한 연구」 2012;1:18-20

†윤충일, 한명희, 「암로디핀과 메토프롤롤 병합료법이 고혈압에 미치는 영향을 밝히기 위한 림상적연구」 2012;1:21-22

†김정우, 강응권, 「임신성고혈압때 혈액면역복합물과 호중성백혈구탐식기능에 대한 연구」 2012;1:22-23

†문미화, 「요천신경근염의 발병동태와 그의 의학기상예보체계수립을 위한 연구」 2012;1:23-25

†리영묵, 김혜정, 「산분비기능을 보고 위의 로화기를 판정하기 위한 림상적연구」 2012;1:25-26

†박철민, 지충사, 「간절제용물분사식수술칼을 림상에 적용하기 위한 연구」 2012;1:26-27

†박현철, 리승익, 「조류독감비루스(H5N1) 정제농축항원의 반응성과 면역원성에 대한 림상적연구」 2012;1:28-29

†김영철, 「페염의 발병동태와 그의 의학기상예보체계수립을 위한 연구」 2012;1:29-30

†전위, 김상훈, 「건강한 사람들에게서 장음의 음향학적특성에 대한 연구」 2012;1:30-31

†김호일, 고명진, 「으아리신석물약이 뇨관결석증에 미치는 영향에 대한 림상적연구」 2012;1:32-33

†최영호, 장철만, 「뜸 및 파라핀자극료법으로 심상성건선을 치료하기 위한 연구」 2012;1:33-34

†김은옥, 김승철, 「간경변증때 콩팥의 형태학적변화와 말초혈류분포상태를 밝히기 위한 연구」 2012;1:34-35

†김은주, 최순옥, 「기도알레르기질병때 몇가지 곰팽이감작상태에 대한 연구」 2012;1:35-36

†전금철, 김영준, 「종달온천에 의한 전신운동욕이 류마치스성관절염에 미치는 영향에 대한 연구」 2012;1:37-38

†최현기, 장철석, 「만년버섯다당간염주사약의 방사선보호효과에 대한 연구」 2012;1:38-40

†박철성, 염동윤, 「사람골수간엽성줄기세포의 분리배양과 연골세포에로의 유도분화에 대한 연구」 2012;1:40-42

†석영일, 최혁준, 「사철쑥정유를 외음부가려움증에 쓰기 위한 연구」 2012;1:42-43

†선우태선, 리광훈, 「진행기위암근치술후 호중성백혈구/림파구값의 변화를 밝히기 위한 연구」 2012;1:43-44

†장정현, 배재선, 「웃턱제1큰어금이의 원심이동에 대한 연구」 2012;1:44-45

†권명선, 김학철, 「악성림파종환자들에 대한 항암약, 면역료법병합이 몇가지 혈액검사지표값들에 미치는 영향」 2012;1:46-47

†김성철, 정원분, 「야간구급입원기준과 구급입원수요에 대한 연구」 2012;1:47-48

†전상범, 김순옥, 「약용활성탄의 창면피복효과에 대한 연구」 2012;1:48-49

†김명철, 김용길, 「BP신경회로망에 의한 위암집단검진지원체계확립에 대한 연구 (외 6건)」 2012;1:49-50

†홍영진, 최철진, 「수술후 절제위에서 약물내성유문라선균을 검출하기 위한 연구」 2012;1:51

†김영남, 윤희준, 홍억, 「낮은 염소농도유지에 의한 랭각탑수소독에 대한 연구」 2012;1:52-53

†김춘란, 김형훈, 「ADRB2유전자다형으로 기관지천식의 중증도를 평가하기 위한 연구」 2012;1:53-54

†남정혁, 오인택, 「D8S1179유전자자리의 다형성에 대한 연구」 2012;1:54-55

†리은복, 신영옥, 「복부초음파와 위내시경검사를 병합하여 급성위점막병변을 진단하기 위한 연구」 2012;1:56

†심철, 「글루코자민주사약이 몇가지 혈관반응성인자들에 미치는 영향에 대한 연구」 2012;1:57

<조선의학> 2012년 2호

†리용민, 리진희, 「임신성고혈압때 혈압률동형에 관계하는 몇가지 인자들에 대한 림상적연구」 2012;2:3-4

†오귀화, 공재호, 「어린이대변에서 분리된 Oxalobacter Formiggenes의 몇가지 생물학적성상에 대한 연구」 2012;2:4-5

†마금철, 조광호, 「저침습성심장도달법에 의한 심장판막증의 외 거치료에 대한 림상적연구」 2012;2:6-7

†김영락, 김춘국, 「림포카인활성화살상(LAK)세포배양에 미치는 몇가지 인자들의 영향에 대한 연구」 2012;2:7-9

†김은철, 장옥주, 「다중PCR에 의한 유전자전이동물검출용 2가지 유전자 조절배렬들의 동시검출확립에 관한 연구」 2012;2:9-11

†김은옥, 김승철, 리근수, 「간경변증때 콩팥혈류변화에 대한 트리플렉스도플러학적연구」 2012;2:11-13

†김은주, 리영선, 리혜경, 「몇가지 식품알레르겐생산조건이 피내반응에 미치는 영향에 대한 연구」 2012;2:13-14

†김상배, 김제진, 「분물길질병에 대한 역학적 연구」 2012;2:15-16

†조종철, 「동요흉벽의 발병동태에 대한 림상적연구」 2012;2:16-17

†최광남, 박순옥, 「다기능불활제《청생》주사약이 고지혈증에 미치는 영향에 대한 연구」 2012;2:18-19

†김수향, 강원혁, 「급성출혈성취장염때 뇌수조직의 변화를 밝히기 위한 실험적연구」 2012;2:19-20

†방성철, 주순희, 로경희, 「풍진비루스의 배양에 대한 기초적연구」 2012;2:20-21

†박영희, 김옥, 서강설, 「극초단파-반도체레이자병합치료법으로 급성부고환염을 치료하기 위한 림상적연구」 2012;2:22-23

†지영심, 「니그로신의 단백질정량조건을 확정하기 위한 연구」 2012;2:23-24

†홍억, 윤희준, 「세균려과종이에 의한 공기시료채취방법에 대한 연구」 2012;2:24-25

†김광혁, 김창렬, 리영진, 「유선증환자들에게서 성스테로이드호르몬들의 분비동태에 대한 연구」 2012;2:26

†리정암, 백원철, 「웨블레트해석에 기초하여 수면시무호흡을 검출하기 위한 연구」 2012;2:27-28

†정호철, 전배혁, 「자성나노립자분산액이 흰생쥐장기조직의 철함량에 미치는 영향에 대한 연구」 2012;2:28-29

†송영영, 김기성, 「뇌경색급성기때 주요기능 및 심박변동지표들에 대한 연구」 2012;2:29-30

†한영애, 예정순, 「혼합배양기-011에 대한 연구」 2012;2:31

†박정현, 김영준, 「한증을 병합한 은률온천의 변온자극욕치료가 자률신경장애회복에 미치는 영향에 대한 연구」 2012;2:32-33

†태철운, 리송, 박재영, 「PMGT료법으로 뇌경색을 치료하기 위한 림상적연구」 2012;2:33-34

†김정애, 조신옥, 운혜옥, 「만성간염과 윌슨병때 혈액속세룰로플라즈민활성과 오줌속동배설량에 대한 연구」 2012;2:35-36

†고동남, 정녀선, 「안면부피부암의 빛력학치료에 대한 연구」 2012;2:36-37

†김현종, 김진수, 「자기골수단핵세포이식료법으로 말초혈관질병을 치료하기 위한 연구」 2012;2:37-38

†전금성, 「골수간엽성줄기세포가 CO중독모형흰쥐의 생존률과 외조직 ATP, MDA 함량에 미치는 영향」 2012;2:38-39

†안연경, 우성훈, 「세멘트리용인공대퇴관절치환술때 골두부 해면질뼈를 골수강마개로 쓰기 위한 연구」 2012;2:39-40

†리원철, 김철남, 「뇌혈관성질병때 혈청, 오줌에서 몇가지 양이온들의 변화동태를 밝히기 위한 연구」 2012;2:40-41

†유영철, 리성국, 「경막하혈종의 보존적회복치료때 혈종의 흡수기간과 하루흡수예측량에 대한 연구」 2012;2:42

†야혜경, 하수길, 「재조합E형간염비루스항원의 정제에 대한 연구」 2012;2:43

†김금동, 「륜곽강조와 계조처리를 배합한 대조도특성개선이 렌트겐투시화상의 질에 미치는 영향에 대한 연구」 2012;2:44

†최민, 권명선, 「악성림파종때 화학, 면역료법병합에 대한 림상면역학적연구」 2012;2:45

†박준일, 김윤수, 「글리벤클라미드와 류산아연병합으로 II형당뇨병을 치료하기 위한 림상적연구」 2012;2:45-47

†김철, 강원혁, 「최대운동부하가 급성취장염에 미치는 영향에 대한 실험적연구」 2012;2:47-48

†리명혁, 「폴리비닐알콜(PVA)거품수지해면을 지혈재료로 쓰기 위한 연구」 2012;2:48

†곽장철, 김문선, 박명준, 「골편누름장치가 달린 접철식창외고정기로 하퇴골편성골절을 치료하기 위한 림상적연구」 2012;2:49

†리영일, 조명철, 「나이가 많은 사람들의 고혈압에 대한 치료」 2012;2:50-51

†김선희, 김금주, 「갓난아이 및 젖먹이어린이에게서 나타나는 비타민K부족증에 대하여」 2012;2:51-53

†최호남, 「체액의 산, 염기평형과 페의 역할」 2012;2:53-54

†허영일, 「대퇴의족접속부의 적합과 제작에 대하여」 2012;2:54-55

†리영남, 정광, 「신경줄기세포이식의 가능성과 전망」 2012;2:55-56

〈조선의학〉 2012년 3호

†고영준, 「병원건설과 관리운영에서 보건의학적요구를 구현하기 위한 강령적지침을 마련해주시여」 2012;3:2-3

†태용철, 김영철, 「잘 낫지 않는 위십이지장궤양을 항균약에 의한 1차 및 2차료법으로 치료하기 위한 연구」 2012;3:4-6

†김성현, 「간경변증때 색도플러초음파에 의한 간표층혈관순환동태에 대한 연구」 2012;3:6-7

†김성철, 리설향, 「당뇨병위험점수표를 작성하기 위한 연구」 2012;3:8-9

†석남주, 「국소관류료법으로 턱얼굴부화농성염증을 치료하기 위한 림상적연구」 2012;3:9-11

†박일영, 박관욱, 「심장초음파단층도상에서 좌심방과 좌심실에 대한 초음파해부학적연구」 2012;3:11-12

†김남훈, 리경옥, 「케타민이 감염성쇼크흰쥐의 평균동맥압과 심장박동수에 미치는 영향에 대한 연구」 2012;3:13-14

†조종철, 「다발성륵골골절 및 동요흉벽때 모르핀과 부피바카인에 의한 지속경막외마취를 적용하기 위한 림상적연구」 2012;3:14-15

†김승근, 윤경일, 「취장수동술후 십이지장내가압산소주입과 옥실합제-대황수병합료법으로 괴사성취장염을 치료하기 위한 림상적연구」 2012;3:16-17

†동향미, 김정애, 「십이지장위역류가 동반된 만성위염을 항균약과 고려약복합료법으로 치료하기 위한 림상적연구」 2012;3:18-19

†오수련, 김익순, 「피루빈산이 간재생에 미치는 영향에 대한 실험적연구」 2012;3:20

†리영선, 김은주, 리혜경, 「알레르겐제조방법을 개선하기 위한 연구」 2012;3:21-22

†김은주, 「기도알레르기질병때 몇가지 세균감작상태를 밝히기 위한 연구」 2012;3:22-23

†최광순, 김철호, 「임신말기 정상임신부에게서 하루혈압률동에 대한 림상적연구」 2012;3:24-25

†김현철, 조현철, 「패혈증성 및 비패혈증성 다장기장애때 실질장기간질성염증의 형태학적차이에 대한 실험병리학적연구」 2012;3:25-26

†박창혁, 장문남, 「만성골수염수술후 강동 및 뼈결손부에 린산칼시움콜라겐 복합인공뼈이식과 이산화염소수지속관류료법을 적용하기 위한 림상적연구」 2012;3:27-28

†김승도, 부성인, 「디클로페나크나트리움눈약의 항염증효과에 대한 실험적연구」 2012;3:29-30

†리경일, 최향숙, 「흉골좌연짧은축단면에서 우심실과 좌심실의 초음파해부학적 비교연구」 2012;3:30-31

†류경복, 「안과령역에서 깊이시력평가에 대한 연구」 2012;3:31-32

†한창혁, 김광명, 「다공성도관을 리용한 륵막액지속배액법으로 삼출성륵막염을 치료하기 위한 림상적연구」 2012;3:32-33

†리은별, 리철용, 「염산아닐린-수자식장치 결합방법으로 당화혈색소의 정상기준값을 측정하기 위한 연구」 2012;3:33-34

†황봉순, 최복순, 리호빈, 「줄기세포검정에 대한 실험적연구」 2012;3:34-35

†리경혜, 차철호, 「기관지천식을 치료하기 위한 림상적연구」 2012;3:35-36

†우순옥, 리명권, 「일부 장기암때 심박변동지표에 대한 연구」 2012;3:36-37

†김순학, 박광남, 홍성호, 「부피바카인요부경막외마취로 무통해산을 하기 위한 림상적연구」 2012;3:37-38

†최철명, 김영숙, 「혈괴에서 게놈DNA분리와 아포B유전자신호펩티드령역의 삽입/결실 다형분석방법을 확립하기 위한 연구」 2012;3:38-39

†리용민, 리진희, 「임신성고혈압때 고압면적지수의 변화에 대한 림상적연구」 2012;3:40-41

†방남기, 김동철, 「미주신경의 전기전도특성에 대한 실험적연구」 2012;3:41-42

†방효숙, 「적혈구의 천연면역기능에 대하여」 2012;3:43-44

†정국철, 정원철, 「병원체가 항감염면역을 도피하는 기전에 대하여」 2012;3:44-46

†김선영, 오중범, 「간지스토마증의 치료에 대하여」 2012;3:46-47

†김현, 최달범, 「계렬탐침법에 의한 여러가지 약제내성결핵의 분자적진단」 2012;3:47-49

†림태일, 림옥, 「수지상세포와 암치료에서 그의 리용」 2012;3:49-50

†김정철, 김승일, 「고려시기 의학고전 ≪향약간이방≫에 대하여」 2012;3:50-51

†조명철, 리정렬, 「허혈성심장병을 합병한 고혈압의 약물치료에 대하여」 2012;3:51-52

†동원일, 정윤경, 「혈액투석에서 뇨소동태와 치료지수 Kt/v에 대하여」 2012;3:52

†장수복, 구관영, 「앙기오텐신감수체차단약의 콩팥보호작용」 2012;3:53

†허영일, 장철석, 「의족의 발전력사와 전망에 대하여」 2012;3:53-54

†선우태선, 리광훈, 「암수술후 재발전이 및 예후평가방법에 대하여」 2012;3:54-55

†황용철, 「입냄새의 원인과 그 예방대책」 2012;3:56

〈조선의학〉 2012년 4호

†류혜성, 김용식, 「포유동물세포에서 β-gal보고유전자를 발현하는 재조합바쿨로비루스를 만들기 위한 연구」 2012;4:5-6

†김미경, 리원철, 김일수, 「사람과립구대탐식구무지자극인자성숙유전자를 합성하기 위한 연구」 2012;4:6-7

†리철호, 백린걸, 「활성탄에 의한 장흡착료법이 위장관계통에 미치는 영향에 대한 연구」 2012;4:8-9

†정성근, 리순영, 「구렝이면역부활주사약으로 건선을 치료하기 위한 림상적연구」 2012;4:9-10

†리영철, 김승철, 「간경변증 복강동맥피흐름상태에 대한 임풀스도플러학적연구」 2012;4:10-11

†김성진, 안양, 「위암수술후 면역화학료법때 일부 면역기능의 변화를 밝히기 위한 림상적연구」 2012;4:11-12

†변승진, 변명성, 「암용아미노산수액과 5-Fu를 병합하여 위암을 치료하기 위한 림상적연구」 2012;4:12-13

†정치훈, 전인옥, 「감염성뇨로결석증의 원인균과 항생제감수성에 대한 연구」 2012;4:14-15

†고은철, 김용훈, 「콤퓨터모의에 의한 구강교정치료의 림상적효과성에 대한 연구」 2012;4:15-16

†김학민, 박승기, 박준일, 「당귀륙황엑스싸락약으로 철부족성빈혈을 치료하기 위한 림상적연구」 2012;4:16-18

†최유철, 「화침료법으로 류마치스성관절염을 치료하기 위한 림상적연구」 2012;4:18-19

†김성일, 박춘근, 「당귀진통피막알약으로 당뇨병성말초신경장애를 치료하기 위한 림상적연구」 2012;4:19-20

†한대선, 「시체보존에 대한 연구」 2012;4:20-21

†김강진, 조영덕, 「흰쥐새끼뇌수에서 신경줄기세포의 분리와 배양에 대한 연구」 2012;4:22-23

†최광춘, 박은철, 「Q-스위치화된 루비레이자로 로인성색소반을 치료하기 위한 연구」 2012;4:23-24

†박성현, 장영석, 「부정맥자동진단에서 상관법으로 상실성기외수축과 심실성기외수축을 감별하기 위한 연구」 2012;4:25-26

†최철민, 리현매, 「PCR-RFLP법으로 apoE유전자형을 검사하기 위한 연구」 2012;4:26-27

†김성철, 「항응고 및 섬유소용해제가 혈행성암전이모형흰생쥐의 연명률에 미치는 영향」 2012;4:27-28

†박승일, 김세준, 신철수, 「태줄피백혈구 피내주입에 의한 임신초기습관성류산 치료때 피부발적면적과 임신유지효과에 대한 연구」 2012;4:28-29

†김명근, 한배춘, 「구강내암성질병때 식물성적혈구응집소에 의한 피부반응의 변화에 대한 림상면역학적연구」 2012;4:30-31

†리동훈, 차혜영, 림광철, 「새로운 말초신경흥분성평가지표인 탈분극전기량의 진단적의의에 대한 연구」 2012;4:31-33

†리석일, 장영섭, 「타액중아미노이전효소 활성과 육체적부담과의 관계에 대한 연구」 2012;4:34-35

†김철민, 리재문, 「관동맥약물용출스텐트 의 효과성에 대한 연구」 2012;4:35-36

†최철명, 리현매, 「고지혈증환자들에게서 apoB유전자신호펩티드령역의 삽입/결실(Ins/Del)다형에 대한 연구」 2012;4:36-38

†석남주, 「4믹스막으로 아프타성궤양을 치료하기 위한 림상적연구」 2012;4:38-39

†정원철, 석철, 정국철, 「갑상선중독증모형동물의 일부 장기조직손상에 미치는 오존의 영향」 2012;4:39-40

†김령, 김은주, 「삼산화비소(As2O3)가 종양세포의 증식과 산화적스트레스지표에 미치는 영향」 2012;4:40-41

†남명선, 문상미, 「명반버드나무껍질복방물약을 염증성질병에 쓰기 위한 실험적연구」 2012;4:41-42

†문상미, 백경림, 「은행잎찐나리진알약을 허혈성뇌질병치료에 쓰기 위한 연구」 2012;4:43-44

†심대철, 김태순, 리성국, 「MRI조영제 마그네비스트-R에 대한 연구」 2012;4:44-46

†최수련, 리대철, 「혈청항T항체측정조건의 확립에 대한 연구」 2012;4:46-48

†계광혁, 김영금, 리명혜, 「신속임신진단키트제조에 대한 연구」 2012;4:48-49

†한윤수, 김순철, 안명성, 「타액선의 다형성선종의 재발과 악성화에 대한 림상적연구」 2012;4:50

†정향숙, 「기능성소화불량증환자들에게서 위전도와 림상응용」 2012;4:51-52

†곽성혁, 최철, 「궤양성대장염의 내시경적진단」 2012;4:53

†안천성, 차영수, 「만성콩팥질병(CKD)때 고혈압의 발생기전과 대책」 2012;4:54-55

†리남희, 「소장세균과증식」 2012;4:56

†리정애, 김광박, 「자궁조직중 메트로니다졸미량정량방법에 대한 연구」 2012;4:33

†안호익, 신동식, 「혼합타액의 마이크로전기량측정값과 위액분비능과의 호상관계에 대한 연구」 2012;4:57

<조선의학> 2013년 1호

†리승미, 김봄순, 「포마모유영양차로 산후유선염을 치료하기 위한 연구」 2013;1:7-8

†리정애, 김광박, 김남호, 「질강안 메트로니다졸직류이온도입조건이 혈액과 타액, 자궁조직중메트로니다졸농도에 미치는 영향」 2013;1:8-10

†주문영, 박현성, 「유선증병변의 진전때 유관내상피세포 단순성, 이형성증식에 대한 림상병리학적연구」 2013;1:10-11

†하남희, 로경란, 「갱년기 성기출혈때 자궁내막의 병변에 대한 병리학적연구」 2013;1:11-12

†문성옥, 리수민, 「고혈압과 미량알부민오줌증과의 관계를 밝히기 위한 연구」 2013;1:13-14

†김명철, 로문영, 「위암집단검진에 위암2차선별지원체계를 리용하기 위한 연구」 2013;1:14-15

†김혁철, 라문걸, 「뇌혈전때 고감도C반응단백의 변화동태에 대한 연구」 2013;1:15-16

†김진옥, 정귀성, 「콜히친내성세포그루 ≪평95/콜히친-2≫를 만들기 위한 연구」 2013;1:16-17

†박철혁, 최영호, 박춘혁, 「침자락부항과 마늘찜질료법으로 대상포진을 치료하기 위한 림상적연구」 2013;1:18-19

†리만우, 김석송, 「세포 및 미소순환측정체계에 대한 연구」 2013;1:19-20

†강철학, 명금선, 「극동-해동-세척적혈구의 생물학적안정성에 대한 연구」 2013;1:20-21

†최정환, 리영철, 「포도알균공동응집반응에 의한 항혈소판항체검사의 실험적연구」 2013;1:21-22

†제경일, 김광현, 「배장근에서 부하에 따르는 몇가지 근진동분석지표값들의 변화동태」 2013;1:22-23

†리상봉, 양봉길, 「신경영양혈관피부편이식술을 림상에 적용하기 위한 연구」 2013;1:23-24

†림유철, 김원성, 「MRI화상을 리용한 간의 3차원구조모형작성과 유기체류사성검토에 대한 연구」 2013;1:25-26

†김춘섭, 「메틸렌천에 의한 혈액과산화지질측정방법확립에 대한 연구」 2013;1:26-27

†김성혜, 장지식, 「염화나트리움-류산동에 의한 혈청교질반응검사법확립에 대한 연구」 2013;1:27-28

†리은별, 리철용, 「염산아닐린에 의한 혈당측정방법의 정확성 및 상관관계에 대한 연구」 2013;1:29-30

†박성, 박승남, 「간세포암에서 p16유전자의 변이률에 대한 연구」 2013;1:30-31

†리향춘, 김광호, 「탁솔나노리포솜의 체내안정성에 대한 연구」 2013;1:31-32

†리영진, 리명호, 「중증화상모형동물에게서 락툴로즈와 만니톨경구주입후 오줌배설동태에 대한 연구」 2013;1:32-33

†최은희, 김철희, 「몇가지 단백질결합 색소들의 특성을 밝히기 위한 연구」 2013;1:33-34

†리원철, 박철남, 「산지에 따르는 돌꽃뿌리의 항산화활성에 대한 연구」 2013;1:34-35

†마정남, 리명호, 「글루타민산나트리움지속주입이 일부 장기조직의 생화학적지표와 그에 미치는 몇가지 식용성분들의 영향에 대한 연구」 2013;1:35-37

†임동혁, 리은숙, 「정향복합균영양싸락약의 폐암과 에를리히복수고형암증식억제작용에 대한 실험적연구」 2013;1:37-38

†강명철, 「저주파임풀스자극이 자발운동량에 미치는 영향에 대한 실험적연구」 2013;1:38-39

†김찬혁, 맹유경, 「어린이윌슨병환자들에게서 나타나는 몇가지 림상적특성에 대한 연구」 2013;1:39-40

†김광혁, 장길정, 「중완혈침자극이 여러가지 위전기률동문란모형에서 체표위전도에 미치는 영향에 대한 기초적연구」 2013;1:41-42

†리영일, 리성철, 「혈청시스테인C(Cys C)의 기준값 및 크레아티닌청정값(Ccr)과 추산토리체려과량(eGFR)사이의 호상관계에 대한 연구」 2013;1:42-43

†림상화, 양봉길, 「폴리비닐알콜함수겔로 만든 조직신전기구를 피부늘구기성형술에 쓰기 위한 연구」 2013;1:43-44

†계수화, 「만성심부전때 ACE유전자형과 캅토프릴용량에 따르는 치료효과에 대한 연구」 2013;1:44-45

†윤학준, 김현우, 박만수, 「발진열예방약의 제조와 적용에 대한 연구」 2013;1:45-47

†리영재, 「뇌졸중후유증성언어장애치료에 대한 림상적연구」 2013;1:47-49

†조영권, 리성호, 「PVA-HG인공괄약근띠를 적용한 위절제술의 추락증후군예방효과에 대한 실험적연구」 2013;1:49-50

†김진명, 「최근 신경교종치료에서 제기되는 몇가지 문제에 대하여」 2013;1:51-52

†리정렬, 조명철, 「심부전을 합병한 고혈압의 치료」 2013;1:53

†김성일, 「대퇴골두무균성괴사때 골두중심감압술에 대하여」 2013;1:54-55

†황영철, 리영호, 「비루스성간염치료의 최근추세」 2013;1:56

†박지원, 김룡, 「종양미소혈관밀도와 전이에 대하여」 2013;1:57

<조선의학> 2013년 2호

†고영준, 「의료일군들의 정신력발동과 자질향상사업은 병원관리운영의 근본문제」 2013;2:4-5

†조종철, 류호원, 「전방형동요흉곽때 경피적흉골강선견인고정법을 적용하기 위한 림상적연구」 2013;2:6-8

†김옥경, 조광혁, 「경피적페동맥발룬확장술에 대한 림상적연구」 2013;2:8-9

†최일송, 장성혁, 「타액선점액성류표피암의 악성도와 관련이 있는 림상적지표들을 밝히기 위한 연구」 2013;2:9-11

†한계순, 우순옥, 「자기골수이식료법을 악성림파종환자에게 적용하기 위한 연구」 2013;2:11-12

†감현석, 김기순, 「전두엽뇌홈소실정도(뇌홈량)에 의한 외상성뇌종창의 중증도판정에 대한 연구」 2013;2:12-13

†허철진, 「나이에 따르는 요추와 대퇴골염량에 대한 연구」 2013;2:14-15

†계수화, 「만성심부전때 ACE유전자형과 중증도에 따르는 캅토프릴치료효과에 대한 연구」 2013;2:15-16

†홍광식, 조승국, 배태경, 「편도체화침법으로 만성편도염을 치료하기 위한 림상적연구」 2013;2:16-17

†김병일, 리상일, 「자궁경부암의 방사선치료때 만기직장장애발생률을 낮추기 위한 연구」 2013;2:17-18

†탁유혁, 전광철, 「재조합사람플라즈미노겐활성화인자억제제-1을 제조하기 위한 연구」 2013;2:18-19

†조경호, 심순희, 「부착이몸퇴축에 영향을 주는 몇가지 인자들의 위험도에 대한 연구」 2013;2:20-21

†한송명, 소대창, 「정형외과지리병환자들에게서 적혈구카탈라제(CAT)활성에 대한 연구」 2013;2:21-22

†도영희, 김복순, 리숙, 「포상기태제거 후 정상으로 경과할 때 새로운 원격관찰기간을 규정하기 위한 림상적연구」 2013;2:22-23

†정룡이, 김혁, 「콤퓨터로 태아심박수를 자동분석하기 위한 림상적연구」 2013;2:23-24

†리성철, 리영일, 「앙기오텐신전환효소억제약이 만성콩팥병환자들의 몇가지 검사지표값에 미치는 영향」 2013;2:25-27

†김영준, 조승국, 「온침료법으로 협심증을 치료하기 위한 연구」 2013;2:27-28

†선우금속, 지철웅, 「직장암조직에서 암억제유전자 HPP1의 프로모터령역 CpG섬의 메틸화에 대한 연구」 2013;2:28-29

†정원, 김명희, 「수3양경에서 경혈사이 교류통전전류측정에 대한 전기생리학적연구」 2013;2:29-30

†허정란, 김원희, 「분획침전법에 의한 IgM분리정제에 대한 연구」 2013;2:31-32

†권철인, 한금희, 「3%아미노산수액을 위암치료에 쓰기 위한 림상적연구」 2013;2:32-33

†리향춘, 김광호, 「탁솔나노리포솜주사약의 유선암림상효능검토」 2013;2:33-34

†박형일, 김덕환, 「푸룩포스가 운동력에 미치는 영향에 대한 실험적연구」 2013;2:34-35

†김철희, 리은실, 「브롬페놀청으로 산동물의 종양을 염색하기 위한 연구」 2013;2:35-36

†방시현, 김강준, 「단순회전자극이 유기체에 미치는 영향에 대한 실험적연구」 2013;2:37-39

†김관권, 「간유혈부위에서 생물활성세포의 종류별분포밀도와 개체별분포범위에 대한 조직학적연구」 2013;2:39-40

†김광근, 정현아, 「혈액가스분석프로그램II를 리용하여 사망직전환자의 산염기평형상태를 판정하기 위한 연구」 2013;2:41-42

†박광민, 김성학, 「간암환자에게서 β-catenin유전자의 엑손에 따르는 변이에 대한 연구」 2013;2:42

†김철진, 리근선, 「알긴산나트리움겔의 창상치료효과에 대한 실험적연구」 2013;2:43

†장철수, 리재문, 「관상동맥조영법으로 관상동맥의 분절크기를 측정하기 위한 연구」 2013;2:44

†고훈성, 김성희, 「급성골반복막염때 혈중 a1항트립신활성과 몇가지 염증반응지표값들과의 관계에 대한 연구」 2013;2:45

†김준철, 류대모, 「최근 10년간 발생한 비장농양의 림상적특징」 2013;2:46

†김용길, 「몇가지 기상인자들이 건강에 미치는 영향」 2013;2:47-48

†장세홍, 정성근, 「피부병치료에서 싸이토카인제제에 의한 파라독스반영」 2013;2:48-49

†윤금성, 「니트로아스피린의 항암작용기전에 대하여」 2013;2:49-50

†전철우, 리영호, 「만성간염과 간경변증의 감별진단」 2013;2:50-51

†길윤일, 윤옥주, 「급성CO중독후 뇌연화 발생기전에 대한 최근견해」 2013;2:51-52

†리성진, 정광석, 「고려시기 의학고전 ≪3화자향약방≫의 구성, 내용상특징에 대하여」 2013;2:52-53

†김현길, 리혜경, 「간경변증때 식도정맥류출혈의 예측」 2013;2:53-54

†김영철, 김광민, 「위액펩신에 대하여」 2013;2:54-56

<조선의학> 2013년 3호

†리은이, 신동윤, 「A형감기비루스에 대한 다중RT-PCR방법을 확립하기 위한 연구」 2013;3:4-5

†김성군, 정석범, 박철남, 「비뇨기내시경수술시 탈이온나노막정제수를 관류액으로 리용하기 위한 기초연구」 2013;3:5-7

†리영일, 리성철, 「만성콩팥병때 하루단백질 및 소금섭취량과 몇가지 오줌검사지표값들사이의 호상관계에 대한 연구」 2013;3:7-9

†박광철, 현재현, 「고형시험음식으로 위운동기능을 밝히기 위한 연구」 2013;3:9-10

†김은주, 리영선, 리혜경, 「평양의 일부 지점에서 꽃가루가 날리는 상태를 밝히기 위한 연구」 2013;3:11

†유영철, 리성국, 「경막하수종을 고주파로 치료하기 위한 림상적연구」 2013;3:12

†임석준, 리룡훈, 리지성, 「쇼크때 말초혈액순환장애를 개선하기 위한 연구」 2013;3:13-14

†최연, 「공업적생산체계에서 재조합사람 인터페론a2b의 가용화기술확립에 대한 연구」 2013;3:14-16

†장일철, 조인수, 「심내막상결손증의 수술적치료에 대한 림상적연구」 2013;3:16-18

†길경빈, 라련순, 현은별, 「자궁과 그 주위 장기들과의 위치호상관계에 대한 초음파해부학적연구」 2013;3:18-20

†한명희, 윤충일, 「단너삼복방심장교갑알약의 협심증치료효과를 밝히기 위한 연구」 2013;3:20-22

†고훈성, 김성희, 「골반성복막염때 혈중α1항트립신활성에 대한 연구」 2013;3:22-23

†김성철, 김철원, 리광희, 「당귀의 약물법제가 태음인열다형체질형의 말초혈액에 미치는 영향을 밝히기 위한 연구」 2013;3:23-26

†서은하, 강명수, 「수자식혈당측정기의 제작과 그에 의한 혈당측정의 정확성 및 인자들의 영향에 대한 연구」 2013;3:26-27

†박류경, 김창선, 「탁산항암주사약으로 진행기위암을 치료하기 위한 연구」 2013;3:27-29

†장철준, 리동수, 「2형당뇨병환자들에게서 몸지방함량의 의의를 밝히기 위한 림상적연구」 2013;3:29-30

†엄준혁, 「대퇴경부내측골절때 고정못설계에서의 력학적특성량에 대한 연구」 2013;3:30-31

†유철식, 김연식, 「5%이소니아지드-리팜피친을 륵막강내주입하여 삼출성륵막염을 치료하기 위한 림상적연구」 2013;3:31-32

†채정광, 허용준, 「분수계뇌경색의 병형진단을 위한 림상적연구」 2013;3:33-34

†고은숙, 방시현, 「물온도와 체류시간에 따르는 직장온도의 변화에 대한 연구」 2013;3:34-35

†김일영, 류호원, 「아포크린선소파술로 액취증을 치료하기 위한 연구」 2013;3:36

†김광근, 김룡일, 「혈액가스분석프로그람 I과 II의 개발과 리용」 2013;3:37-38

†리혁, 강룡호, 「련합성심장판막증의 외과적치료에 대한 연구」 2013;3:38-39

†김윤희, 최순옥, 오봉환, 「저주파자극이 혈중 총IgE에 미치는 영향에 대한 연구(1)」 2013;3:39-40

†김영준, 박순남, 「온침료법으로 불안정협심증을 치료하기 위한 연구」 2013;3:40-41

†신영군, 강욱, 정성일, 「류가마홍문치료기로 홍문렬창을 치료하기 위한 연구」 2013;3:41-42

†오철빈, 김덕봉, 「대퇴골의 육안해부학적 및 렌트겐학적길이와 키와의 호상관계를 밝히기 위한 연구」 2013;3:43-44

†최성희, 김익순, 「기능성소화불량증을 약물료법과 부항료법을 배합하여 치료하기 위한 림상적연구」 2013;3:44-45

†김인철, 오인택, 「특발성대퇴골두무균성괴사의 발생동태와 원인을 밝히기 위한 연구」 2013;3:45-46

†홍혜숙, 황련옥, 「구강악안면종양성질병과 종양류사성질병의 발생빈도에 대한 림상통계학적고찰」 2013;3:46-47

†김은철, 정수별, 「건강한 사람의 뇌혈관계에서 혈관의 순응성 및 혈액흐름저항특성을 밝히기 위한 연구」 2013;3:48-49

†박상훈, 「나노은약침법으로 기관지천식을 치료하기 위한 림상적연구」 2013;3:50-52

†주옥영, 리은실, 「뇌수사립체치토크롬C 옥시다제의 효소반응조건에 대한 연구」 2013;3:51

†지명호, 주성준, 「세시움근거리쪼임치료기」 2013;3:52

†김용길, 「기후치료의 특성에 대하여」 2013;3:53-54

†전철우, 리영호, 「식도정맥류출혈의 치료」 2013;3:54-55

†윤명철, 손대식, 「뇌농양의 화상진단」 2013;3:54

†정성영, 김성희, 「천골-후두골교정법과 그의 특징」 2013;3:56

〈조선의학〉 2013년 4호

†리혜경, 「경애하는 김정은동지께서 제시하신 보건사업을 선진적인 문명강국의 높이에 올려세울데 대한 방침과 그 정당성」 2013;4:3-5

†남상훈, 「공해감시체계를 강화하는것은 공해방지의 선차적요구」 2013;4:6

†신봉철, 리명철, 리설향, 「대사증후군 관련위험인자들을 찾기 위한 연구」 2013;4:7-8

†김문옥, 강천호, 리성근, 「분변중 HP카탈라제를 검출하기 위한 연구」 2013;4:9-10

†리명국, 강철, 「부피바카인에 의한 요부 경막외무통이 해산경과에 미치는 영향에 대한 림상적연구」 2013;4:10-11

†차성철, 리정미, 리웅성, 「호르몬보충료법으로 갱년기증후군을 치료하기 위한 림상적연구」 2013;4:11-13

†김진영, 신동식, 「허혈성심장병을 몇가지 고려약추출교질합체로 치료하기 위한 연구」 2013;4:13-14

†김별, 황경일, 「페의 소세포암에 대한 세포형태학적연구」 2013;4:14-15

†한명희, 윤충일, 김영민, 「다우레노이드 알약의 부정맥치료효과를 밝히기 위한 림상적연구」 2013;4:16-17

†최은경, 리은실, 「대장균으로부터 재조합 만니톨데히드로게나제를 정제하여 그의 특성을 분석하기 위한 연구」 2013;4:17-18

†장철준, 임송이, 「2형당뇨병때 몸지방량과 몸계측지표들과의 관계를 밝히기 위한 연구」 2013;4:19-20

†리건민, 「몇가지 경로로 골수간엽성줄기세포를 알츠하이메르병모형흰쥐에게 이식하였을 때 이식세포의 뇌조직분포정형에 대한 연구」 2013;4:20-21

†배옥이, 김숙영, 「담석증때 담낭률동에 따르는 침치료방법에 대한 림상적연구」 2013;4:22-24

†박상훈, 「기관지천식때 나노은약침료법이 일부 면역기능에 미치는 영향을 밝히기 위한 연구」 2013;4:24-26

†리춘일, 리근영, 「보양식초가 고지혈증에 미치는 영향에 대한 실험적연구」 2013;4:26-27

†안은섭, 허옥경, 「글루코자민염산염주사약이 골관절증에 미치는 영향에 대한 림상적연구」 2013;4:27-29

†김성도, 한성찬, 「강락안보건약술이 전위선비대증모형흰쥐에게서 아폽토지스관련지표들에 미치는 영향에 대한 실험적연구」 2013;4:29-30

†최병찬, 「I형알레르기반응때 감길싸락약과 몇가지 항알레르기약의 병합효과를 밝히기 위한 연구」 2013;4:31-32

†리명환, 림홍기, 「흰쥐의 골격근유발전위에 미치는 몇가지 인자에 대한 실험적연구」 2013;4:33-34

†황용진, 허윤호, 「개복술후 조기장불통증을 경막외강지속마취를 병합하여 보존적으로 치료하기 위한 림상적연구」 2013;4:35-36

†송창혁, 홍광철, 「혈관외삽관고정이 동맥내막증식에 미치는 영향에 대한 실험적연구」 2013;4:37

†차철호, 리경혜, 「노가지나무열매가 실험적고지혈증모형흰쥐의 담즙에 미치는 영향」 2013;4:38-39

†홍인혁, 오창식, 「경피적위루조설술에 대한 림상적연구」 2013;4:39-40

†박혜정, 「골반복막염때 나노은주사약의 치료효과를 밝히기 위한 연구」 2013;4:40-42

†엄준혁, 안중화, 「대퇴경부내측골절때 쓰이는 고정못들의 가장 합리적인 형태」 2013;4:42

†리석준, 「삽관곤난증이 있는 그레이브즈병환자를 정맥내마취로 수술한 증례」 2013;4:43

†리철웅, 황인룡, 「자궁경관내 체포탁심나트리움직류이온도입으로 자궁내막염을 치료하기 위한 림상적연구」 2013;4:44

†로싯삼, 최복희, 「만성페색성페질병발생에 관계되는 비흡연성인자들에 대하여」 2013;4:45-46

†리현호, 김진명, 「실험적뇌출혈동물모형에 대하여」 2013;4:47

†리혜경, 김은주, 「꽃가루알레르겐의 생산방법에 대하여」 2013;4:48-49

†박순옥, 류영민, 「양자T세포료법에 대하여」 2013;4:49-51

†리영선, 최순옥, 「꽃가루증때 감감작치료에 대하여」 2013;4:51-52

†최송화, 안경애, 「페경전녀성들에게서 월경주기에 따르는 유선암수술시기선택과 생존률」 2013;4:53-54

†김철, 「콜레스테롤흡수저해제-에제티미브(Ezetimibe)」 2013;4:54-55

†최향순, 박상철, 「불응기에 대하여」 2013;4:55-56

†김상순, 홍영남, 「폴리비닐알콜(PVA)함수고무개인이보호틀의 적용효과」 2013;4:36

〈조선의학〉 2014년 1호

†김정향, 김두원, 「고혈압환자들에게서 좌심실재구축의 특징과 재구축형에 따르는 심전도지표들에 대한 연구」 2014;1:5-7

†김철만, 「동맥경화위험인자가 있는 환자들에게서 관동맥금속스텐트와 약물용출스텐트 이식후 재협착률의 비교평가」 2014;1:7-9

†림만철, 한성일, 「중증머리외상의 급성기때 류산마그네시움과 리도카인병합치료의 안정성을 밝히기 위한 림상적연구」 2014;1:9-10

†위광석, 림주성, 「취두십이지장절제술을 위한 국소해부학적연구」 2014;1:11-12

†김응철, 조남진, 신창욱, 「허혈성심장병때 심근조직도플러적특성」 2014;1:13-14

†김선경, 최광현, 「초음파화상의 수자식분석으로 간지방화정도를 정량적으로 평가하기 위한 실험적연구」 2014;1:15-16

†정영준, 허윤호, 「EI포낭형항원피내반응을 아메바성간농양조기진단에 적용하기 위한 연구」 2014;1:16-17

†김경철, 리철, 「과형성성폴리프와 륭기형미란성위염의 병리조직학적감별진단지표를 선정하기 위한 연구」 2014;1:18

†리철민, 「실험적비만모형에서 LEE지수와 지방량에 대한 실험적연구」 2014;1:19-20

†리선녀, 황경일, 「지분화형란소암에 대한 림상적연구」 2014;1:20-22

†박준일, 김태봉, 「백령알약으로 갑상선중독증을 치료하기 위한 연구」 2014;1:22-23

†김정순, 라련순, 「조산아의 간, 취장, 비장, 콩팥, 신상선크기에 대한 초음파단층도학적연구」 2014;1:24-25

†태용철, 김영철, 김문옥, 「항균료법저항성궤양의 빈도와 림상적특성을 밝히기 위한 연구」 2014;1:25-27

†리설향, 신봉철, 리명철, 「식사기록자료에 기초한 식료품섭취빈도질문표의 식료품항목선발에 대한 연구」 2014;1:27-29

†최광일, 김광일, 「방사선피해회복치료에 경성온천을 적용하기 위한 실험적연구」 2014;1:30

†림경순, 우순옥, 「스키르스위암의 내시경적특징에 대한 연구」 2014;1:31-32

†리승재, 최광, 「류산아연알약이 외과적창상모형흰쥐의 일부 기능지표값들의 변화에 미치는 영향」 2014;1:32-33

†리영호, 리진혁, 「구상돌기와 추골동맥 및 상관절돌기사이의 호상관계에 대한 해부학적연구」 2014;1:34

†리영근, 리은실, 「칼파스타틴의 열안정성과 pH안정성」 2014;1:35

†최문금, 김원철, 「플라즈미드운반체 pVAXepo의 골격근내도입과 발현을 밝히기 위한 실험적연구」 2014;1:36

†김준혁, 최해언, 「간세포암의 세포이형도에 따르는 증식능에 대한 연구」 2014;1:37-38

†김명성, 백항일, 「임산모-태아원격관찰체계수립에 대한 연구」 2014;1:39-40

†류복남, 조현철, 「위암의 병리형태학적지표 및 P53유전자변이와 유문라선균감염과의 관계에 대한 연구」 2014;1:40-42

†신금성, 림홍기, 「청년기사람들의 혈중테스토스테론함량에 대한 연구」 2014;1:43

†안창인, 리원섭, 「병원정보관리체계수립과 몇가지 용어의 표준화에 대한 연구」 2014;1:44-45

†정광, 림룡택, 「외상성척수손상에 대한 줄기세포료법연구의 현실태」 2014;1:46-48

†김문옥, 강천호, 「분변중유문라선균검출방법에 대하여」 2014;1:49-50

†장의숙, 주철호, 「구강치료에서 심리조정 료법과 관련된 몇가지 문제」 2014;1:50

†김갑주, 김명진, 「뼈송소증의 화상진단에서 최근 주목되는 문제」 2014;1:51-53

†김기천, 김정수, 「집중치료령역에서 제기되고있는 저용적소생」 2014;1:53-54

†량룡덕, 박성철, 「폴리페놀과 그의 림상적의의」 2014;1:54

†렴경일, 강철, 박창일, 「클라미디아감염증」 2014;1:55-56

<조선의학> 2014년 2호

†최련희, 「환자치료사업에서 간호원들의 임무와 역할의 중요성에 대하여」 2014;2:5-6

†김창렬, 김세준, 「신속임신진단키트용 금교질표식자제조에 대한 기초적연구」 2014;2:7-9

†정한철, 김명진, 「CO중독이 흰쥐의 일부적혈구막기능에 미치는 영향」 2014;2:9-10

†리영재, 「노스카핀염산염의 활성산소소거작용 및 뇌부종억제효과를 밝히기 위한 연구」 2014;2:10-11

†김남일, 조성혁, 「니모디핀-류산마그네시움경동맥지속주입이 CO중독모형흰쥐뇌수조직의 산화적손상과 Ca-ATPase활성에 미치는 영향」 2014;2:11-12

†엄광혁, 김정수, 「팔다리중증외상환자의 집중치료에 경장영양료법을 적용하기 위한 림상적연구」 2014;2:13-14

†한충심, 리일훈, 「암예방약이 폐암수술 후 환자들의 생존률에 미치는 영향에 대한 림상병리학적연구」 2014;2:14-15

†김춘성, 전명일, 「흉부 주요구조물들의 3차원모형작성을 위한 해부학적연구」 2014;2:16-17

†박관욱, 최향순, 「혈관내피세포기능장애정도에 따르는 경동맥의 내막중막복합체 두께를 밝히기 위한 연구」 2014;2:17-18

†박금성, 김태원, 「항균성고려약의 활성에 미치는 몇가지 첨가제의 영향에 대한 연구」 2014;2:18-20

†김명수, 신창렬, 리대철, 「토끼골격근트로포닌 C(sTn C)의 분리정제에 대한 연구」 2014;2:20-21

†리신덕, 김창걸, 「약물의 시험관내 NO2-소거활성검사방법을 확립하기 위한 연구」 2014;2:21-22

†리광석, 윤금성, 「폐암의 경과에 따르는 혈청일산화질소(NO)함량에 대한 연구」 2014;2:23

†한정혁, 리창국, 「자궁경부암DNA예방약제조에 리용할 주요면역항원유전자의 합성에 대한 연구」 2014;2:24

†리철웅, 유현주, 「폴리비닐알콜함수겔에 흡착시킨 체포탁심나트리움으로 자궁경관염을 치료하기 위한 연구」 2014;2:25-26

†정원, 김명희, 「일부 경맥의 순행방향경혈들사이의 전위차에 대한 전기생리학적연구」 2014;2:26-27

†황영란, 방시현, 「0.7MPa까지의 고압환경이 심장기능과 혈액에 미치는 영향」 2014;2:28-29

†강대률, 권성철, 「5%리도카인염산염과 미량 모르핀-네오스티그민을 병합하여 척수마취에 쓰기 위한 연구」 2014;2:29-30

†김철만, 「관상동맥금속스텐트와 약물용출스텐트이식후 재협착형태와 재협착시기의 비교평가」 2014;2:31-32

†장혜영, 김학철, 「고혈압치료에 단삼강심방울알약을 쓰기 위한 연구」 2014;2:32-33

†안명진, 「프로프라놀롤로 어린이혈관종을 치료하기 위한 림상적연구」 2014;2:33-34

†김성철, 리시린, 「익원산이 열사병의 치료에 미치는 영향에 대한 실험적연구」 2014;2:34-35

†최윤미, 한성도, 「유선암의 몇가지 예후인자와 세포증식핵항원(ki-67)과의 호상관계에 대한 면역조직화학적연구」 2014;2:35-36

†리경혜, 차철호, 「에키나세아다당체와 클로르페니라민병합료법으로 기관지천식을 치료하기 위한 림상적연구」 2014;2:36-37

†남철송, 장하운, 「안중산이 위십이지장궤양환자들의 자각적심신증상에 미치는 영향」 2014;2:37-38

†김성택, 황영곤, 박경식, 조종일, 「사람로타비루스의 약독화에 대한 연구」 2014;2:39-40

†리근명, 홍승규, 「항산화비타민과 혈관확장약이 체외충격파에 의한 콩팥의 1차손상과 2차손상에 미치는 영향」 2014;2:41-42

†리선남, 오성진, 「프로포폴이 뇌허혈-재관류모형흰쥐의 해마신경세포탈락에 미치는 영향에 대한 실험적연구」 2014;2:42-43

†리광남, 림명학, 「조기 및 조기류사진행기위암때 림파절전이유무에 따르는 동조직구탐식능에 대한 연구」 2014;2:43-44

†허철남, 홍윤남, 박철주, 「칸데자르탄과 페린도프릴병합료법이 고혈압환자들의 오줌중미량알부민 및 단백배설에 미치는 영향에 대한 연구」 2014;2:44-45

†리설향, 신봉철, 신유철, 정남혁, 「식료품섭취빈도질문표(FFQ)의 타당성검토에 대한 연구」 2014;2:46-47

†최철수, 「몇가지 고려약엑스가 궤양성대장염모형흰쥐에게 미치는 영향」 2014;2:48-49

†박영순, 「청각기와 미각기의 상피조직발생에 대한 연구」 2014;2:49-50

†한청송, 「증거에 기초한 급성담관염, 급성담낭염의 진단, 중증도판정, 치료선택에서 새롭게 제기되고 있는 문제」 2014;2:51-52

†문금철, 조명철, 「비타민K2과 그의 리용」 2014;2:52-53

†최향순, 전봉선, 「심방빈박에 대하여」 2014;2:53-54

†김영철, 태용철, 「항균료법저항성궤양에 대하여」 2014;2:54-55

†황창국, 강철, 「자궁경관염에 대하여」 2014;2:55-56

†한배춘, 배화준, 「디메드롤과 리도카인을 삼차신경통치료에 적용하기 위한 연구」 2014;2:12

†김영희, 「류산아연수를 고정액으로 쓰기 위한 연구」 2014;2:27

†방인혁, 박명근, 「수자식암모니아측정기에 대하여」 2014;2:50

†차경일, 최성준, 「닭태아세포이식이 창상치료일수에 미치는 영향」 2014;2:56

〈조선의학〉 2014년 3호

†박영일, 정옥란, 김세준, 「hCG항체고정 니트로섬유소막의 제조에 대한 기초적 연구」 2014;3:3-4

†홍수만, 길자평, 「삼차신경통때 별모양신경절차단이 몇가지 뇌혈류지표에 미치는 영향」 2014;3:4-5

†리설이, 김광명, 「심바스타틴이 만성페색성페질병의 외호흡기능에 미치는 영향」 2014;3:5-6

†리명철, 김재성, 「탄소주광치료기로 악관절증을 치료하기 위한 연구」 2014;3:6-7

†김은심, 로경란, 「심근섬유화와 관상동맥경화에 대한 병리학적연구」 2014;3:8

†리영, 장진석, 「만성저산소혈증때 콩팥의 병리조직학적변화와 실질장기들과의 관계에 대한 연구」 2014;3:9-11

†장광철, 조옥경, 「페경전후 녀자들에게서 혈청스클레로스틴의 변화에 대한 연구」 2014;3:11-12

†최주혁, 「태반유래줄기세포의 증식특성에 대한 연구」 2014;3:13-14

†강기일, 김광림, 「항균약(프라졸리돈)과 고려약병합료법으로 만성저(무)산성위염을 치료하기 위한 림상적연구」 2014;3:14-15

†한층심, 오혜정, 「암재발전이예방약과 저용량엔독산병합의 항종양효과에 대한 실험병리학적연구」 2014;3:16

†김정호, 정원, 「체레브로리진-경희토류초산염배합물이 혈액응고에 미치는 영향에 대한 실험적연구」 2014;3:17-18

†하광일, 원영걸, 「니트로글리세린경피흡수제가 홍문수술후 창상치료에 미치는 영향」 2014;3:18-19

†안성진, 리경철, 「4상인체질형에 따르는 위의 형태학적특성을 밝히기 위한 렌트겐학적연구」 2014;3:19-20

†황영란, 방시현, 「고압환경에서 혈액의 산염기평형에 대한 실험적연구」 2014;3:20-21

†리석준, 「그레이브즈병수술때 펜타닐, 드로페리돌, 디아제팜을 리용한 정맥내병합마취가 순환동태에 미치는 영향」 2014;3:21-22

†곽기천, 「알란토인의 제산작용에 대한 실험적연구」 2014;3:22-23

†정은주, 조헌철, 「로타비루스성어린이소대장염에 대한 림상병리학적연구」 2014;3:23-25

†최강민, 최재문, 「강심탕이 알록산당뇨병모형흰쥐에게 미치는 영향」 2014;3:25-26

†조승길, 리성일, 「리보핵산주사약의 약리활성에 대한 연구」 2014;3:27-28

†리명혁, 강원혁, 「근위축증모형흰쥐에게서 몇가지 지표들에 대한 연구」 2014;3:29-30

†조금철, 리명국, 「레스바라트롤이 몇가지 심근허혈모형흰쥐에게 미치는 영향에 대한 실험적연구」 2014;3:31-32

†리정철, 김광, 「에티온아미드-시프로플록사찐-황백나무열매엑스병합료법이 약제내성결핵균감염흰쥐에게 미치는 영향」 2014;3:32-33

†김원길, 리학철, 「외측후두하경로에서 연수로부터 나오는 신경들에 대한 미세해부학적연구」 2014;3:34-35

†정광민, 림태일, 「클로로겐산이 면역억제흰쥐의 몇가지 면역기능에 미치는 영향에 대한 실험적연구」 2014;3:35-36

†리수민, 안은섭, 「복방단삼강심방울알약이 노력성협심증에 미치는 영향에 대한 림상적연구」 2014;3:36-37

†박관욱, 최향순, 「혈관내피세포기능장애정도에 따르는 뇌세소동맥경화의 변화」 2014;3:37-39

†박철, 김명혜, 「척추골격근이완시 요추부받침법으로 변성성척추미끄럼증을 치료하기 위한 연구」 2014;3:39-40

†최병찬, 박현철, 「감길싸락약과 트라닐라스트병합료법으로 기관지천식을 치료하기 위한 연구」 2014;3:41

†박은실, 박승남, 「레시틴이 혈관외발론확장후 동맥내막비후 증식상태에 미치는 영향에 대한 실험병리학적연구」 2014;3:42

†리정렬, 「복방단삼강심방울알약으로 허혈성심장병을 치료하기 위한 림상적연구」 2014;3:43-44

†최련희, 최남용, 송예옥, 「보건경영부문론문 정보지원체계수립에 대한 연구」 2014;3:44

†리광훈, 리청원, 「암혈관신생억제예방약개발을 위한 연구」 2014;3:45

†최윤희, 「텔로메라제활성검출에 의한 종양세포진단에 대한 연구」 2014;3:46-47

†오영숙, 김현희, 「세포활성주사약이 간기능과 혈청지질에 미치는 영향」 2014;3:47-48

†안현옥, 정국철, 「저선량방사선쪼임과 과산화수소용액병합료법이 담암동물의 말초혈액에 미치는 영향에 대한 실험적연구」 2014;3:48

†오대성, 김호일, 「심박요동분석과 의의에 대하여」 2014;3:49-50

†김정수, 「조기경장영양적용에서 제기되고있는 몇가지 문제」 2014;3:50-51

†리성국, 리철수, 「B형간염비루스 표식자이상의 림상적의의」 2014;3:52-53

†리소희, 리성희, 「세포학적검사에 의한 자궁암의 진단에 대하여」 2014;3:53-54

†서원일, 김원희, 「정상세균총에 대한 최근연구와 견해」 2014;3:54-55

†허금철, 김동일, 「두개내압관리에 영향을 미치는 인자」 2014;3:55-56

〈조선의학〉 2014년 4호

†박영일, 김창렬, 정옥란, 「신속임신진단키트제조에 대한 기초적연구」 2014;4:5-6

†김윤희, 김환성, 「카르복시메틸쎌루로즈에 의한 적혈구침전분리에 대한 연구」 2014;4:7-8

†림명식, 리춘일, 「2%히알루론산나트리움용액의 관절강내주입료법으로 변형성무릎관절증을 치료하기 위한 림상적연구」 2014;4:8-9

†류성, 리광훈, 「엔독산-재조합사람성장호르몬병합이 담암동물의 종양증식억제에 미치는 영향에 대한 실험적연구」 2014;4:9-10

†최동일, 박충길, 「나노ZnO·Ag복합물질을 함유한 항균수지그릇의 적용효과」 2014;4:11-12

†하광일, 원영걸, 「니트로글리세린경피흡수제가 치핵절제술후 홍문내압에 미치는 영향에 대한 연구」 2014;4:13

†김혁철, 라문걸, 「뇌혈전때 고감도C-반응단백과 림상실험 검사지표들과의 호상관계에 대한 연구」 2014;4:14-15

†김정희, 리영철, 「당뇨병성다발성말초신경장애의 진단평가에 유의한 지표를 선정하기 위한 연구」 2014;4:15-16

†리창원, 리학선, 「젖떼기와 성숙기흰쥐의 고환간질세포와 세정관에 대한 조직학적연구」 2014;4:16-17

†정순태, 「몇가지 버들잎엑스의 항갑작변이 작용에 대한 연구」 2014;4:17-19

†최향순, 박상철, 「몇가지 약물이 심방세동의 동조률회복에 미치는 영향」 2014;4:19-20

†한영재, 리광남, 리철용, 「산성푸크신에 의한 미엘로페록시다제 활성측정의 몇가지 조건을 밝히기 위한 연구」 2014;4:21-22

†로경희, 박은별, 「어린이자페증때 몇가지 발달심리학적특성에 대한 연구」 2014;4:22-23

†리명국, 「자궁경관열림곡선에 의한 적극적인 해산관리에 대한 림상적연구」 2014;4:24-25

†김진성, 리성진, 「중합헤모글로빈의 생물학적안전성에 대한 실험적연구」 2014;4:25-26

†정승산, 오인택, 「지자기교란에 따르는 중추신경계통질병 발생동태에 대한 연구」 2014;4:27-28

†김윤경, 김진숙, 「척추교정료법으로 다리근육기능장애를 치료하기 위한 연구」 2014;4:28-29

†박충길, 박수일, 「카르복시메틸셀룰로즈(CMC)를 리용한 염소계 소독약 검사지시종이의 표준색 계렬결정을 위한 연구」 2014;4:29-30

†현룡민, 조정호, 「태아의 아래턱뼈에서 이발싹의 발육에 대한 해부학적연구」 2014;4:30-31

†안철호, 장철수, 「협척혈부위할자료법으로 위하수증을 치료하기 위한 연구」 2014;4:32-33

†전경남, 림덕연, 「범싱아뿌리와 항결핵약 병합으로 삼출성륵막염을 치료하기 위한 림상적연구」 2014;4:33-34

†차성철, 리정미, 「홰나무이소플라본알약으로 갱년기증후군을 치료하기 위한 림상적연구」 2014;4:34-35

†지영혁, 최경철, 김권춘, 「알렌드로나트의 로인병예방효과를 밝히기 위한 실험적연구」 2014;4:36-38

†김승석, 하위진, 「일측성창외정복고정장치로 하퇴골절을 치료하기 위한 연구」 2014;4:38

†전금성, 김광철, 「CO복강주사법으로 만든 급성CO중독모형 흰쥐에게서 경과시간에 따르는 뇌기능손상특성에 대한 연구」 2014;4:39-40

†차금철, 송동진, 「결장간막림파절에 대한 해부학적연구」 2014;4:40-41

†김해경, 홍승혁, 현필화, 「구속스트레스때 신상선피질과 취장섬의 기능형태학적변화에 대한 실험적연구」 2014;4:41-42

†김금성, 강응권, 「사염화탄소중독성간기능장애때 금은화알약이 간기능회복에 미치는 영향」 2014;4:42-43

†박성철, 라성근, 「수법으로 경추에 의한 머리아픔을 치료하기 위한 림상적연구」 2014;4:43-45

†최도순, 전홍남, 「토끼, 흰쥐에게서 생후 GH분비세포의 변화에 대한 면역조직학적연구」 2014;4:45

†오은설, 김성숙, 「초음파단층도검사로 크론병을 진단하기 위한 연구」 2014;4:46

†장경철, 김룡철, 「임신성고혈압환자태반의 태아면에 대한 병리형태학적연구」 2014;4:47-48

†연승호, 리광일, 「메대추씨초음파아에로졸흡입으로 불면증을 치료하기 위한 연구」 2014;4:48-49

†남충진, 조영근, 「동맥경화증환자들의 몇가지 말초혈류학적지표들에 대한 연구」 2014;4:49

†김진영, 리주철, 「륵골골절때 도관류치에 의한 골절국소지속무통법으로 가슴아픔을 치료하기 위한 연구」 2014;4:50

†정학철, 박휘명, 「란소암화자들에게서 시클로포스파미드와 시스플라틴병합화학치료효과성과 GSTM1/GSTT1유전자다형과의 관계에 대한 연구」 2014;4:51-52

†오영숙, 「고려약에서의 세포활성물질(생물원자극소)의 리용」 2014;4:53-54

†리명철, 김성광, 「입냄새측정방법」 2014;4:55-56

†리석준, 「그레이브즈병환자들의 수술전준비에서 몇가지 약물리용이 가지는 의의」 2014;4:56

†김승혁, 「림상실험감사에서 제기되는 몇가지 문제」 2014;4:6

†유금성, 「광학현미경상에서 아폽토지스의 조직학적관찰방법」 2014;4:12

†전극명, 김현일, 「중크롬산칼리움에 의한 오줌HCG정성반응으로 임신전반기를 진단하기 위한 연구」 2014;4:20

†김선경, 「비전염서질병의 역학」 2014;4:35

†오광춘, 변순금, 「먼적외선음이온치료기편이 비만흰쥐의 몇가지 검사지표에 미치는 영향」 2014;4:46

<조선의학> 2015년 1호

†장경숙, 최금성, 「고지혈증때 혈중지질값들의 호상관계에 대한 연구」 2015;1:7-8

†정향, 황금선, 「근전도학적수의수축파자동분석체계에 의한 일부 말초신경장애평가를 위한 연구」 2015;1:8-9

†김영혜, 리종건, 「대장균발현계에서 스피로헤타막단백질 TpN17유전자의 발현에 대한 연구」 2015;1:9-11

†강경기, 리원철, 김원희, 「대장균에서 발현된 사람과립구대탐식구무지자극인자의 재구조화와 생물학적활성동정에 대한 연구」 2015;1:11-12

†리광순, 김진, 「골수-태아무세포뼈기질이 뼈결손모형흰쥐의 뼈수복에 미치는 영향에 대한 실험적연구」 2015;1:13

†김성, 소대창, 박선희, 「자궁내막의 이상, 이형증식이 있는 환자들에게서 적혈구카탈라제활성에 대한 연구」 2015;1:14

†홍철규, 김철남, 리은실, 「사람엔도스타틴유전자를 플라즈미드성유전자전이운반체에 클론화하기 위한 연구」 2015;1:15

†최태선, 박동남, 「반도체레이자빛이 만성고지혈증모형에 미치는 영향」 2015;1:16-17

†리영철, 김정희, 「신경장애지수법으로 당뇨병성다발성말초신경장애의 진단과 병기를 구분하기 위한 연구」 2015;1:17-19

†리광명, 최광호, 「심경부농양의 경과에 대한 림상적연구」 2015;1:19-20

†차송희, 정원, 「자기마당이 국소뇌허혈재관류모형흰쥐의 일부 뇌에네르기대사지표에 미치는 영향」 2015;1:21

†리만우, 윤희춘, 「측정법에 따르는 적혈구직경의 정밀도를 밝히기 위한 연구」 2015;1:22-23

†정위성, 최관춘, 「티탄으로 조갑함입증을 치료하기 위한 림상적연구」 2015;1:23-24

†김옥영, 김영선, 「폴리비닐알콜해면을 창상피복재로 쓰기 위한 림상적연구」 2015;1:24-25

†지철민, 현정민, 「프로포폴이 심근허혈-재관류모형흰쥐의 몇가지 심장기능지표에 미치는 영향」 2015;1:25-26

†리일우, 최광호, 「후각장애환자들에게서 점비체위를 확립하기 위한 연구」 2015;1:26-27

†안호익, 홍광철, 「휴대용CD판식적혈구용적비측정기의 CD판홈을 만들기 위한 연구」 2015;1:28-29

†김봉찬, 리정철, 「이노시톨이 콩팥결석과 뼈대사에 미치는 영향에 대한 연구」 2015;1:29-30

†리정심, 함병무, 「폴리비닐알콜과 폴리에틸렌글리콜(PVA-PEG)복합겔막을 유리피부이식술때 창상피복재로 리용하기 위한 림상적연구」 2015;1:30-31

†남창록, 동정혜, 「히루딘효모발현운반체 pPic9K-HIR 제조에 대한 연구」 2015;1:31-32

†신은주, 홍명표, 「앙기오텐신 II접수체 길항약 텔미사르탄이 간섬유화에 미치는 영향에 대한 실험병리조직학적연구」 2015;1:32-33

†리정애, 김광박, 한경선, 「어머니젖중 메트로니다졸미량정량방법에 대한 연구」 2015;1:34-35

†조현숙, 리명희, 「엄향산교갑약이 담암동물의 실질장기 및 실험검사값에 미치는 영향에 대한 실험적연구」 2015;1:35-36

†장영희, 김유성, 「단녀삼작약궤양가루약이 흰쥐위점막의 H+역확산과 경점막전위차에 미치는 영향」 2015;1:36-37

†유혜란, 유병철, 「자석이 몇가지 검사지표값에 미치는 영향을 밝히기 위한 연구」 2015;1:37-38

†손문길, 김현익, 「상박골체부골절을 유도기구를 리용한 순행성상박빗장수내못삽입술로 치료하기 위한 림상적연구」 2015;1:38-39

†안동철, 박제상, 「어린이집단에서 몇가지 유전형에 따르는 키크기에 대한 연구」 2015;1:40-41

†박철, 림승남, 「항균약과 고려약물병합이 위십이지장궤양치료에 미치는 영향을 밝히기 위한 림상적연구」 2015;1:41-42

†고정철, 한성도, 「유선암때 세포주기조절단백 Cyclin E와 세포주기억제인자 p27kip-1의 발현에 대한 면역조직학적연구」 2015;1:43

†김철, 박금혁, 「저분자태줄피혈청성분의 세포배양효과에 대한 연구」 2015;1:44-45

†정남훈, 김정혜, 「새롭게 달라진 급성취장염의 중증도평가기준과 치료」 2015;1:46

†김광혁, 리근선, 「고려치료방법으로 화상을 치료하기 위한 최근의 발전동향」 2015;1:47

†김정희, 「단클론항체치료의 다음세대」 2015;1:48-49

†로경희, 박은별, 「어린이자페증의 진단」 2015;1:49-50

†림명식, 리명수, 「정형외과부문에서 흡수성재료의 응용에 대하여」 2015;1:50-52

†김혜심, 리덕현, 「아폽토지스와 그의 유도인자들에 대하여」 2015;1:52-53

†안경애, 최송화, 「유관관련염증성질병과 유두분비물」 2015;1:53-54

†박태성, 리영국, 「의학에서 IPC의 리용」 2015;1:55-56

†박음심, 박효국, 「호산성백혈구성식도염」 2015;1:56

†강태웅, 박문식, 「라우릴에테르류산나트리움복합제제를 방사성 137Cs와 90Sr의 세척제로 리용」 2015;1:27

†김용남, 김상룡, 「일측성콩팥적출때 나이와 남은 콩팥의 위치에 따르는 혈구용적비의 변화」 2015;1:42

†김성진, 현명관, 「여러 각도의 체위변화에 의한 호흡기능의 변화」 2015;1:45

<조선의학> 2015년 2호

†김정향, 김두원, 「2차성승모판역류증때 승모판과 지지장치들의 심장초음파평가에 대한 연구」 2015;2:4-6

†김별, 지수룡, 「B형간염비루스약제내성변이검출을 위한 B형간염비루스 DNA단편의 증폭에 대한 연구」 2015;2:6-9

†리인준, 진수일, 최기웅, 「나노은외용약이 염증 및 지연형알레르기반응에 미치는 영향에 대한 실험적연구」 2015;2:9-10

†김성일, 현명철, 「뇌경색때 혈청중 몇가지 지질검사지표값들의 변화동태와 병적반영률」 2015;2:11

†김영인, 김영일, 「담경의 일부 침혈자극이 각이한 상태의 담낭에 미치는 영향」 2015;2:12-13

†신봉철, 김경일, 「대사증후군화낮에 대한 생활방식교육효과를 밝히기 위한 연구」 2015;2:13-14

†리설향, 김광웅, 박순희, 「비만발생과 총에네르기 및 다량영양소섭취사이의 관계에 대한 영양역학적연구」 2015;2:15-16

†리영학, 황경일, 「식도-위결합부선암의 몇가지 병리조직학적특징을 밝히기 위한 연구」 2015;2:17-18

†리상봉, 리일근, 리광일, 「신경영양혈관피부편이식방법으로 각이한 부위의 피부결손을 수복하기 위한 연구」 2015;2:18-19

†강창연, 강원혁, 「자궁경부암에 대한 유전가온의 항암온열림상치료효과」 2015;2:20-21

†리정애, 김광박, 「자궁조직중 메트로니다졸미량정량방법에 대한 연구」 2015;2:21-22

†성춘희, 장병철, 리남길, 서현일, 「하악반측과발육의 진단과 치료에 대한 연구」 2015;2:23-24

†맹항렬, 박성혁, 「홍곡배양물에서 씨트리닌추출에 미치는 몇가지 인자들의 영향」 2015;2:25-26

†최소연, 신정희, 「황백산으로 간농양환자를 치료하기 위한 림상적연구」 2015;2:27-28

†어순옥, 정경세, 「황사가 사람의 눈에 미치는 영향」 2015;2:28-29

†박상봉, 도설경, 문상미, 「아편꽃열매깍지의 법제방법을 최량화하기 위한 연구」 2015;2:30-31

†안동철, 박제상, 「어린이들의 개별적특성에 따르는 몇가지 기능성식품의 반응성에 대한 연구」 2015;2:32-33

†량광성, 김명국, 「요드포름용액으로 농흉을 치료하기 위한 림상적연구」 2015;2:34-35

†오석철, 허광영, 강용일, 「지방줄기세포의 무혈청배양에 미치는 성장인자들의 영향에 대한 연구」 2015;2:35-37

†송현아, 윤용학, 「내독소를 흰쥐중이에 주입하였을 때 온몸지표값들의 변화를 밝히기 위한 실험적연구」 2015;2:37-38

†손혜경, 유충상, 「건강한 사람들의 혈청, 혈장, 오줌에 있는 셀렌함량에 대한 연구」 2015;2:38-39

†김원경, 최광호, 「상악동염환자들에게서 점비체위를 확립하기 위한 연구」 2015;2:39-40

†리영남, 최광일, 「경성온천 층막식모래욕이 요부변형성척추증의 치료에 미치는 영향에 대한 림상적연구」 2015;2:40-41

†정원, 오향미, 「흰쥐에게서 일부 경맥의 순행방향경혈들사이의 교류통전전류에 대한 전기생리학적연구」 2015;2:41-42

†김성철, 한서상, 「아미그달린이 에를리히복수암(EAC)세포증식에 미치는 영향」 2015;2:43

†한욱철, 리성일, 박영혜, 「요골동맥맥파분석으로 말초혈액의 혈침(ESR)값을 추정하기 위한 연구」 2015;2:44-45

†리혁, 최기웅, 김성숙, 「위액분비장애모형에서 항산화효소활성의 변화에 대한 연구」 2015;2:45-46

†안은섭, 황철국, 「고혈압과 그로 인한 심부전환자들에게서 ACE저해약이 몇가지 심실재구축지표값들의 변화에 미치는 영향에 대한 림상적연구」 2015;2:46-47

†곽남진, 김은철, 김정희, 「CD105단사슬항체분비형발현운반체제조를 위한 연구」 2015;2:47-49

†김성호, 정남진, 「건강한 사람의 나이와 남녀에 따르는 혈관내피기능에 대한 연구」 2015;2:49-50

†박순옥, 최동철, 「소혈청에 의한 지방유래간엽성줄기세포의 계대배양」 2015;2:50-51

†조항성, 조신옥, 「PCR를 리용하여 결핵성뇌막염을 진단하기 위한 연구」 2015;2:52

†동정혜, 로영일, 「혈전치료약의 개발과 히루딘」 2015;2:53-54

†리철종, 김창민, 「간경변증의 진단 및 치료에 대한 최근추세」 2015;2:54-55

†최소연, 장은숙, 「급성담낭염의 진단」 2015;2:55-56

†리건민, 장철진, 「뇌졸증과 줄기세포치료」 2015;2:56

†엄정남, 「코수술때 삼바리지혈해면에 의한 창상치유일수의 변화」 2015;2:10

†오정혁, 「체외순환을 리용한 심장수술때 일부 면역기능지표값들의 변화」 2015;2:19

†김영호, 「수자식호흡기능검사기의 림상적용」 2015;2:22

†방인영, 정국철, 「저선량방사선쪼임과 과산화수소용액병합료법에 의한 담암동물의 일부 면역기능지표값들의 변화」 2015;2:26

<조선의학> 2015년 3호

†송유성, 김성일, 「어른 대퇴골두무균성괴사의 조기단계에서 몇가지 림상증상들의 출현빈도에 대한 연구」 2015;3:5-6

†홍명일, 김걸, 「개선된 회색클라스터평가방법에 의한 약물중독진단에 대한 연구」 2015;3:6-7

†정병남, 방영수, 「흰생쥐태아섬유아세포지지층을 제조하기 위한 실험적연구」 2015;3:7-8

†허영일, 량학철, 「대광반사측정으로 자률신경실조증환자를 평가하기 위한 여구」 2015;3:9-10

†리승철, 전금란, 차선남, 「방아오리방풀의 항궤양작용에 대한 실험적연구」 2015;3:10-11

†한복실, 강원혁, 「성장기 흰쥐담관폐쇄때 콩팥조직의 형태학적변화를 밝히기 위한 실험적연구」 2015;3:11-12

†김련숙, 서중호, 송세복, 김명수, 「수두약독화건조예방약의 효능에 대한 연구」 2015;3:13

†남창숙, 박주성, 「신경순환무력증때 정신심리적상태와 일부 귀침혈색조변화의 관계를 밝히기 위한 림상생리적연구」 2015;3:14-15

†김원일, 강영철, 「자궁경부암비루스인 사람유두종비루스 16형E6단백유전자 재조합바크미드를 만들기 위한 연구」 2015;3:15

†리철성, 리명철, 「타액내칼시움과 어린이이삭기증과의 관계에 대한 연구」 2015;3:16-17

†주영철, 리동해, 「운동 팔굽관절주위인대들에 대한 기능해부학적연구」 2015;3:17-18

†강원혁, 강미경, 「피로때 젖산과 ATP함량의 변화에 대한 실험적연구」 2015;3:18-19

†최선화, 윤용학, 「올레인산기관지주입때 페 및 기관지페포세척액에서 몇가지 지표들에 대한 실험적연구」 2015;3:19-20

†류성, 리광훈, 「엔독산-재조합사람성장호르몬(rhGH)병합이 담암동물의 종양증식과 면역장기들에게 미치는 영향」 2015;3:20-21

†신정희, 최소연, 「황백산이 간농양천자후환자의 치료기일과 농양강축소에 미치는 영향」 2015;3:22

†리원식, 김진숙, 「전기자극이 골절성팔다리불균형근육의 관절가동역회복에 미치는 영향에 대한 실험적연구」 2015;3:22-23

†리현일, 리주력, 「지자기현상이 급성담낭염의 증상발현에 미치는 영향에 대한 연구」 2015;3:24-25

†황창국, 김진숙, 김승국, 「후두선마싸지와 자기마당자극으로 임신부허리아픔을 치료하기 위한 림상적연구」 2015;3:25

†한명혁, 전현숙, 「운동부하 및 피로회복후 적혈구막의 력학적특성값의 변화에 대한 연구」 2015;3:26

†강창연, 강원혁, 「유전가온에 의한 항암온열작용의 기술적조건을 밝히기 위한 연구」 2015;3:27-28

†리대철, 윤성진, 「재조합면역보조제 CTA1-DD유전자의 합성과 대장균에서의 발현에 대한 연구」 2015;3:28-29

†라승범, 오인택, 「간경변증환자의 중증도에 따르는 식도정맥류 변환에 대한 연구」 2015;3:29-30

†오혜정, 한충시, 리일훈, 「간암수술후 환자들의 5년루적생존률에 미치는 암왁찐의 영향에 대한 연구」 2015;3:30-31

†오영복, 박경호, 김화숙, 「레졸수지활성탄혈액흡착료법의 혈액세포안정성에 대한 실험적연구」 2015;3:31

†김은정, 정남진, 「뇌파형에 따르는 머리아픔의 림상적특징에 대한 연구」 2015;3:32

†송근수, 송동진, 「반도체레이자쪼임으로 질염을 치료하기 위한 림상적연구」 2015;3:33

†최일, 안영란, 「몇가지 고려약이 실험적 백내장에 미치는 영향을 밝히기 위한 실험적연구」 2015;3:33-34

†곽금찬, 오인택, 「몇가지 질병때 간글리코겐함량변화에 대한 연구」 2015;3:34-35

†신기철, 김연식, 「박막-고속균질화법에 의한 쿠에르세틴고체 지질나노립자제조에 대한 연구」 2015;3:35-37

†박철룡, 강진철, 「진행기하부위암수술때 간문부, 복대동맥주위림파절곽청술이 생존률에 미치는 영향에 대한 림상적연구」 2015;3:37-38

†유성남, 최기웅, 「키토산나노은액이 항염증작용에 미치는 영향에 대한 실험적연구」 2015;3:38-39

†리성국, 장성진, 「느린형반응물질(SRS-A)의 보관시간과 온도가 몇가지 약물의 작용에 미치는 영향」 2015;3:39-41

†리승진, 림태일, 리대철, 「토끼골격근트로포닌C의 분리에 대한 연구」 2015;3:41-42

†오정수, 류영민, 김광철, 「장간막-복병고정으로 외통식소장루를 조설하기 위한 림상적연구」 2015;3:43-44

†차영일, 리승덕, 「랭동료법의 항종양효과에 대한 실험병리학적연구」 2015;3:44-45

†려진혁, 윤성수, 「청생수주사가 케타민마취때 혈압과 맥박, 마취후각성에 미치는 영향에 대한 림상적연구」 2015;3:46-47

†리철, 최학철, 「항균료법의 치료효과예측을 위한 위축성위염의 분류를 진행하기 위한 연구」 2015;3:47-48

†림광수, 김승식, 리건, 「미세전극을 리용한 생물전기활동기록방법」 2015;3:49-50

†김성철, 리종일, 「콩팥결석증과 세뇨관손상과의 관계」 2015;3:50-51

†최향순, 리봄순, 「골관절브루 라증에 대하여」 2015;3:52-53

†유향숙, 리은주, 박철진, 「엑소솜에 대하여」 2015;3:53-54

†리설경, 예정순, 「에볼라비루스감염증질병치료에서 시아노비린-N(CV-N)의 역할」 2015;3:54-55

†리만우, 윤희춘, 「적혈구직경측정법과 진단적의의」 2015;3:55-56

†김현욱, 고동혁, 최성준, 「시간조절장치를 한 137Cs-ɣ근거리치료기제작」 2015;3:45

†리성부, 리일남, 「2형당뇨병환자의 인슐린저항성에 대한 일부 인자들의 영향」 2015;3:48

〈조선의학〉 2015년 4호

†김애순, 문금철, 「바칠루스 싸브틸리스 나또의 활성화에 대한 연구」 2015;4:5

†안광명, 태명호, 「갓난아이심전도의 특징에 대한 연구」 2015;4:6

†송영서, 김춘섭, 리금룡, 「류산마그네시움으로 고지혈증환자들을 치료하기 위한 림상적연구」 2015;4:7

†현성일, 오영수, 안광건, 「뇌경색의 병형판정모형식작성에 대한 연구」 2015;4:7-10

†리명호, 리남일, 「엔독산에 의한 장점막투과성항진과 그에 영향을 주는 일부인자들에 대한 글루타민의 영향」 2015;4:10-11

†조인근, 김정수, 「담즙, 취장액성상과 온몸염증성반응증후를 보고 급성담낭염과 취장염의 중증도 및 치료효과를 판정하기 위한 연구」 2015;4:11-13

†김영철, 김미옥, 「동의 위장관독성을 밝히기 위한 실험적연구」 2015;4:13-14

†리철용, 리명진, 「림상생화학적1차선별법에 의한 위암 및 간암집단검진에 대한 연구」 2015;4:14-15

†리광진, 리광옥, 「랭동료법으로 심상성건선을 치료하기 위한 림상적연구」 2015;4:15-16

†김철만, 김광명, 「심바스타틴이 만성페색성페질병때 흰쥐기관지페포세척액 및 말초혈액에 미치는 영향에 대한 연구」 2015;4:16-17

†김성도, 김덕환, 「문맥압항진증모형흰쥐의 위점막조직에 대한 실험적연구」 2015;4:17-18

†김은하, 리은실, 「미크로알부민뇨증의 일차적인 선별에 니그로신을 리용한 단백질의 비색정량법을 적용하기 위한 연구」 2015;4:18-19

†리성희, 리소희, 박영실, 「오줌세포학적검사로 방광암의 진단률을 높이기 위한 연구」 2015;4:19-20

†박순옥, 최동철, 정병남, 「지방유래줄기세포를 연골세포로 분화유도시키기 위한 연구」 2015;4:20-22

†리만우, 윤희춘, 「실시간형동영상계측법의 재현성과 측정정밀도를 밝히기 위한 연구」 2015;4:22-23

†윤성진, 박영주, 「코돈최적화된 KOD DNA폴리메라제유전자의 합성과 대장균에서의 발현에 대한 연구」 2015;4:23-24

†한순덕, 공재호, 「클로라민과 나노은을 병합하여 감염이뿌리관소독효과를 높이기 위한 실험적연구」 2015;4:24-25

†김철호, 김종삼, 「취장미부와 비문의 해부학적관계를 밝히기 위한 연구」 2015;4:25-26

†김유광, 안학철, 「표재확산형조기위암의 소속림파절전이에 대한 연구」 2015;4:26-27

†최정도, 길자평, 「한트증후군때 구개편도주위약침이 몇가지 면역지표들에 미치는 영향」 2015;4:27-28

†전형기, 김종삼, 「흉배부에 분포하는 동맥들에 대한 해부학적연구」 2015;4:28

†김광익, 오인택, 「흉골의 해부학적특성을 보고 남녀를 구별하기 위한 연구」 2015;4:29

†리성례, 김철호, 「훈증료법과 척추수평견인을 배합하여 추간판탈출증을 치료하기 위한 림상적연구」 2015;4:29-30

†원정연, 신광선, 「해삼주사약이 고지혈증에 미치는 영향에 대한 림상적연구」 2015;4:30-31

†장태성, 김광혁, 장정희, 「으뜸청실말이 어린이들의 성장발육에 미치는 영향」 2015;4:31-32

†지영민, 전명일, 「산화티탄(TiO2) 피복 금속재료의 뼈결합특성을 밝히기 위한 연구」 2015;4:32-33

†방광명, 리규원, 「옥손과 염화벤잘코니움병합액의 소독학적특성에 대한 연구」 2015;4:33-34

†김철훈, 정혜용, 「동클로로필린이 사염화탄소성간장애흰쥐의 몇가지 생화학적지표에 미치는 영향에 대한 연구」 2015;4:34-35

†정현화, 림홍기, 「건강한 사람에게서 심장박동수와 산소섭취량 및 탄산가스 배출량사이의 호상관계에 대한 연구」 2015;4:35-36

†김은주, 리광진, 「솔코데름외용약으로 전염성연속종을 치료하기 위한 연구」 2015;4:36-37

†배철원, 홍재원, 「몇가지 온도조건에서 죽은 후 경과시간이 각막탈락상피세포수에 미치는 영향에 대한 실험적연구」 2015;4:37-38

†설영진, 김명준, 「면역조직화학적방법을 개선하기 위한 실험적연구」 2015;4:38-39

†최형일, 최성준, 「돼지골막 및 치밀질조직균마액이 토끼요골골절수복에 미치는 영향에 대한 연구」 2015;4:39-40

†최원철, 「수자식유선촬영화상에서 병조적발최적압축조건을 찾기 위한 연구」 2015;4:40-41

†로경희, 박성, 「현중관찰에 기초한 어린이자페증의 림상적특징에 대한 연구」 2015;4:42-43

†엄영희, 리윤일, 「나노은-바늘물이끼종이의 항산화효과에 대한 연구」 2015;4:43

†김강준, 방시현, 리학림, 「피라세탐이 실험적멀미때 몇가지 기능에 미치는 영향에 대한 연구」 2015;4:44-45

†리광훈, 한명국, 「콩팥정맥과 하공정맥의 특성에 대한 해부학적연구」 2015;4:45

†리철민, 리명균, 「선택적시클로옥시게나제-2억제제 멜록시캄의 효과에 대한 실험적연구」 2015;4:45-46

†김선웅, 엄영식, 「보가지간추출액이 홍문수술후 림상증상에 미치는 림상적연구」 2015;4:47

†김원일, 방시현, 최금옥, 「수영부하피로때 글루콘산복합균가루약이 흰생쥐의 몇가지 기능에 미치는 영향에 대한 실험적연구」 2015;4:47-48

†리경호, 김갑주, 「로인폐염때 치료경과관찰을 위한 흉부렌트겐검사간격을 합리적으로 설정하는 문제」 2015;4:49-50

†박성진, 「새로운 암치료방식 방사선력학료법과 그 응용」 2015;4:50-51

†임승현, 리성진, 「약물송달체계로서 리포솜제제기술의 응용」 2015;4:52-53

†박순철, 장성용, 「최근에 밝혀진 몇가지 약물들의 새로운 작용에 대하여 (1)」 2015;4:53-54

†리근선, 로성옥, 「수술후 복막유착과 예방」 2015;4:54-56

†홍명성, 김광철, 「크레아틴이 운동능력과 피로회복에 미치는 영향」 2015;4:48

†최문철, 리철현, 「리포다당-수산화알루미니움겔이 유합지연성골절에 미치는 영향」 2015;4:51

〈조선의학〉 2016년 1호

†김철봉, 변승진, 「시스테인결여아미노산수액과 5-Fu를 결합하여 위암을 치료하기 위한 연구」 2016;1:7-8

†최동철, 박순옥, 「지방줄기세포의 체외확대배양에 대한 연구」 2016;1:8-9

†리경호, 김갑주, 「로인성폐염의 남녀특징을 밝히기 위한 연구」 2016;1:9-10

†김승철, 최영호, 「급성심근경색환자에게서 경색전협심증의 유무에 따르는 실험 및 기구학적검사지표값의 변화를 밝히기 위한 연구」 2016;1:10-11

†김금철, 조영봉, 리명호, 「허혈성심근손상때 단백질당화의 원인을 밝히기 위한 실험적연구」 2016;1:12-13

†류춘란, 김정혁, 「보간리담알약으로 저긴장성담낭운동기능실조증을 치료하기 위한 림상적연구」 2016;1:13-14

†고윤혁, 김정수, 「소화기질병때 중증탈수증을 조기경장수액료법으로 치료하기 위한 림상적연구」 2016;1:15-17

†경일, 김은주, 최순옥, 「쑥잎풀의 부분에 따르는 알레르겐성을 밝히기 위한 연구」 2016;1:17-18

†김일화, 리대철, 「단너삼으로부터 다당을 추출하기 위한 연구」 2016;1:18-19

†방시현, 남철송, 「고열환경에서 위장분비배설기능에 대한 실험적연구」 2016;1:20-21

†박미화, 리영일, 「항염증약에 의한 부작용의 발생형태에 대한 연구」 2016;1:21-22

†엄성철, 리철진, 「벌꽃가루와 인삼의 항산화작용에 대한 분자생물학적연구」 2016;1:23-24

†최은경, 김승철, 「간경변때 식도정맥류를 예측하기 위한 연구」 2016;1:25-26

†리은주, 강윤희, 김진숙, 「천골-후두골교정 및 전기자극병합료법으로 보행장애를 치료하기 위한 연구」 2016;1:26-27

†방광명, 김경선, 「옥손과 염화벤잘코니움병합액의 소독효과에 대한 연구」 2016;1:28-29

†전휘봉, 박용철, 「악하선의 혈관에 대한 해부학적연구」 2016;1:29-30

†리명숙, 「안검하수의 가족성에 대한 림상적연구」 2016;1:30-31

†김용남, 리봉철, 「탄소주광치료와 자기마당병합료법이 유합지연성골절의 림상증상에 미치는 영향에 대한 연구」 2016;1:31-32

†차명남, 「친척급수에 따르는 선천성심장기형의 유전에 대한 연구」 2016;1:33-34

†김남철, 김영일, 「발목관절의 외상성변형과 기능장애의 진단기준을 확립하기 위한 렌트겐해부학적연구」 2016;1:34-35

†백성남, 오인택, 「조직화학적정색반응으로 정액의 유무를 판정하기 위한 연구」 2016;1:35-36

†리성일, 장광원, 「다리의 중증, 광범한 만성허혈성질병을 유경대망막이식술로 치료하기 위한 림상적연구」 2016;1:37-38

†리영운, 한진향, 「신경성울증의 림상증후학적특징에 대한 연구」 2016;1:38-39

†김주성, 김영률, 「몇가지 약물이 흰쥐위점막 H+/K+-ATP효소활성에 미치는 영향에 대한 실험적연구」 2016;1:39-40

†김윤희, 「카르복시메틸셀룰로즈나트리움(CMC-Na)을 조혈줄기세포무지형성배양기의 기질로 쓰기 위한 연구」 2016;1:40-41

†리경철, 최연희, 「망막파괴때 망막두께에 대한 실험조직학적연구」 2016;1:42-43

†최향순, 리경일, 전은희, 「고혈압환자들에게서 확장기능장애를 평가하기 위한 연구」 2016;1:43-44

†위근혁, 조승길, 「리보핵산주사약의 시험관내항산화활성에 대한 연구」 2016;1:44-45

†최복순, 김성혁, 「뇨로감염증환자에게서 분리된 병원성세균들의 항생제감수성 및 내성에 대한 연구」 2016;1:45-46

†리은애, 윤용학, 「성장기흰쥐에게 LPS를 주입하였을 때 소장조직의 변화를 밝히기 위한 실험적연구」 2016;1:46-47

†강현미, 김승철, 「고주파초음파탐촉자에 의한 간표면평가로 미세결절형간경변증을 진단하기 위한 연구」 2016;1:47-48

†김은철, 김성준, 「공통DNA배렬을 리용한 DNA질평가와 동물종식별에 대한 연구」 2016;1:48-49

†리광진, 「랭동료법으로 원형탈모증을 치료하기 위한 림상적연구」 2016;1:49-50

†렴혜일, 방시현, 「흰쥐멀미모형에서 위전기활성에 대한 연구」 2016;1:50-51

†김혁, 김태원, 「항균펩티드의 항생작용에 대하여」 2016;1:52

†최명환, 남호석, 「2세대 항정신병약 클로자핀의 효과성과 부작용」 2016;1:53-54

†리명선, 리보흠, 「원인불명열이 강직성척추염에 전신염증성반응증후군이 합병된 것으로 진단된 증례」 2016;1:54-55

†김광혁, 「오존치료법의 최근추세에 대하여」 2016;1:56

<조선의학> 2016년 2호

†리정금, 윤재성, 정철용, 「제한효소 BstX 2I의 반응조건을 밝히기 위한 연구」 2016;2:4-5

†김윤미, 조신옥, 「근긴장성디스트로피때 DMPK유전자변이와 몇가지 림상증상에 대한 연구」 2016;2:5-6

†김원식, 박정림, 리장덕, 「테트로도카인과 1%리도카인병합주입이 주요장기기능에 미치는 영향에 대한 연구」 2016;2:7-8

†김승철, 김운철, 「급성심근경색환자에게서 경색전협심증의 유무와 발생시기에 따르는 합병증의 발생빈도와 단기예후에 대한 림상적연구」 2016;2:8-9

†리철진, 김영덕, 리철민, 「세프트리악손반응액과 반응검사법에 대한 림상의학적 연구」 2016;2:10

†리천섭, 안명철, 「수자식전기침치료기로 몇가지 신경계통질병을 치료하기 위한 림상적 연구」 2016;2:10-12

†신유철, 리명철, 정남혁, 「유전적비만위험성예측에 대한 연구」 2016;2:12-13

†조은옥, 소대창, 「자궁경부암(조기암)환자들에게서 무혈색소성적혈구카탈라제활성에 대한 연구」 2016;2:13-14

†공현우, 「감마선차페판(PGP-1)의 차페효과에 대한 실험적연구」 2016;2:14-15

†리만우, 김석송, 「계측수단에 따르는 적혈구직경변화를 밝히기 위한 연구」 2016;2:15-16

†최승혁, 「기능성소화장애때 병형에 따르는 몇가지 혈액성분함량의 변화를 밝히기 위한 연구」 2016;2:16-17

†김창렬, 김영희, 김창덕, 「미량원소주사약으로 뇌종양을 치료하기 위한 연구」 2016;2:18

†정홍철, 리광희, 「자궁경관점액과 타액에서 고사리잎모양결정의 프락탈특성에 대한 연구」 2016;2:19-20

†리광명, 조현철, 김용식, 「사람인터페론-γ의 항종양작용에 대한 실험적연구」 2016;2:20

†양송희, 김광명, 「늙은이페염때 셀렌 및 아연제제가 혈청항산화효소의 활성에 미치는 영향」 2016;2:21

†홍경철, 「연수내공통핵에 대한 세포구축학적연구」 2016;2:21-22

†김성원, 리혁철, 「장불통증모형흰쥐의 몇가지 지표들에 대한 실험적연구」 2016;2:23

†리은주, 김진숙, 「신전운동과 전기자극배합료법이 압박성신경장애의 회복에 미치는 영향에 대한 실험적연구」 2016;2:24

†박윤철, 장기철, 「디젤유연소가스가 란소적출흰쥐의 기관지페포세척액중 몇가지 지표에 미치는 영향에 대한 실험적연구」 2016;2:25

†리정혁, 유일, 「요부추간판수핵의 중심점의 위치에 대한 해부학적연구」 2016;2:26-27

†리은향, 안양, 「파라메시움아셀영양가루의 항산화작용을 밝히기 위한 실험적연구」 2016;2:27-28

†김창혁, 최광호, 허충국, 「구개편도적출술때 항생제주입방법이 수술후 회복에 미치는 영향」 2016;2:28-29

†김덕수, 김성규, 「만성턱뼈골수염을 일으키기 위한 실험적연구」 2016;2:29-30

†김명철, 홍정임, 「RBF신경망에 의한 자궁의 종양성질병예측모형수립에 대한 연구」 2016;2:30-32

한반도 보건의료, 생명을 살리는 담대한 도전

†라련순, 맹현옥, 「만기임신부들의 태반부착부위와 태아위치관계를 밝히기 위한 초음파학적연구」 2016;2:32-33

†방시현, 김성철, 「고열저운동환경이 운동능력에 미치는 영향에 대한 실험적연구」 2016;2:33-34

†김용남, 리봉철, 「탄소주광치료와 자기마당병합료법에 의한 유합지연성골절의 치료후 렌트겐소견」 2016;2:35

†김진희, 전명일, 「월경주기에 따르는 란소의 변화를 밝히기 위한 초음파계측학적연구」 2016;2:36

†석남주, 「티탄부자로 아래턱골절을 치료하기 위한 림상적연구」 2016;2:37

†리은애, 윤용학, 「흰쥐괴사성장염모형에서 몇가지 화학적손상지표들에 대한 실험적연구」 2016;2:38

†강경심, 리규광 , 「오메푸라졸, 아목시실린, 산죽엑스싸락약병합료법에 의한 유문라선균제균후 위점막에 대한 연구」 2016;2:39

†리주남, 박송, 「요부경막외마취와 국소한 랭료법을 병합한 무통해산법에 대한 림상적연구」 2016;2:40-41

†김춘섭, 전춘희, 전명선 , 「메틸렌청법으로 고혈압환자들의 혈액과산화지질함량변화를 밝히기 위한 연구」 2016;2:41-42

†홍정애, 리성철, 조신옥, 「혈우병A, B형때 몇가지 피응고능지표들에 대한 연구」 2016;2:42-43

†유영철, 리성국, 「경뇌막하혈종의 보존적인 고주파치료적응증선정을 위한 화상및 림상적연구」 2016;2:43-44

†한철남, 조현철, 최영성, 「콩팥암때 콩팥동맥전색술후 림상병리학적소견에 대한 연구」 2016;2:44-45

†리명선, 「무릎관절증의 비약물성치료방법에 대한 림상적연구」 2016;2:45-46

†한원일, 김명남, 「식도암에서 암억제유전자p16의 프로모터CpG섬의 메틸화상태에 대한 연구」 2016;2:46-47

†황인국, 선경진, 「일부 락혈들의 침자극때 통전전류량과 피부온도의 변화에 대한 연구」 2016;2:47-48

†홍춘식, 오인택, 「내장장기철함량에 대한 실험적연구」 2016;2:48-49

†김성익, 조경철, 「나노Fe3O4-니트로섬유소(NC) 복합립자의 활성화조건에 따르는 뇌수단백면역혈청들의 결합특성에 대한 연구」 2016;2:49-50

†리옥경, 최성국, 장명진, 「복명1호주사약이 직장암수술후 환자치료에 미치는 영향」 2016;2:51

†김광혁, 리청원, 라평일, 「유선질병들을 조기적발하기 위한 연구」 2016;2:51-52

†렴은희, 「가온산소주입료법에 의한 장관내회충증의 치료에 대한 연구」 2016;2:53

†리철, 김호건, 「면역조절제가 몇가지 위질병들에 미치는 영향에 대한 연구」 2016;2:54

†최향순, 전은희, 「심방세동의 새로운 분류와 최근 치료방법에 대하여」 2016; 2:55

†한광원, 정윤경, 「투석환자에게서 관상동맥질병의 위험평가지표」 2016;2:56

†최은경, 「간경변증때 초음파단층상 식
도정맥류예측지표들의 림상적유용성」
2016;2:38

†최향미, 「페선암때 EGFR유전자변이와
남녀 및 나이와의 관계」 2016;2:52

†리란, 「내막손상때 동맥벽비후의 형태상
특성」 2016;2:54

⟨조선의학⟩ 2016년 3호

†리창, 최승혁, 「내시경에 의한 나노은국
소주입료법으로 위십이지장궤양을 치료
하기 위한 연구」 2016;3:5-6

†신찬재, 신문재, 「초음파단층도법으로 건
강한 사람의 혈관내피세포기능상태를
평가하기 위한 연구」 2016;3:6-7

†김영일, 림광수, 「위경의 일부 침혈자극
이 각이한 상태의 담낭에 미치는 영향」
2016;3:7-8

†감민철, 김광박, 「저용량아스피린료법때
타액중 살리칠산배설동태에 기초하여
태아발육을 촉진시키기 위한 림상적연
구」 2016;3:8-9

†리영균, 김덕수, 김성언, 「다혈소판혈장
(PRP)을 얻기 위한 실험적연구」 2016;
3:9-10

†박철이, 김락원, 「만성담낭염(무석성)의
진단기준을 확립하기 위한 림상적연구」
2016;3:10-11

†김인철, 장철수, 「내관, 공손혈침료법으
로 유문라선균의 제균효과를 높이기 위
한 연구」 2016;3:11-12

†김영철, 최광일, 「급성후두염을 초음파아
에로졸흡입과 저주파로 치료하기 위한
림상적연구」 2016;3:12-13

†원설란, 정남진, 「혈관초음파화상에서 상
박동맥직경의 자동측정방법에 의한 혈
관내피기능검사의 정확성에 대한 연구」
2016;3:14

†정기천, 김덕환, 「기능성과당효모가 운동
력과 몇가지 불리한 환경에서 견딜성에
미치는 영향에 대한 연구」 2016;3:15-16

†최승혁, 「기능성소화장애때 병형에 따르
는 심장박동변동특성량과 자각증상과의
관계를 밝히기 위한 연구」 2016;3:16

†최복순, 김성혁, 「뇨로감염증때 자기예방
약적용에 대한 연구」 2016;3:17

†리숙영, 주혜숙, 「효소적으로 B형적혈구
를 O형으로 전환시킨 피를 A형과 O형
환자에게 수혈」 2016;3:17

†리윤경, 리광명, 「우로키나제와 스트렙토
미찐병합주입이 결핵성삼출성심낭염모
형토끼의 일부 검사지표에 미치는 영향
에 대한 연구」 2016;3:18

†오영숙, 김현희, 「단삼지렁이혈전교갑약
에 대한 실험적연구」 2016;3:19-20

†리란희, 리원삼, 「비만증을 황금비만알약
과 침을 병합하여 치료하기 위한 림상적
연구」 2016;3:20-21

†신리화, 라상호, 「레시마린이 사염화탄
소간장애때 일부 지표들에 미치는 영향」
2016;3:21

†최동철, 정병남, 김학철, 「지방유래줄기
세포를 간세포로 분화시키기 위한 연구」
2016;3:22-23

†강철진, 「흰쥐전광모형에서 뇌수조직생화학지표값들의 변화를 밝히기 위한 실험적연구」 2016;3:23-24

†김현철, 리철용, 오승문, 「알부민-덱스트란결합반응의 몇가지 최적조건확립에 대한 연구」 2016;3:24-25

†강련희, 안광건, 현성일, 「지주막하출혈의 중증도에 따르는 림상적특징을 밝히기 위한 연구」 2016;3:25-26

†정진혁, 조현철, 「화상심도에 따르는 소화관변화에 대한 실험병리학적 연구」 2016;3:26-27

†김일명, 김성국, 「당뇨병성심장장애모형에 대한 실험병리학적 연구」 2016;3:27-28

†렴경옥, 최순옥, 「사람백혈구항원의 감작상태판정을 위한 판넬반응성항체측정방법확립에 대한 연구」 2016;3:28-29

†채혜경, 김호일, 「홍채진단기에 의한 몇가지 질병진단방법에 대한 연구」 2016;3:29-30

†강영길, 홍영일, 「타박치료외용약-스포투잘겔에 대한 림상적연구」 2016;3:30-31

†최룡국, 조영근, 「고혈압흰쥐모형에서 적혈구막의 력학적특성값과 몇가지 혈액류동학적지표에 대한 연구」 2016;3:31-32

†정강호, 「머리렌트겐화상분석체계에 의한 얼굴뼈의 3차원측정에 대한 연구」 2016;3:32-33

†윤설미, 주영천, 「협심증의 치료방법이 합병증발생에 미치는 영향」 2016;3:33-34

†리정혁, 강원혁, 「흰쥐좌골신경간절단 후 몇가지 지표들에 대한 실험적연구」 2016;3:34-35

†조송일, 윤금성, 「결장암의 경과에 따르는 혈청NO의 함량변화에 대한 연구」 2016;3:35-36

†우순옥, 림경순, 「일부 장기암환자들에게서 부하후 심장박동수감쇠시정수의 림상적의의에 대한 연구」 2016;3:36-37

†박성림, 장은정, 「흰쥐단백오줌모형에서 토리체 및 세뇨관의 장애를 밝히기 위한 연구」 2016;3:37-38

†김설웅, 박영철, 김승길, 「엔테로비루스 71형의 배양조건에 대한 연구」 2016;3:38-39

†김기정, 최만석, 「50%류산마그네시움과 아트로핀병합료법으로 중증기관지천식발작을 치료하기 위한 림상적연구」 2016;3:39-40

†림창걸, 김영수, 「기흉의 흉강경하탈크유착술에 대한 림상적연구」 2016;3:40-41

†김세철, 김성철, 「원위부뇨도협착에 대한 견인접합수술에 미치는 몇가지 인자들의 영향」 2016;3:41

†김영식, 김진숙, 「탄소주광료법과 저주파자극료법배합이 상박신경총염의 회복에 미치는 영향에 대한 림상적연구」 2016;3:42

†리규광, 남혜영, 박원혁, 「유문라선균제균후 소화성궤양의 위점막상변화에 대한 내시경적연구」 2016;3:43

†전수련, 강현석, 「시험관내에서 자기마당에 의한 자성나노철기름속의 철립자정체률을 구하기 위한 연구」 2016;3:44

†서지현, 김학일, 「운동성피로가 해마의 신경신생과 공간기억능력에 미치는 영향에 대한 연구」 2016;3:44-45

†박영철, 서영훈, 「블레오미찐기관내주입 때 혈청, 페조직, 기관지세척액에서 호산성페록시다제활성에 대한 실험적연구」 2016;3:45-46

†강금희, 강철, 남성호, 「새끼배기중독증 흰쥐에게서 몇가지 약물이 혈중프로스타글란딘E2수준과 일부 지표에 미치는 영향을 밝히기 위한 연구」 2016;3:46-47

†김봉찬, 리정철, 「병꽃풀, 율무쌀, 록두로 만든 단물약이 뇨로결석재발과 예방에 미치는 영향에 대한 연구」 2016;3:47-48

†남진, 최영권, 리영민, 「뇌실크기의 편측성인 변화를 고려한 CT뇌실측정방법」 2016;3:48

†박혁철, 김승철, 「산소의 성질과 그 리용에 대하여」 2016;3:49

†리철, 김경철, 「바레트상피화생으로부터 이형성 및 암으로의 이행」 2016;3:50-51

†림광수, 리건, 「생물전기활동기록기술을 리용한 침구술의 연구」 2016;3:51-52

†김성희, 조신옥, 「프라데르-윌리증후군에 대하여」 2016;3:52-53

†안덕영, 리명호, 「급성중증취장염발생때 국소동맥내약물지속주입방법의 리용과 그 효과」 2016;3:53

†장준혁, 김호일, 「최근 청진기의 발전과 리용전망에 대하여」 2016;3:54

†리명학, 최영권, 「림파관근종증과 버트-호그-두베증후군의 CT화상소견에 대하여」 2016;3:54-55

†정찬현, 「조영CT에 대하여」 2016;3:55

†윤명철, 리룡훈, 「식도정맥류에 대하여」 2016;3:55-56

<조선의학> 2016년 4호

†김희영, 「앙기오텐신전환효소저해약의 사용이 폐염의 예방과 치료에 미치는 영향에 대한 림상적연구」 2016;4:5-6

†조경희, 리진희, 「임신성고혈압때 약물치료시기와 혈압내림목표설정에 대한 림상적연구」 2016;4:6-7

†김동철, 김주형, 김학철, 「급성폐염의 중증도를 판단하는 진단모형작성에 대한 연구」 2016;4:8-10

†김진혁, 리정국, 박명숙, 「정량적구조활성상관관계에 의한 수생물독성예측모형작성에 대한 연구」 2016;4:10-11

†리연, 로경희, 「기능성소화장애를 항울약과 고려약을 병합하여 치료하기 위한 림상적연구」 2016;4:11-12

†리룡운, 김성호, 「벌풀주사로 급성토리체콩팥염을 치료하기 위한 연구」 2016;4:12-13

†김일완, 윤충일, 「사군자복합약뜸통치료법이 담도내회충증의 치료에 미치는 영향에 대한 림상적연구」 2016;4:13-14

†한명희, 리정금, 윤충일, 「십이지장내약물주입료법으로 원인불명의 열을 치료하기 위한 림상적연구」 2016;4:14-16

†리광일, 조예림, 정강선, 「복강경하 담낭 및 충수절제술때 약물가온분무식기복방법을 적용하기 위한 림상적연구」 2016;4:16-17

†김국철, 강원혁, 「복강내 담즙과 담석이 복막유착에 미치는 영향에 대한 실험적연구」 2016;4:18

한반도 보건의료, 생명을 살리는 담대한 도전

†김정순, 리진희, 「갓난아이의 간 , 취장 , 비장 , 콩팥, 신상선 및 자궁의 크기기준값을 밝히기 위한 초음파단층도학적연구」 2016;4:19-20

†장진석, 김금철, 「콩팥증증후군때 헤스글루아세트의 치료효과에 대한 림상적연구」 2016;4:20

†주홍매, 조신옥, 「오줌중 무코다당류산염 측정을 위한 최적조건확립에 대한 연구」 2016;4:21-22

†정향, 려종삼, 「등속시표이동에 따르는 원활성눈전위지표들에 대한 연구」 2016;4:22-23

†리창, 최승혁, 「항균저항성궤양을 나노은 국소주입료법으로 치료하기 위한 내시경적연구」 2016;4:23-24

†김종혁, 백경림, 「독세핀과 아미트립틸린이 잠효과와 지연에 미치는 영향에 대한 연구」 2016;4:24-25

†우영남, 김철수, 리정옥, 「남성불임증때 지속HCG료법이 산화스트레스발생에 미치는 영향」 2016;4:25-26

†리규원, 김경선, 「치사성유기린화합물을 면역학적방법으로 검출하기 위한 실험적연구」 2016;4:26-27

†조선희, 조신옥, 「FMRI유전자전변이가 있는 녀자들과 그 후대들에게서 몇가지 정신신경장애특성에 대한 연구」 2016;4:27-28

†윤충호, 김광철, 「L-카르니틴이 사염화탄소성간장애흰쥐의 몇가지 생화학적지표에 미치는 영향에 대한 실험적연구」 2016;4:28-29

†남진, 리명권, 「뇌실, 뇌조의 크기계측 및 평가방법을 합리화하기 위한 기준적인 CT 계측값설정에 대한 연구」 2016;4:29-30

†주향순, 최숙경, 「감별진단에서 모호지표에 대한 감별값결정의 한가지 방법」 2016;4:30-31

†려진주, 고박명, 「침, 부항자극이 과민성 장증후군환자의 위장운동운동기능에 미치는 영향에 대한 연구」 2016;4:32

†전성국, 황성국, 리정금, 「급성일산화탄소중독을 자기골수줄기세포이식료법으로 치료하기 위한 연구」 2016;4:33

†박철민, 지옥주, 리명진, 「DNA소편을 리용하여 사람CYP2C19유전자형을 검사하가 위한 연구」 2016;4:34-35

†임철민, 리호명, 「비오레민-알긴산겔의 실험약리학적특성에 대한 연구」 2016;4:35-36

†옥정식, 길창애, 안희광, 「백작취장염알약을 만들기 위한 연구」 2016;4:36-37

†하상일, 전대영, 손성철, 「대장암의 림상병리소견과 TGF-β유전자변이와의 호상관계에 대한 연구」 2016;4:37-38

†리영학, 길정철, 「식도를 침윤한 분문부위암때 림파절전이의 특징을 밝히기 위한 연구」 2016;4:38-39

†김진혁, 김령, 「운동성단백오줌과 유리기대사의 관계에 대한 실험적연구」 2016;4:39-40

†김설향, 리일건, 「급성위궤양모형집토끼귀에서 색조변화상태를 밝히기 위한 실험적연구」 2016;4:40-42

†김성식, 황주현, 「탄소주광료법으로 결절성갑상선종을 치료하기 위한 연구」 2016;4:42-43

†박진희, 방학민, 「띠식침혈자극기에 의한 여러 침혈동시자극방법과 그 효과」 2016;4:43-44

†최향미, 황경일, 「폐선암에서 EGFR유전자변이에 따르는 림상병리학적연구」 2016;4:44-45

†리철성, 최광익, 「운동영양제가 흰쥐운동능력과 산화적스트레스지표에 미치는 영향에 대한 실험적연구」 2016;4:45-46

†홍미향, 라문걸, 김영희, 「적혈구과당 1,6-디린산측정방법확립에 대한 연구」 2016;4:46-47

†럼경옥, 리영철, 「판넬반응성항체의 면역글로불린형측정방법확립에 대한 연구」 2016;4:47-48

†홍정애, 조신옥, 리성철, 「인트론22의 역위PCR에 의한 혈우병A보인자검출을 위한 연구」 2016;4:48

†김정민, 장태복, 「항cTn I단클론항체의 제조에 대한 연구」 2016;4:49-50

†리은혜, 류영하, 「폐고혈압증때 혈관내피기능을 평가하기 위한 실험적연구」 2016;4:50

†신광옥, 박은철, 박철국, 「히드록시염화알루미니움을 리용한 땀억제 및 냄새제거겔을 림상에 적용하기 위한 기초적연구」 2016;4:51

†박경남, 「세계적으로 먼거리의료봉사가 주목되고있는 배경에 대한 견해」 2016;4:52-53

†김금란, 백향옥, 「어린이질병의 종합적관리에 대하여」 2016;4:53

†리충호, 한철진, 「병원외래에서 기구검사의 리용효률평가」 2016;4:54

†양성도, 조명철, 「비타민K의 유기체내변환과 그 의의」 2016;4:55-56

†최춘식, 박원일, 「공초점라만분광검사법을 리용한 피부각질층에서 물분자의 물리화학적상태에 대한 최근 연구에 대하여」 2016;4:56

†안명희, 정명옥, 「림상현장즉시검사」 2016;4:57

<조선의학> 2017년 1호

†민선영, 김혜일, 조성림, 「심근경색때 관상동맥의 손상에 따르는 심근기능에 대한 연구」 2017;1:7-8

†박진희, 김욱, 「띠식침혈자극기가 몇가지 순환기질병증상개선에 미치는 영향을 밝히기 위한 연구」 2017;1:8-9

†한명희, 윤충일, 「카르베딜롤이 심부전이 합병된 확장형심근증의 관리에 미치는 영향에 대한 림상적연구」 2017;1:9-10

†송세일, 리원식, 「상박관절운동기능장애를 신전지압과 등척성운동으로 치료하기 위한 연구」 2017;1:10-11

†김원경, 김승혁, 최정무, 「훈증과 침치료를 배합하여 경추증을 치료하기 위한 림상적연구」 2017;1:11-12

†김영숙, 김정룡, 「직장암환자의 조직에서 HPP1 유전자프로모터령역의 메틸화와 몇가지 지표들사이의 관계」 2017;1:12-13

한반도 보건의료, 생명을 살리는 담대한 도전

†리진국, 조영근, 「당뇨병환자들에게서 적혈구막의 력학적특성값을 밝히기 위한 연구」 2017;1:13-14

†안광건, 전홍, 한은경, 「지주막하출혈때 뇌혈관련축의 조기예측을 위한 림상적연구」 2017;1:14-15

†변광국, 리남수, 김재욱, 「상갑상선동맥의 시작부에 대한 해부학적연구」 2017;1:15-16

†조명성, 장성진, 「세파덱스G-200에 의한 기관지염증모형에서 기관지폐포세척액 중 MPO활성과 몇가지 염증관련지표들에 대한 실험적연구」 2017;1:16-17

†염동윤, 리렬, 「공배양법으로 태아골수간엽성줄기세포를 간세포로 분화유도시키기 위한 연구」 2017;1:17-18

†리지혜, 최성화, 「기계적환기때 폐기능장애를 밝히기 위한 실험적연구」 2017;1:18-19

†길창애, 로례문, 「천연모생팅크제조에 대한 연구」 2017;1:19-20

†박용철, 전명일, 「직장과 그 주위구조물들에 대한 국소해부학적 및 CT계측」 2017;1:20-21

†김명희, 최은정, 「수유교갑으로 해산후 젖분비장애를 치료하기 위한 림상적연구」 2017;1:21-22

†유광철, 김두원, 「추골동맥폐색때 경두개영상색도플러법과 뇌혈관조영의 비교」 2017;1:22-23

†림성일, 김덕수, 「항생제를 함유한 자기혈액-린산칼시움충진물이 만성악골골수염치유에 미치는 영향에 대한 실험적연구」 2017;1:23-24

†박효철, 최문금, 「담암흰생쥐에서 재조합 lFNα2b와 IL-2병합의 항종양효과에 대한 실험적연구」 2017;1:24-25

†리인호, 김은주, 최순옥, 「피내시험에 의한 약물알레르기검사방법확립을 위한 연구(제1보)」 2017;1:25-26

†정석일, 김광수, 김영혁, 「콩깨묵효모수 배양기를 리용하여 류행성뇌척수막염균을 배양하기 위한 연구」 2017;1:26-27

†정남혁, 정성일, 신유철, 「칼리움통로와 술포닐뇨소접수체유전자들의 다형분석방법에 대한 연구」 2017;1:27-28

†위경심, 김성호, 「뚝감자차와 삼황산을 배합하여 화상성창상을 치료하기 위한 림상적연구」 2017;1:28-29

†리창건, 천광명, 리승걸, 「폴리류산철을 리용하여 병원오수를 정화하기 위한 연구」 2017;1:29-30

†전송심, 김상훈, 「갓난아이피부색의 정량적평가를 위한 지원체계개발에 대한 연구」 2017;1:30

†김진숙, 김현아, 전혁주, 「척추와 팔다리의 기능장애를 나타내는 축적외상질병을 자기치료 및 천골후두골교정과 자세회복훈련배합으로 치료하기 위한 연구」 2017;1:31-32

†리혁, 김유성, 원려현, 「기능단기여법에 의한 유독성물질의 독성예측방법에 대한 연구」 2017;1:32-33

†김준혁, 리성준, 「60Co-γ선과 정맥내 He-Ne레이자병합쪼임이 몇가지 종양면역지표들에 미치는 영향」 2017;1:33

†최득룡, 김숙영, 「몇가지 뇌혈관질병때 침혈진단의 정보화에 대한 림상생리적 연구」 2017;1:34

†임광철, 정원, 「마비환자들에게서 일부 경혈사이의 전류관계에 대한 연구」 2017;1:34-35

†채춘광, 최성준, 「경흉신경절차단이 시클로포스파미드주입토끼의 몇가지 면역장기와 말초혈액에 미치는영향에 대한 조직학적연구」 2017;1:35-36

†송미향, 정명철, 「사람유두종비루스변이형E7(HPV16mE7)-결핵균 열쇼크단백65(hsp65)융합발현유전자의 제조에 대한 연구」 2017;1:36-37

†김광복, 「침치료와 수법치료를 배합하여 만성전위선염을 치료하기 위한 림상적 연구」 2017;1:37-38

†정철호, 정철석, 「회맹부에 생긴 크론병, 장결핵, 장암의 림상적특징을 밝히기 위한 연구」 2017;1:38-39

†최성국, 김정실, 권혁찬, 「그레이브즈병의 131I치료효과에 대한 림상적연구」 2017;1:39-40

†리경식, 김봉혁, 심영률, 「보단잎물약의 지질낮춤작용에 대한 림상적연구」 2017;1:40

†현일, 전인옥, 「생당차조향음료가 만성간장애에 미치는 영향에 대한 림상적연구」 2017;1:41

†안광혁, 김광현, 「상박이두근과 배장근의 최대수축력을 결정하기 위한 연구」 2017;1:41-42

†로경희, 전충호, 「어린이자페증을 약물로 치료하기 위한 연구」 2017;1:42

†정순남, 윤영숙, 최덕성, 「골수염원인균들의 항생소감수성에 대한 연구」 2017;1:43

†김은철, 박명석, 「고온처리한 이발에서 DNA의 유무확인에 대한 연구」 2017;1:43-44

†조계룡, 리원섭, 려종삼, 「극초단파쪼임이 건강 및 당뇨병모형흰생쥐의 혈당저하에 미치는 영향에 대한 실험적연구」 2017;1:44-45

†정옥심, 리명철, 「벌풀-피브로인막제로 어린이화상성창상을 치료하기 위한 연구」 2017;1:45-46

†김정민, 리명국, 「비오틴표식항체법에 의한 항cTnI단클론항체의 항원결정기분석에 대한 연구」 2017;1:46-47

†남혜영, 리은하, 「급성위점막병변의 원인 및 발병부위에 대한 연구」 2017;1:47

†정국철, 김광건, 「아폽토지스와 자기면역질병」 2017;1:48-49

†홍혜숙, 「입안암의 조기진단과 예방에 대하여」 2017;1:49-50

†리대철, 림옥, 「비침습성비강예방약개발의 최근추세」 2017;1:50-51

†길자평, 김명준, 「별모양신경절봉쇄가 흉선의 면역기능에 미치는 영향에 대하여」 2017;1:51-52

†문송희, 라련순, 「페경전후부정성기출혈을 일으키는 몇가지 자궁내막병변들에 대하여」 2017;1:52-53

†림설옥, 김향미, 「록내장의 예방」 2017;1:53

†최성진, 「흉부렌트겐화상자동분석에서 마스크기술의 리용」 2017;1:53-54

†안명희, 정명옥, 「면역크로마토그라피에 의한 항원검출법」 2017;1:54-55

†장은혜, 리강진, 「인구일제조사에 대하여」 2017;1:55

†안명희, 「화학발광 생물발광면역측정법」 2017;1:56

<조선의학> 2017년 2호

†박준일, 김윤수, 「저주파임풀스침자극과 메르카졸병합료법으로 갑상선중독증을 치료하기 위한 림상적연구」 2017;2:5

†리영실, 장수, 전금철, 「탄닌산입안점막궤양가루약과 류미환병합료법으로 재발성아프타성입안염을 치료하기 위한 림상적연구」 2017;2:6

†김지혜, 한철진, 「콤퓨터모의모형에 의한 입원실침대리용 평가지표예측에 대한 연구」 2017;2:7

†고일경, 김용식, 「사람인터페론α8유전자 치료용 플라즈미드운반체의 제조에 대한 연구」 2017;2:8

†최광혁, 최수일, 「대황과 오이풀뿌리의 인터페론(IFN) 유발작용을 밝히기 위한 실험적연구」 2017;2:9

†김진주, 리원철, 김원희, 「RT-PCR방법으로 사람트롬보포이에틴유전자를 합성하기 위한 연구」 2017;2:10-11

†윤설경, 문성철, 「L-NAME에 의한 간손상때 H2S가 혈청지질대사와 수축기혈압에 미치는 영향을 밝히기 위한 실험적연구」 2017;2:11-12

†리성준, 장석순, 「뇌허혈이 대뇌해마핵의 구조에 미치는 영향을 밝히기 위한 실험병리학적연구」 2017;2:12-13

†허철미, 정남진, 「2통로지첨용적맥파에 의한 맥파전달속도평가에 대한 연구」 2017;2:13-14

†김성철, 조일웅, 「젖산균복합제제로 만성저산성위염을 치료하기 위한 림상적연구」 2017;2:14-15

†박순영, 김승국, 「지연형알레르기피부반응으로 차단항체산생 부전성류산을 진단하기 위한 연구」 2017;2:15-16

†위영란, 박은철, 「그레이브즈병수술이 눈증상에 미치는 영향에 대한 연구」 2017;2:16-17

†황금선, 정향, 「근전위부호렬분석법으로 근육피로상태를 평가하기 위한 연구」 2017;2:17

†리룡운, 김윤이, 「벌풀주사로 급성토리체콩팥염을 치료하기 위한 림상적연구」 2017;2:18

†김승석, 하위진, 「창외연장고정장치로 근골골절후 편평족(평발)을 예방치료하기 위한 림상적연구」 2017;2:18-19

†박송실, 리영민, 「몇가지 고려약 침혈주사료법이 대퇴골두무균성괴사의 림상증상에 미치는 영향에 대한 림상적연구」 2017;2:19-20

†김용국, 박선화, 「2형당뇨병환자들에게서 동맥경화증의 위험인자집적수가 경동맥경화증에 미치는 영향에 대한 연구」 2017;2:20-21

†량춘금, 최은심, 「심바스타틴과 파파베린염산염의 병합료법으로 지주막하출혈때의 뇌혈관련축을 치료하기 위한 림상적연구」 2017;2:21-22

†박설희, 최효심, 최주성, 「630nm과장의 LED빛쪼임이 알레르기성피부염때 몇가지 면역기능에 미치는 영향에 대한 실험적연구」 2017;2:22-23

†박충혁, 김성학, 「간암때 혈청세포유리 DNA함량측정에 관한 연구」 2017;2:23-24

†정은혁, 「수면전과정에 대한 뇌파분석으로 수면의 질평가지표들을 확정하기 위한 연구」 2017;2:24-25

†강현석, 리남수, 「상, 중, 하심장신경의 출현률과 출발위치에 대한 해부학적연구」 2017;2:25-26

†배현우, 류광일, 강성필, 「노카르디아세포벽골격이 장티브스-파라티브스-콜레라혼합 예방약의 면역효과에 미치는 영향에 대한 실험적연구」 2017;2:26

†김철, 우성철, 「어린이혈청, 머리카락, 침속에서 주요미량원소들의 호상관계를 밝히기 위한 연구」 2017;2:27-28

†김유진, 황정민, 석철남, 「간엽성줄기세포동정을 위한 CD71단사슬항체 현시파쥐의 제조에 대한 연구」 2017;2:28-29

†김기철, 김경선, 「키토나노셀렌의 방사보호효과에 대한 연구」 2017;2:29

†박경민, 오인택, 「몸질량, 직업에 따르는 손바닥의 해부학적특성에 대한 연구」 2017;2:30

†우순옥, 김영성, 「페암환자들에게서 부하심전도에 의한 심장기능평가로 수술 및 수술후 림상경과를 예측하기 위한 연구」 2017;2:31

†리인호, 김은주, 「피내시험에 의한 몇가지 항생제약물알레르기 검사방법확립을 위한 연구」 2017;2:32

†서남일, 김성도, 「동맥경화모형에서 비효소적당화관련지표들에 대한 실험적연구」 2017;2:33

†조정필, 「출혈성산증모형동물에게 미치는 몇가지 강심약들의 약리작용에 대한 연구」 2017;2:33-34

†유광철, 「추골동맥의 기질적변화에 의한 어지럼증때 경두개영상색도플러법으로 추골동맥폐색부위에 따르는 혈류동태를 밝히기 위한 연구」 2017;2:34-35

†리일경, 오봉환, 「전자식피부온도자극검사기에 의한 한랭두드러기의 진단 및 중증도평가에 대한 연구」 2017;2:35-36

†고정란, 전명호, 「보간영양가루의 간보호작용에 대한 실험적연구」 2017;2:36-37

†진세현, 강영걸, 「페자기암항원제조에 미치는 몇가지 인자들의 영향」 2017;2:37-38

†정남혁, 정성일, 「글리벤클라미드반응성과 칼리움통로 및 술포닐뇨소접수체유전자다형사이의 관계에 대한 연구」 2017;2:39

†김영숙, 김정룡, 「직장암환자의 조직에서 HPP1 유전자프로모터령역의 메틸화와 몇가지 지표들사이의 관계」 2017;2:40

†주향순, 최숙경, 「확률밀도함수로 정량지표에 대한 감별진단결수를 얻기 위한 연구」 2017;2:41-42

†박명진, 강원혁, 「콩이소플라본이 항산화작용에 미치는 영향에 대한 실험적연구」 2017;2:42

†김억철, 리명기, 「위내시경 생검조직의 도장진으로 디스플라지아의 도수를 감별하기 위한 세포형태학적연구」 2017;2:43

†정인권, 「병력정보언어관리체계의 구성과 프로그람적실현에 대한 연구」 2017;2:44

†송철남, 강춘실, 「아르겐살주사약이 토끼의 혈액과 혈관조직에 미치는 영향」 2017;2:44-45

†김은철, 장성진, 「허혈재관류성심근손상모형에서 기질금속단백분해효소의 활성에 대한 실험적연구」 2017;2:45-46

†송정식, 김경흠, 왕순화, 「γ-아미노버터산이 풍부한 밀눈가루제조조건을 밝히기 위한 연구」 2017;2:46-47

†박진희, 전대영, 「수술전 TM화학치료를 받은 유선암환자들에게서 CBS유전자 844삽입 68bp와 화학치료반응성사이의 관계에 대한 연구」 2017;2:47

†엄은광, 방시현, 「에알린비누의 소독효과에 대한 연구」 2017;2:48-49

†강철민, 최효심, 최주성, 「좁은대역-중파

자외선(NB-UVB) 쪼임이 심상성건선의 림상증상에 미치는 영향에 대한 연구」 2017;2:49

†로혁성, 리영, 「만성콩팥부전모형에서 비타민D3(활성형)이 몇가지지표들에 미치는 영향에 대한 연구」 2017;2:50

†리훈, 라상호, 「황금간염주사약이 사염화탄소중독성간장애에 미치는 영향에 대한 실험적연구」 2017;2:51

†박순철, 장성용, 「최근에 밝혀진 몇가지 약물들의 새로운 작용에 대하여 (2)」 2017;2:52

†조명철, 조명수, 「혈압의 일내변동을 고려한 고혈압약물료법」 2017;2:53

†김환성, 최정숙, 「사람태줄피세포의 랭동건조보존에 대한 연구」 2017;2:53-54

†김명혁, 「진동자극훈련이 체력단련과 회복치료에 미치는 영향」 2017;2:54-55

†리충환, 송광철, 「병기에 따르는 식도암의 치료」 2017;2:55-56

†김철우, 한명실, 「후복막종양의 분류, 진단, 및 치료에 대하여」 2017;2:56

†배은수, 최혁, 「《동의보감》 잡병편에 대한 자료체계의 확립」 2017;2:57

<조선의학> 2017년 3호

†리국철, 김철준, 리철용, 「염산아닐린에 의한 혈당측정방법의〈X-R〉관리도작성에 대한 연구」 2017;3:4

†표금천, 정귀성, 「동결보존후 보존기초용액이 세포생존률에 미치는 영향에 대한 연구」 2017;3:5

†변충국, 리철준, 백성룡, 「간손상모형흰생쥐에서 프로파게르마니움의 간보호작용에 대한 연구」 2017;3:6

†장철, 오인택, 「손발톱에서 핵산을 추출하기 위한 연구」 2017;3:7

†리명순, 리청원, 서옥영, 「유선암화학치료의 부작용을 인삼, 덱사메타존약침으로 치료하기 위한 림상적연구」 2017;3:7-8

†리영남, 박수일, 「라선형역삼투모듈의 재생과 음료수정제특성에 대한 연구」 2017;3:8-9

†전철, 라문걸, 「음성질소평형모형흰쥐의 근육조직에서 생화학적지표들에 대한 연구」 2017;3:9-10

†김영희, 안영란, 「약시를 비약물성료법으로 치료하기 위한 림상적연구」 2017;3:10-11

†김향금, 황경일, 「비대성심근증의 조직소견에 대한 연구」 2017;3:11

†김대성, 심영률, 「금당화꽃차가 혈청지질에 미치는 영향에 대한 실험적연구」 2017;3:12

†김현아, 황경일, 「갑상선암의 병리형태학적연구」 2017;3:12-13

†진명철, 안성태, 「염화암베노니움이 장운동기능에 미치는 영향에 대한 실험적연구」 2017;3:13-14

†황원, 곽장철, 양성일, 「팔관절식창외고정기로 팔개방성골절을 치료하기 위한 림상적연구」 2017;3:14-15

†리성철, 주동임, 「비만과 과체중때 몇가지 비만관련지표들에 대한 연구」 2017;3:15-16

†박철진, 김영남, 정성훈, 「살모사독을 암치료에 리용하기 위한 림상적연구」 2017;3:16-17

†김국화, 「당뇨병성신경장애의 림상적특징을 밝히기 위한 연구」 2017;3:17-18

†김성민, 홍영일, 한명일, 「폴리도카놀주사약에 의한 원발성다리정맥류의 경화료법에 대한 림상적연구」 2017;3:18-19

†김철남, 리명혜, 리성기, 「자궁근종환자들의 자궁동맥주행에 대한 혈관조영학적연구」 2017;3:19-20

†최영학, 김기성, 「뇌막종의 부위에 따르는 림상증상에 대한 연구」 2017;3:20-21

†조명철, 현은옥, 「암로디핀, 라미프릴, 로자르탄병합료법으로 콩팥성고혈압을 치료하기 위한 림상적연구」 2017;3:21-22

†장길정, 리연, 「기능성위장질병들의 중첩상태때 항우울약과 류주부항의 배합치료가 생활의 질에 미치는 영향에 대한 연구」 2017;3:22-23

†김명혁, 정광민, 류창식, 「간담도내 담석배설을 위한 경피경간담도루조설술에 대한 림상적연구」 2017;3:23-24

†김선희, 강창연, 「뇌발육장애때 신경행동반응에 미치는 요드의 영향에 대한 실험적연구」 2017;3:24-25

†박진향, 김철남, 「요부지주막하강압지속감시 및 간헐배액치료가 중증두개내출혈후 사망률과 기능에 미치는 영향에 대한 림상적연구」 2017;3:25-26

†리영실, 전금철, 장수, 「탄닌산입안점막 궤양가루약과 류미환병합료법이 혈액과 혈압에 미치는 영향」 2017;3:26-27

†로경남, 「톡소플라스마항원감작혈구진단액의 특성평가에 대한 연구」 2017;3:27-28

†림대찬, 리명국, 김은령, 「차조기잎엑스의 항산화작용에 대한 실험적연구」 2017;3:28-29

†주영선, 소대창, 「색소금속염들을 리용한 레이자빛쪼임이 유선암조직의 기질금속단백분해효소활성에 미치는 영향에 대한 연구」 2017;3:29

†리현희, 장정현, 「덱사메타존주사가 급성 근단성치주염으로 인한 아픔에 미치는 영향에 대한 연구」 2017;3:30

†하위진, 리춘일, 「개방성골절때 드러난 뼈병조를 뼈천로술과 오존수로 치료하기 위한 림상적연구」 2017;3:30-31

†송원일, 황경일, 리영금, 「암성복수가 있는 란소암에 대한 림상적연구」 2017;3:31-32

†한명일, 김상훈, 「연부조직폐쇄성손상부위의 피부색변화를 밝히기 위한 연구」 2017;3:32-33

†허원, 리승재, 「아편꽃열매깍지엑스희석액의 항균작용에 대한 실험적연구」 2017;3:33

†최원남, 송세일, 「평양시간에 따르는 우리 나라 해빛복사세기의 몇가지 특성에 대한 연구」 2017;3:34-35

†정철, 「척수-경막외병합마취때 경막외강 용적확장법을 적용하기 위한 림상적연구」 2017;3:35-36

†김영성, 조신옥, 「신경섬유종증의 유전역학적특징에 대한 연구」 2017;3:36-37

†박용철, 양택림, 「뇌수의 운동지각부위 혈관압박때 대뇌피질에서의 형태학적변화를 밝히기 위한 연구」 2017;3:37-38

†김경일, 박철남, 「유선건강조직과 유선종양조직에서 Bcl2와 Bax유전자의 mRNA 수준에서의 발현비에 대한 연구」 2017;3:38-39

†박혜영, 장철, 「메틸렌청으로 피로상태를 평가하기 위한 연구」 2017;3:39-40

†리용진, 리보흠, 리명학, 「무릎관절증환자들에게서 의의있는 증상 및 증후들과 진단과의 관계」 2017;3:40-41

†김승석, 리춘일, 「내전근관개대술에 의한 만성폐색성동맥질병치료에 대한 림상적연구」 2017;3:41-42

†김영식, 김진숙, 황금선, 「광선치료와 저주파자극병합료법으로 상박신경총염을 치료하기 위한 림상적연구」 2017;3:42-43

†김춘학, 리창식, 「얼굴신경관속에서 고삭신경주행에 대한 해부학적연구」 2017;3:43-44

†민현일, 박혁철, 「비만한 사람에게서 내피의존성혈관확장반응과 최대산소섭취량과의 관계에 대한 연구」 2017;3:44-45

†길영건, 리경진, 「메틸알콜동화성효모에서 앙기오텐신-HBc융합단백질의 발현을 위한 연구」 2017;3:45-46

†정광복, 백영애, 「어린이1차성콩팥증증후군때 오줌IgM과 일부 생화학적검사지표들과의 호상관계를 밝히기 위한 연구」 2017;3:46-47

†한명철, 리영철, 「항사람혈청건조면역란황분말의 제조와 그 특성에 대한 연구」 2017;3:47-48

†조은철, 강원혁, 「페손상모형을 만들기 위한 연구」 2017;3:48

†정원, 문명혁, 「운동부하후 시험운동에 의한 근전위와 자극역치에 대한 연구」 2017;3:48-49

†김영률, 리진혁, 「효모에 의한 실험적발열모형을 만들기 위한 연구」 2017;3:49-50

†윤경주, 안덕영, 「폴리도카놀주사약이 혈관경화에 미치는 영향에 대한 실험적연구」 2017;3:50

†김은철, 남정혁, 「개인식별을 위한 DNA원천으로서 이발의 구조적특성과 DNA분리방법에 대하여」 2017;3:51-52

†허윤아, 김형국, 「수중운동치료에 영향을 주는 물리적인자들」 2017;3:52-53

†안금성, 김광렬, 「전자기진동식머리부를 리용한 충격파치료기」 2017;3:53

†리성준, 오일선, 「해마에 대한 현대의학적견해」 2017;3:54-55

†한봄순, 최혜영, 「현대의학과 건강심리학」 2017;3:55

†김상훈, 유일, 「피부색의 최근 연구동향에 대하여」 2017;3:56

†윤희춘, 전영찬, 「콤퓨터미측계와 혈구계측프로그람만들기」 2017;3:57

〈조선의학〉 2017년 4호

†림은경, 리철, 「고온, 리도카인, 에토포시드병합체외정화가 몇가지 종양세포에 미치는 영향」 2017;4:4-5

†방창일, 태승국, 「늙은이위암때 병리형태학적분류에 따르는 분문쪽 침윤거리에 대한 연구」 2017;4:5-6

†로재훈, 양원철, 「신경류형과 지능과의 관계에 대한 연구」 2017;4:6

†오일, 주희성, 「심장판막치환술후 와르파린주입때 합리적인 항응고기준을 밝히기 위한 연구」 2017;4:7

†최설경, 박승일, 「임신자연중절과 모체의 MTHFR유전자 C677T다형과의 관계에 대한 림상적연구」 2017;4:8

†채광혁, 김유성, 「유독성물질의 독성평가방법을 개선하기 위한 모형작성에 대한 연구」 2017;4:9

†김은혜, 장길정, 「삼령백출산으로 현미경적대장염을 치료하기 위한 림상적 연구」 2017;4:9-10

†정성일, 김정철, 신봉철, 「2형당뇨병때 인슐린저항성의 평가방법에 대한 림상적연구」 2017;4:10-11

†리건, 김승식, 신룡식, 「대추혈침자극이 뇌혈류동태에 미치는 영향」 2017;4:11-12

†김진수, 김철준, 리철용, 「산성푹신 및 메틸렌청과 란알부민결합의 몇가지 비색조건확립에 대한 연구」 2017;4:12-13

†고성호, 황철, 허인경, 「승모판질병의 각 이한 수술후 좌심실기능과 혈행동태에 대한 연구」 2017;4:13-14

†최성란, 리성희, 김일춘, 「악성흉수의 세
포학적특성과 IL-2/EAL의 흉강내 주입
후 이형세포변화동태를 밝히기 위한 연
구」 2017;4:14-15

†홍현희, 한경국, 허희영, 「양막피복과 프
로파게르마니움병합적용후 눈물의 항산
화지표에 대한 연구」 2017;4:15-16

†서광명, 리명혁, 「룡뇌와 페니실린병합주
입이 뇌막염모형동물에 미치는 영향에
대한 연구」 2017;4:16

†김순남, 곽명진, 「TTC반응에 의한 오줌
중세균의 신속검사방법확립에 대한 연
구」 2017;4:17

†리효철, 황경일, 「림파절전이가 있는 위
암때 암소주변부의 맥관에 대한 형태학
적연구」 2017;4:17-18

†한성욱, 장경철, 「좌심실기능간이평가법
에 대한 연구」 2017;4:18-19

†김향선, 김희성, 「탄소주광치료와 세프트
리악손직류약물도입병합료법으로 만성
자궁경관암을 치료하기 위한 림상적 연
구」 2017;4:19-20

†강은철, 전명일, 「해산때 녀성회음부 주
요구조물들사이의 거리변화를 밝히기
위한 연구」 2017;4:20

†최원남, 한만근, 「운동성땀나기잠복기
의 측정조건을 확립하기 위한 연구」
2017;4:21

†문성철, 윤재성, 「MTT비색법으로 B형간
염면역복합물의 세포증식활성을 측정하
기 위한 연구」 2017;4:21-22

†김철민, 송기영, 「미만성뇌손상때 예후
평가와 치료방법에 대한 림상적연구」
2017;4:22-23

†김철우, 한명실, 류대모, 「수술전 후복막
종물의 류형감별을 위한 수학적모형화
수립에 대한 연구」 2017;4:23-24

†김영성, 권경수, 「신경섬유종증의 림상표
현형에 대한 연구」 2017;4:24

†지인철, 조일봉, 「오줌우로빌리노겐정량
의 최적조건에 대한 연구」 2017;4:25

†임진성, 강원혁, 「중증외과적침습때
몇가지 지표들에 대한 실험적연구」
2017;4:25-26

†김은효, 정유일, 「MDCT를 리용하여 정
상폐에서 화상농도지표의 특성을 밝히
기 위한 연구」 2017;4:26-27

†리영남, 리명철, 박충길, 「음료수제조
용 역삼투막모듈의 재생에 대한 연구」
2017;4:28

†리철, 김호건, 리룡호, 「위과형성성폴리
프의 재발에 미치는 몇가지 치료법들의
효과에 대한 연구」 2017;4:29

†정금성, 전현숙, 「작은 동물운동량부하장
치에 의한 각이한 운동세기부하가 말초
혈액검사지표들에 미치는 영향에 대한
연구」 2017;4:29-30

†손진송, 서강설, 「감탕과 극초단파병합료
법으로 저산성만성위염을 치료하기 위
한 림상적연구」 2017;4:30-31

†최영진, 추성호, 「블루투스에 의 한 콤퓨
터결합심음분석장치로 심음을 분석하기
위한 실험적연구」 2017;4:31-32

†최광호, 지남일, 「코폴리프를 미세흡인 파쇄술로 치료하기 위한 림상적연구」 2017;4:32

†최성국, 「백내장수술용 미세수정칼의 특성을 밝히기 위한 실험적연구」 2017;4:33

†김남철, 최금순, 「페티딘, 펜타닐을 배합한 리도카인정맥내 국소마취에 대한 림상적연구」 2017;4:33-34

†림길남, 홍미림, 「별모양신경절봉쇄료법으로 기능성자궁출혈을 치료하기 위한 연구」 2017;4:34-35

†박성혁, 김금철, 「혈청세룰로플라즈민측정의 최적조건을 밝히기 위한 실험적연구」 2017;4:35-36

†장영수, 「급성심근경색으로 인한 심장급사에 대한 병리형태학적연구」 2017;4:36-37

†정철민, 최경호, 「수자식활평근수축력측정기를 기관지활평근작용약실험에 리용하기 위한 실험적연구」 2017;4:37-38

†김국화, 「당뇨병성신경장애의 병형에 따르는 가바펜틴의 치료효과」 2017;4:38

†김경임, 리경옥, 「카올린응고시간양성 습관성류조산환자들에게서 몇가지 혈액응고지표에 대한 연구」 2017;4:39

†김인철, 장철수, 「유문라선균감염성만성위염때 내관, 공손혈병합침료법으로 제균효과를 높이기 위한 연구」 2017;4:39-40

†김혁일, 박명철, 강원혁, 「수뇨관폐쇄가 콩팥간질섬유화유도에 미치는 영향에 대한 실험적연구」 2017;4:40-41

†장정국, 「고려보생이 사염화탄소중독성 만성간장애의 회복에 미치는 영향에 대한 실험적연구」 2017;4:41-42

†라기성, 최성국, 박학철, 「내치핵Ⅲ도를 치상선보존치핵결찰절제술로 치료하기 위한 림상적연구」 2017;4:42-43

†신윤남, 장성진, 「모르모트항인슐린혈청주입에 의한 흰쥐당뇨병모형에 미치는 몇가지 약물의 작용을 밝히기 위한 실험적연구」 2017;4:43-44

†리정혁, 림흥기, 「헤민이 자연발증고혈압모형흰쥐의 혈압에 미치는 영향에 대한 실험적연구」 2017;4:44

†리충권, 김일수, 「사람인터페론γ유전자 치료용플라즈미드운반체의 제조에 대한 연구」 2017;4:45

†강성민, 방시근, 「0.6㎫고압환경에서 몇가지 항산화활성에 대한 실험적연구」 2017;4:45-46

†여성아, 황경일, 「조기분화형위암의 점액형에 대한 육안적연구」 2017;4:46-47

†김정철, 림흐기, 「전기자극이 알레르기성 비염모형동물에 미치는 영향을 밝히기 위한 실험적연구」 2017;4:47-48

†김경화, 박성혁, 「항스트레스제제들이 시구하부전기자극에 의한 스트레스성손상에 미치는 영향에 대한 실험적연구」 2017;4:48

†남정혁, 오인택, 「D2S1338, D18S51, FGA유전자자리의 다형성과 법의학적감정에서의 응용에 대한 연구」 2017;4:49

†리상혁, 최경호, 「수자식동물아픔자극측정기를 흰생쥐아픔자극측정에 리용하기 위한 실험적연구」 2017;4:49-50

†리철웅, 천광명, 유현주, 「세포탁심나트리움과 오플록사찐을 흡착시킨 폴리비닐함수겔(PVA-HG)의 항균성을 밝히기 위한 실험적연구」 2017;4:50-51

†리금별, 한성찬, 「흰쥐급성간부전에 미치는 내독소전처리의 영향을 밝히기 위한 실험적연구」 2017;4:51

†서은희, 오주현, 「코골기의 림상적류형과 진단치료에 대하여」 2017;4:52-53

†리영은,류현휘, 「광물질의 의의와 결핍의 원인」 2017;4:53

†문철호, 「구급소생치료때 후두마스크에 의한 호흡관리가 가지는 림상적의의」 2017;4:54

†조경호, 권운철, 「하부식도괄약근에 대하여」 2017;4:54-55

†정강호, 리송희, 「얼굴로화증상개선을 위한 비관혈적치료방법들에 대하여」 2017;4:55-56

†방철룡, 채광일, 「내치핵의 련속봉합식완전폐쇄술에 대하여」 2017;4:56

†신석룡, 「전자석구동형전신안마치료기 개발」 2017;4:57

⟨조선의학⟩ 2018년 1호

†최남철, 박찬규, 「경피적자기골수단핵세포이식으로 유합지연성골절을 치료하기 위한 림상적연구」 2018;1:6-7

†안연미, 전대영, 리정희, 「니페디핀 및 암로디핀이 CYP3A5유전자다형의 고혈압환자들에게 미치는 영향에 대한 연구」 2018;1:7-8

†유태진, 김락원, 「단삼주사약과 오메프라졸병합으로 만성취장염을 치료하기 위한 림상적연구」 2018;1:8-9

†리진철, 황경일, 「이형성형정상피종에 대한 연구」 2018;1:9-10

†최창학, 김태원, 「급성기뇌출혈 및 뇌혈전을 Ge-132로 치료하기 위한 림상적연구」 2018;1:10-11

†백선화, 윤용학, 「광전비색법으로 혈청알콜탈수소효소활성을 측정하기 위한 실험적연구」 2018;1:11

†문관주, 한광혁, 「기관지염발생에 대한 의학기상학적연구」 2018;1:12-13

†김명준, 강유철, 「삼염화세리움과 항암약의 병합이 종양에 미치는 영향에 대한 실험적연구」 2018;1:13-14

†정순남, 윤영숙, 《애국풀》을 일반세균배양기질로 쓰기 위한 연구」 2018;1:14

†정광호, 리정근, 「체외순환하판막증수술시 카테콜아민병합료법이 소생과정에 주는 영향에 대한 림상적연구」 2018;1:15-16

†권순명, 김성현, 「수자식척수액압수감기를 리용하여 척수액압세기를 측정하기 위한 연구」 2018;1:16-17

†조국철, 강창연, 「만성폐색성폐질병모형 흰쥐에서 안정시 근육손상지표들에 대한 실험적연구」 2018;1:17

†리렬, 염동윤, 「신경세포로 분화유도자극한 태반피단핵세포이식이 뇌손상모형흰쥐의 뇌기능회복에 미치는 영향」 2018;1:18-19

†홍혜숙, 정귀성, 「톨루이딘청염색으로 입안점막병조들의 악성화를 진단하기 위한 연구」 2018;1:19-20

†리명철, 박혁, 「히노키플라본지혈약을 발치창출혈에 적용하기 위한 연구」 2018;1:20-21

†리일훈, 송진영, 「위암수술후 주요병리지표들과 10년 생존률의 호상관계에 미치는 암왁찐의 영향에 대한 연구」 2018;1:21-22

†려종삼, 김경성, 「명순응때 배경빛의 비침도, 빛자극의 지속시간이 망막전도에 미치는 영향에 대한 실험적연구」 2018;1:22-24

†조광일, 소광일, 「결장에 분포하는 상장간막동맥과 그 가지들에 대한 연구」 2018;1:24

†김덕윤, 「귀침혈색조와 내장장기기능과의 호상관계에 대한 연구」 2018;1:25

†서금철, 주수룡, 「경동맥파에서 측정한 응력완화시간을 대동맥의 점탄성지표로 쓰기 위한 기초적연구」 2018;1:26

†림홍기, 김진성, 「정위도를 리용한 침놓는 범위의 정확도를 평가하기 위한 연구」 2018;1:27-28

†문학현, 최민, 「IL-2/EAL료법으로 악성흉수를 치료하기 위한 림상적연구」 2018;1:28-29

†정남훈, 김혜성, 「T점수를 적용하여 비정맥류성상부장관출혈의 예후를 예측하기 위한 림상적연구」 2018;1:29-30

†신윤남, 리명국, 「모르모트항인슐린혈청주입으로 면역성당뇨병모형을 만들기 위한 실험적연구」 2018;1:30-31

†박용철, 「무릎관절에서 관절반월반에 분포하는 동맥에 대한 해부학적연구」 2018;1:31-32

†김경수, 김은희, 「맥킨즈료법과 저주파병합료법으로 경추연골증을 치료하기 위한 림상적연구」 2018;1:32-33

†김명심, 고충일, 「급성스트레스가 신상선수질과 적혈구카테콜아민, 신상선피질 및 위점막에 미치는 영향」 2018;1:33-34

†리철진, 리명기, 「자궁경부성숙에 대한 병리조직학적연구」 2018;1:34-35

†오금성, 권순명, 「실험동물의 뇌척수액을 생리적식염수와 약물병합료법으로 전부치환할 때 그의 반응상태를 밝히기 위한 연구」 2018;1:35-36

†박은철, 서지현, 「물미로측정체계를 평가하기 위한 실험적연구」 2018;1:36-37

†김경선, 「방사성물질종합흡착제의 방사성물질흡착특성에 대한 연구」 2018;1:37-38

†김은미, 「자동미세조절전류자극에 의한 유발근전도측정체계구성에 대한 연구」 2018;1:38-39

†리호철, 리철용, 「환원형산성푹신제조의 몇가지 조건검토에 대한 연구」 2018;1:39-40

†김효성, 정혜성, 「가열비탁법에 의한 혈장섬유소원측정방법확립에 대한 연구」 2018;1:40

†고영복, 리경철, 「기능적폭상위에 대한 침치료때 위의 형태학적지표들의 변화를 밝히기 위한 렌트겐학적연구」 2018;1:41-42

†리은순, 성만진, 「흰쥐자궁활평근종모형에서 몇가지 지표들에 대한 연구」 2018;1:42

†현남수, 「바다물-나노은병합료법으로 만성상악동염을 치료하기 위한 림상적연구」 2018;1:43

†정성일, 김정철, 신봉철, 「2형당뇨병환자들에게서 포도당, 인슐린부하에 의한 인슐린저항성평가방법에 대한 통계학적분석」 2018;1:44

†리광명, 「체육금지물질정보검색체계에 대한 연구」 2018;1:45

†김철민, 문명옥, 「미만성뇌손상의 진단과 예후평가에서 CT검사의 의의」 2018;1:45-46

†한창원, 김철학, 「몇가지 침혈부위압통점에 적용한 온침자극이 혈압에 미치는 효과에 대한 연구」 2018;1:46-47

†박정흠, 김영은, 「위십이지장궤양때 나이와 계절에 따르는 산분비특성과 몇가지 기상기후인자와의 호상관계에 대한 연구」 2018;1:48-49

†장선혁, 최영성, 「방광천자조설술후 카테테르삽입법으로 외상성완전뇨도파렬을 치료하기 위한 림상적연구」 2018;1:49-50

†리근선, 현동칠, 「기능성오디괄약근기능장애의 증상과 진단」 2018;1:51

†김성기, 「로인성뇨실금에 대하여」 2018;1:52

†김주성, 고문식, 「척골돌기골절의 수술적치료전술」 2018;1:52-53

†현은옥, 조명철, 「심부전과 만성콩팥질병때 빈혈」 2018;1:53-54

†최향순, 최철웅, 「협심증에 대한 새로운 치료방법들」 2018;1:54-55

†서원일, 「잠의 발생기전과 건강에 미치는 영향」 2018;1:55-56

<조선의학> 2018년 2호

†리의성, 리성범, 「뇌졸중의 6가지 병형에 따르는 신속감별진단에 대한 연구」 2018;2:4-5

†계춘영, 박성옥, 「세포보존액의 조성과 액상세포진에 의한 자궁경부암의 진단효과를 밝히기 위한 연구」 2018;2:5-6

†주권일, 박선희, 「2형당뇨병환자들에게서 피속지질관리가 당뇨병성합병증에 미치는 영향에 대한 연구」 2018;2:7-8

†장영환, 리윤애, 「뇨로감염증때 오줌속의 병원성세균들과 오줌검사지표값들과의 호상관계에 대한 연구」 2018;2:8-9

†송남순, 「두메메밀싸락으로 고지혈증을 치료하기 위한 림상적연구」 2018;2:9-11

†김남철, 김정남, 「0.25%리도카인과 펜타닐혼합용액을 정맥내국소마취에 쓰기 위한 림상적연구」 2018;2:11-12

†김현철, 유옥선, 「SiO2 교질액의 입안위생개선효과에 대한 연구」 2018;2:12-13

†김광영, 조문철, 「마늘정유피부보호겔로 중식성무좀을 치료하기 위한 림상적연구」 2018;2:13-14

†려종삼, 김경성, 「망막박리환자들에게서 망막전도에 대한 연구」 2018;2:14-15

†조명진, 「보심청혈교갑약으로 고지혈증을 치료하기 위한 림상적연구」 2018;2:15-16

†리만국, 량경찬, 「비장피부편의 주변괴사대를 제거하기 위한 림상적연구」 2018;2:17

†최은철, 「잠잘 때 무호흡증후군이 있는 만성심부전을 보건산소로 치료하기 위한 림상적연구」 2018;2:18

†황정민, 리영광, 「진행기위암을 탁산항암주사약으로 치료하기 위한 연구」 2018;2:19-20

†차광룡, 「새끼밴 모르모트에서 키토잔아스코르빈산수용액의 항산화작용을 밝히기 위한 연구」 2018;2:20-21

†김충일, 조대집, 「자기마당족심치료기로 신경순환무력증을 치료하기 위한 림상적연구」 2018;2:21-22

†김정실, 「프로메돌과 디클로페나크주사약병합료법의 수술후 무통효과에 대한 연구」 2018;2:22-23

†리경식, 최기웅, 「녀성들의 정상혈압에 대한 연구」 2018;2:24

†리광천, 김동철, 「생물공진주파수측정기 및 치료기를 리용하여 위장관질병환자들을 치료하기 위한 연구」 2018;2:25

†방시현, 리남철, 「피부의 창상치유에 미치는 질소가스의 영향을 밝히기 위한 실험적연구」 2018;2:26-27

†김창주, 리성춘, 「외상성피부결손창상에 대한 자기 및 동종피부이식술에 생물전기자극료법을 적용하기 위한 림상적연구」 2018;2:27-28

†정강호, 문설송, 「얼굴미용치료에서 히알루론산충진제의 림상효과에 대한 연구」 2018;2:28-29

†김강석, 「내관, 공손혈침자료법과 수법배합으로 추골뇌저동맥순환부전증을 치료하기 위한 연구」 2018;2:29-30

†리은철, 김성언, 「경혈에 대한 저출력반도체레이자쪼임이 흰쥐뇌하수체전엽갑상선자극세포와 갑상선려포에 미치는 영향에 대한 연구」 2018;2:30-31

†리일훈, 한충심, 「위암수술후 10년생존률에 미치는 암왁찐의 영향에 대한 연구」 2018;2:31-32

†김철, 로금철, 「새끼배기중독증모형흰쥐에서 몇가지 약물이 혈중PGE2 수준과 지표값에 미치는 영향을 밝히기 위한 연구」 2018;2:32-33

†황금별, 리옥란, 「머리전기침자극이 뇌혈류동태에 미치는 영향에 대한 연구」 2018;2:33-34

†리영학, 최태선, 「글리세롤주입으로 콩팥기능장애모형을 만들기 위한 실험적연구」 2018;2:34-36

†김대현, 리숙, 「반도체레이자로 탈모증을 치료하기 위한 연구」 2018;2:36-37

†김국화, 리정경, 「혈당조절이 당뇨병성말
초신경장애의 병형에 따르는 근전도지
표에 미치는 영향을 밝히기 위한 연구」
2018;2:37-38

†리은하, 김병석, 「아목시실린과 닭알흰자
위병합료법으로 위십이지장궤양을 치료
하기 위한 연구」 2018;2:38-39

†김주혁, 박종호, 유란희, 「유리화법에 의
한 세포그루익 동결보존때 트레할로즈
가 세포생존성과 비루스감수성에 미치
는 영향에 대한 연구」 2018;2:39-40

†최철웅, 라성철, 「편측안면경련환자의 입
주위경련을 보롤리누스독소로 치료하기
위한 연구」 2018;2:40-41

†성혁진, 김영희, 「노이모딘이 만성두드러
기환자의 면역능에 미치는 영향에 대한
연구」 2018;2:41-42

†리성일, 장광원, 「복회음식직장절단수술
때에 음압배액이 생명지표에 미치는 영
향에 대한 림상적연구」 2018;2:42-43

†리광훈, 정국철, 「휴대용암진단기의 개발
과 적용에 대한 연구」 2018;2:43-44

†최옥성, 문성필, 「기능성머리띠가 사춘기
어린이들의 성장에 미치는 영향을 밝히
기 위한 림상적연구」 2018;2:45

†김혁철, 유현철, 「대퇴골체부골절때 맞물
림식금속판고정에서 합리적인 나사못의
개수와 위치를 밝히기 위한 생체력학적
연구」 2018;2:45-46

†정송, 허금숙, 「차료, 중료혈침자극과 부
항료법으로 만성골반내염증성질병을 치
료하기 위한 림상적연구」 2018;2:46-47

†조성일, 「가래에서 젖산탈수소효소측정
방법으로 폐암을 조기진단하기 위한 연
구」 2018;2:48

†방정철, 리학철, 「전사각근의 시작과
부착 및 크기에 대한 해부학적연구」
2018;2:48-49

†라상호, 「폴리도카놀의 혈관경화작용을
밝히기 위한 연구」 2018;2:49-50

†김진숙, 박광선, 「축적외상질병때 자세
회복훈련을 자기치료 및 척추교정료법
과 결합하여 적용하기 위한 림상적연구」
2018;2:50-51

†강철, 백은선, 「나이많은 임산부에 대하
여」 2018;2:52-54

†림옥, 「왁찐용아쥬반트의 개발추세」
2018;2:54-55

†최윤성, 오현진, 「자폐증과 아연과의 관
계」 2018;2:55-56

†김청금, 김유미, 「체육실천에서 적극 리
용되고있는 적혈구분포도」 2018;2:56

†박명진, 로승일, 「열쇼크단백펩티드복
합물에 의한 항종양왁찐의 개발동향」
2018;2:57

<조선의학> 2018년 3호

†전충일, 「유착성장불통증수술에 복강경
하초음파소작기를 리용하기 위한 림상
적연구」 2018;3:5-6

†최철, 허룡수, 「단삼궁궁이혈전주사약이
뇌혈전증에 미치는 영향에 대한 림상적
연구」 2018;3:6-7

†한경빈, 리원철, 「대장균에서 재조합변이형사람조직플라즈미노겐활성화인자 레테플라제를 발현시키기 위한 연구」 2018;3:7-8

†최순옥, 로경남, 「가로흐름식검사에 의한 항톡소플라즈마항체검출 신속진단키트 제조에 대한 연구」 2018;3:8-10

†김성남, 김제하, 「표재형바레트식도암의 내시경적진단에 대한 연구」 2018;3:10-11

†리진혁, 최윤성, 「골반골의 몇가지 특징을 보고 남녀를 구별하기 위한 법의학적 연구」 2018;3:11

†김진명, 「현수식장루조설술의 술식을 개선하기 위한 림상적연구」 2018;3:12-13

†정금순, 김남혁, 「피나스테리드와 모생틴크배합으로 조로성탈모증을 치료하기 위한 림상적연구」 2018;3:13-14

†장영일, 홍순철, 「대추혈과 기죽마혈에 대한 포도알균왁찐약침료법이 면역기능에 미치는 영향을 밝히기 위한 연구」 2018;3:14

†조승길, 한종금, 「리보핵산주사약의 수두비루스억제활성에 대한 실험적연구」 2018;3:15

†리영국, 원영걸, 「중증위하수증때 위절제술과 위고정술병합료법의 치료효과를 밝히기 위한 림상적연구」 2018;3:15-16

†박룡필, 박은철, 「염화단실이 각질층전환시간에 미치는 영향을 밝히기 위한 연구」 2018;3:16-17

†정광민, 방시현, 「항해멀미에 미치는 콩산유의 영향에 대한 림상적연구」 2018;3:17-18

†림성우, 김혜영, 「연골기원성종양들의 병리형태학적소견과 재발과의 관계에 대한 연구」 2018;3:18-19

†김금주, 김철민, 「근적외선편광국소쪼임이 산부인과수술후 수술창의 유합과 감염에 미치는 영향에 대한 연구」 2018;3:19-20

†엄명옥, 조정호, 「찬빛자극과 약물배합이 만성토리체콩팥염환자의 몇가지 검사지표에 미치는 영향을 밝히기 위한 연구」 2018;3:20-21

†김현철, 유옥선, 「SiO2교질용액의 입안위생개선효과에 대한 연구」 2018;3:21-22

†김정남, 「CCD촬영기-TV결합후두경을 기관내삽관곤난증환자들에게 적용하기 위한 림상적연구」 2018;3:22

†최옥성, 김성룡, 「기능성머리띠가 사춘기 어린이들의 잠에 미치는 영향을 밝히기 위한 연구」 2018;3:23

†진명, 한성도, 「표재성방광암절제술후 화학료법에 대한 림상적연구」 2018;3:23-24

†서영광, 장철수, 「과민성장증후군때 협척혈부위에서의 압통발현동태에 대한 연구」 2018;3:24-25

†김순정, 「레몬산나트리움과 저주파병합료법으로 담석증을 치료하기 위한 림상적연구」 2018;3:25-26

†리은경, 선우혁, 「삼지구엽초주사약으로 유선증을 치료하기 위한 림상적연구」 2018;3:26-27

†박창혁, 리혜경, 「2형당뇨병때 온천욕이 일부 생화학적지표들에 미치는 영향에 대한 연구」 2018;3:27-28

한반도 보건의료, 생명을 살리는 담대한 도전

†황금룡, 천성팔, 「식료품을 통하여 하루에 섭취하는 비소량을 밝히기 위한 연구」 2018;3:28

†김철용, 최정옥, 「위십이지장궤양을 아목시실린, 클라리트로미찐, 란소프라졸, 장선매몰을 병합하여 치료하기 위한 림상적연구」 2018;3:29-30

†김동철, 류광, 「어른에게서 비장의 위치 및 투영에 대한 해부학적연구」 2018;3:30-31

†박세형, 김명수, 장태복, 「항인터페론항체현시파쥐를 리용한 재조합사람인터페론 α2b정량조건검토에 대한 연구」 2018;3:31-32

†최해언, 김준혁, 「원발성간암을 간동맥전색술과 간절제술을 병합하여 치료하기 위한 연구」 2018;3:32-33

†고원준, 「단색광선치료기로 보통감기를 치료하기 위한 림상적연구」 2018;3:33

†김효일, 김영성, 「호흡기질병때 홍채에 대한 림상적연구」 2018;3:34

†한철준, 김영덕, 「요부추간판탈출증환자의 수술전 상태에 대한 연구」 2018;3:34-35

†김광원, 한성도, 「위악성림파종에 대한 병리조직학적연구」 2018;3:35-36

†왕경순, 최유철, 「벼뿌리감탕의 랭각작용에 대한 연구」 2018;3:36-37

†김옥영, 「이갈기해소장치를 이갈기증치료에 적용하기 위한 연구」 2018;3:37

†최정민, 리혜경, 「불소화음료수가 어린이 이삭기발생에 미치는 영향에 대한 역학적연구」 2018;3:38

†김선웅, 엄영식, 「테트로도카인외용약을 홍문수술창상치료에 쓰기 위한 림상적연구」 2018;3:38-40

†리영호, 최영권, 리명권, 「CT에 의한 몸수분의 정량적평가방법확립에 대한 연구」 2018;3:40

†봉숙, 리승걸, 「만성위염때 생물전기치료붙임알(C-자성체)이 위분비기능에 미치는 영향에 대한 림상적연구」 2018;3:41

†박원혁, 안성태, 「십이지장존데에 의한 2차수축료법으로 급성담낭염을 치료하기 위한 연구」 2018;3:42-43

†주수련, 방시현, 「바다물용비누가 실험동물의 피부와 일반상태에 미치는 영향에 대한 연구」 2018;3:43-44

†홍정명, 윤재성, 「B형간염겉질항원항체복합물의 특이성을 밝히기 위한 연구」 2018;3:44

†한명희, 황은실, 「고혈압때 좌심실비대의 질량적평가에 대한 림상적연구」 2018;3:45

†박영애, 「저용량아스피린료법이 태아발육지연아임신부에게 미치는 영향」 2018;3:45

†신운모, 리철용, 「발색액에 의한 오줌속 과산화지질함량측정방법에 대한 실험적연구」 2018;3:46

†차광룡, 최기웅, 「새끼밴 모르모트에서 고혈압모형을 만들기 위한 실험적연구」 2018;3:47

†김용식, 김일수, 「사람혈관내피세포증식인자 유전자나노립자약물이 허혈개선에 미치는 영향에 대한 연구」 2018;3:48-49

†김문숙, 리윤아, 「콩팥증증후군에 의한 부종치료에 6%헤스를 쓰기 위한 연구」 2018;3:49

†리민석, 리옥란, 「혈소판육부혈장(PRP)과 탈모증」 2018;3:50-51

†리성일, 지영민, 「외과에서 대망막의 리용에 대하여」 2018;3:51-52

†리광성, 「저침습소절개금속판고정에 의한 뼈접합술(MIPO)로 상박골체부골절을 치료하는데서 나서는 몇가지 문제」 2018;3:52-53

†오철민, 리영은, 「새롭게 개발한 활성천연종합광물질과 자연수에 대하여」 2018;3:53-54

†오인택, 박훈철, 「뼈DNA분리와 법의학적개인식별」 2018;3:54-55

†한창근, 강명애, 「피의 류동성과 건강식품에 대하여」 2018;3:55

†허윤아, 「물치료의 분류에 대하여」 2018;3:55-56

†김령, 「펜톡시필린의 약리작용기전과 응용」 2018;3:56

〈조선의학〉 2018년 4호

†맹현희, 「세계적인 금연실태」 2018;3:57

†김철룡, 지수룡, 「겹침PCR에 의한 나르토그라스팀유전자의 합성과 대장균발현운반체의 제조에 대한 연구」 2018;4:4-5

†유철, 리학철, 김현아, 「칼리움통로 Q1과 전사인자-7 류사단백질 2 유전자들의 다형분석방법에 대한 연구」 2018;4:5-6

†류환, 리철, 「체외에서 IL-2로 활성화시킨 골수의 항종양작용에 대한 연구」 2018;4:6-7

†신혁철, 리원철, 「사람엔도스타틴포유동물세포발현운반체를 만들기 위한 연구」 2018;4:7-8

†유철식, 안창혁, 「초기인슐린강화료법과 인슐린저항성개선약병합의 치료효과에 대한 림상적연구」 2018;4:9

†박명철, 전명일, 「건강한 어른의 갑상선에 대한 CT화상학적연구」 2018;4:9-10

†정향, 황금선, 「중증근무력증환자들의 근육에서 점감현상에 대한 연구」 2018;4:10-11

†김성남, 최철, 「진행기바레트식도암의 내시경적진단에 대한 연구」 2018;4:11-12

†리옥선, 조신옥, 「선천성신상선과형성증의 진단에서 17-OHP측정에 대한 연구」 2018;4:12-13

†고은별, 신봉철, 「당대사장애에 관계되는 몇가지 인자들의 영향」 2018;4:13

†한성희, 김영선, 「히알루론산나트리움과 나노셀렌병합의 시험관내항산화활성에 대한 연구」 2018;4:14

†최은주, 소대창, 「일부 질병때 환자들의 오줌중 유기 및 무기산화물배설동태에 대한 연구」 2018;4:14-15

†박은철, 신광옥, 「젖산을 리용한 여드름치료용화장품의 효과성을 평가하기 위한 림상적연구」 2018;4:15-16

†김정철, 조학진, 「미주신경억제가 비만모형흰쥐에서 비만관련지표에 미치는 영향에 대한 실험적연구」 2018;4:16-17

†신정철, 라현수, 「급성심근경색발병후 단기 및 장기예후예측을 위한 림상적연구」 2018;4:17

†주미화, 김옥실, 「상대적으로 건강한 사람과 기관지천식환자들의 가래에서 NO3-함량을 밝히기 위한 연구」 2018;4:18

†전현후, 석철남, 「단사슬항체에 의한 면역조직화학검사체계를 세우기 위한 연구」 2018;4:18-19

†소혜정, 태명호, 「3-12유도심전도재구성의 정밀도를 높이기 위한 연구」 2018;4:19-20

†박광철, 량학준, 「유리대망막편보강감비봉합과 위첼식감압관상루조설술을 장문합에 적용하기 림상적연구」 2018;4:20-21

†리광일, 리영호, 「두개강안에서 중경뇌막동맥의 분지형을 분류하기 위한 해부학적연구」 2018;4:21-22

†리광남, 김영철, 「위액자극법으로 역류성식도염을 진단하기 위한 연구」 2018;4:22-23

†김은철, 강응권, 「지렁이펩티드미량원소킬레트화합물의 면역증강작용에 대한 실험적연구」 2018;4:23-24

†유성의, 최혁수, 「하악골의 부위에 따르는 해부학적특성에 대한 연구」 2018;4:24-25

†안덕영, 김강렬, 리석일, 「마늘젖제항균분무약의 독성에 대한 실험적연구」 2018;4:25-26

†김경철, 김정덕, 「위암때 유문라선균감염과 장상피화생 및 p21, p53유전자변이에 따르는 림상적소견을 밝히기 위한 연구」 2018;4:26-27

†전광철, 안상룡, 최련, 「몇가지 흉부외과질병때 륵막유착예측과 개흉방법선택에 대한 연구」 2018;4:27-28

†김명수, 지명일, 「절제불가능한 중하부위암때 대만측전후벽위장문합술에 대한 림상적연구」 2018;4:28-29

†박대범, 리정광, 「시킴산의 독성과 몇가지 항균활성에 대한 실험적연구」 2018;4:29-30

†최미화, 리은정, 「예방원식집단검진에 의해 발견된 고혈압의 특징에 대한 림상적연구」 2018;4:30-31

†최태선, 신찬순, 「은행잎지렁이혈전용해팅크가 급성기뇌혈전증에 미치는 영향에대한 림상적연구」 2018;4:31-32

†리현화, 한주경, 「전방안내 레보플록사찐주입에 의한 수술후 눈알염예방의 가능성에 대한 연구」 2018;4:32-33

†리문경, 조현철, 「타목시펜이 란소절제후해마의 병리조직학적변화에 미치는 영향에 대한 연구」 2018;4:33-34

†홍혜경, 최송림, 「소무기질해면골을 치조골재생에 적용하기 위한 림상적연구」 2018;4:34-35

†안진명, 고문식, 「중수골분쇄골절과 변형치유를 소형금속판고정술로 치료하기 위한 림상적연구」 2018;4:35-36

†한철민, 「뇌막종때 외경동맥전색에 의한 영양동맥차단과 수술적치료에 대한 림상적연구」 2018;4:36-37

†신영근, 리영진, 「요추추간판탈출증의 치료에 효과적인 침혈을 밝히기 위한 연구」 2018;4:37-38

†김철남, 최학철, 「위세포진신속검사기구로 유문라선균을 검사하기 위한 연구」 2018;4:38

†장숙영, 리은희, 「어린이급성복증의 림상적특징에 대한 연구」 2018;4:38-39

†김경혜, 리갑련, 「자궁절개해산술때 환자자기무통(PCA)의 효과를 밝히기 위한 림상적연구」 2018;4:39-40

†리정철, 김봉찬, 「활성수가 뇨로결석의 예방과 치료에 미치는 영향에 방한 림상적연구」 2018;4:40-41

†최광일, 박학일, 「에티딘이 방사선피부손상때 창상의 축소률과 치유일수에 미치는 영향에 대한 연구」 2018;4:41

†김성옥, 최광옥, 「자동전해질분석기를 림상검사에 리용하기 위한 연구」 2018;4:42-43

†조일웅, 김정수, 「몇가지 항스트레스약과 소화관기능조절약을 병합하여 과민성장증후군을 치료하기 위한 연구」 2018;4:43-44

†박창주, 림명학, 「다발성위암의 몇가지 지표들에 따르는 병리조직학적소견에 대한 연구」 2018;4:44-45

†리명철, 류철림, 「벌풀-피브로인연고로 비특이성질염을 치료하기 위한 림상적연구」 2018;4:45

†윤성철, 김성택, 「로타비루스항체감작라텍스진단액의 제조와 적용에 대한 연구」 2018;4:46-47

†박주성, 김명호, 「반도체레이자치료기로 자률신경실조증을 치료하기 위한 림상적연구」 2018;4:47-48

†엄명일, 김일현, 「5%리도카인에 의한 척수마취와 펜타닐, 미다졸람을 복강경하충수절제술에 리용하기 위한 림상적연구」 2018;4:48

†최명식, 리현종, 「급성담낭염을 담즙배액 및 항생제주입과 침자병합료법으로 치료하기 위한 연구」 2018;4:49

†천영심, 김정식, 「생당쑥황금간염주사약의 합리적인 치료용량과 기간을 정하기 위한 연구」 2018;4:50

†유대호, 「고쉐병의 진단과 치료」 2018;4:51-52

†김룡광, 리윤애, 「여드름치료에서 유용공생균료법의 응용」 2018;4:52-53

†최광, 김원일, 「해양심층수의 특성과 의학적리용에 대하여」 2018;4:53

†유혜숙, 「늙은이심방세동의 진단과 치료」 2018;4:54-55

†피수양, 문성철, 「마이크로파멸균에 대하여」 2018;4:55

†오철룡, 「임산모건강평가에서 제기되는 몇가지 문제」 2018;4:56

†지룡석, 고영준, 「항생제를 합리적으로 사용하기 위한 대책적문제」 2018;4:57

<조선의학> 2019년 1호

†현일범, 김철국, 「장내성질병(세균성적리)을 오플록사신과 히알루론산병합으로 치료하기 위한 연구」 2019;1:6-7

†리금룡, 리성현, 윤재성, 「메틸알콜동화성효모에서 HBcAg단백질을 발현시키기 위한 연구」 2019;1:7-8

†윤성진, 리우범, 「나노셀렌결합재조합사람성장호르몬제조에 대한 연구」 2019;1:8-9

†김귀남, 리철준, 변충국, 「게르마니움건강수의 제조와 위생학적특성에 대한 연구」 2019;1:9-10

†최광철, 정광민, 「목초산염법으로 초산염중합물방부제를 제조하기 위한 연구」 2019;1:10-11

†김금성, 김용식, 김일수, 「사람뼈형성단백-7유전자치료용 플라즈미드운반체의 제조에 대한 연구」 2019;1:11-12

†박룡호, 장혁철, 「전기침료법으로 본태성저혈압을 치료하기 위한 림상적연구」 2019;1:12-13

†황금선, 정향, 「근전계를 리용한 전기자극이 말초성안면신경마비(진구형)의 치료효과에 미치는 영향에 대한 림상적연구」 2019;1:13-14

†박윤일, 최균진, 「히프로멜로즈의 유기체적합성에 대한 실험적연구」 2019;1:14-15

†로명진, 허봉철, 「복강경보조하 질식자궁전적출술에 대한 림상적연구」 2019;1:15-16

†구성혁, 리정근, 「심실중격결손증의 외과적치료에 대한 림상적연구」 2019;1:16

†최성의, 고경일, 「장시간질pH측정기의 제작과 그를 리용하여 질강내pH를 측정하기 위한 연구」 2019;1:17

†리성철, 최영호, 「고뇨산혈증에 대한 림상적연구」 2019;1:17-18

†리호익, 리호명, 「머리외상후유증을 보르스콘뇌심주사와 고압산소병합료법으로 치료하기 위한 림상적연구」 2019;1:18-19

†김혁, 장명철, 류대모, 「대변중 인돌함량을 측정하기 위한 연구」 2019;1:19-20

†문철, 장경민, 「침혈저주파임풀스자기마당료법으로 변형성무릎관절증을 치료하기 위한 림상적연구」 2019;1:20-21

†리은정, 한성련, 조신옥, 「다운증후군의 진단에서 분자적표식자의 림상적응용에 대한 연구」 2019;1:21-22

†성설유, 김광일, 「오미자복방기침멎이알약의 가래삭임작용에 대한 실험적연구」 2019;1:22-23

†김혁일, 강순영, 「기관지천식을 초단파쪼임과 비타민K3흡입병합료법으로 치료하기 위한 림상적연구」 2019;1:23-24

†장광혁, 현동칠, 「미꾸라지껍질을 화상창생물붕대로 리용하기 위한 실험적 연구」 2019;1:24

†김성호, 김창원, 「간의 허혈재관류손상때 간장미엘로페록시다제활성과 간기능과의 관계에 대한 실험적연구」 2019;1:25

†오영필, 박용복, 「간엽성줄기세포와 줄기세포활성화제병합에 의한 류마토이드관절염치료에 대한 연구」 2019;1:26

†리정민, 리광명, 「만성간염때 DNA함량에 대한 연구」 2019;1:26-27

†리성찬, 김룡일, 「흉강경하 흉부교감신경절절제술후의 대상성땀나기에 대한 림상적연구」 2019;1:27

†김춘복, 구영호, 「복수암흰생쥐에서 몇가지 항암약들의 아프토지스유도작용에 대

한 연구」 2019;1:28-29

†리명선, 황성국, 「리오리그닌과 복합비타민약침병합료법으로 과민성장증후군(설사형)을 치료하기 위한 림상적연구」 2019;1:29

†채병철, 리영희, 「얼룩엉경퀴간염단알약으로 만성간장질병을 치료하기 위한 연구」 2019;1:30

†리광철, 박선희, 「초발2형당뇨병환자들에게서 조기치료효과에 미치는 몇가지 지표의 영향과 조기치료약물선택기준을 설정하기 위한 림상적연구」 2019;1:31-32

†송철, 리경옥, 「종합광물질약천이 급성유선염모형의 창상치유에 미치는 영향에 대한 실험적연구」 2019;1:32-33

†홍정혁, 강원혁, 「관상동맥성심장질병환자들에게서 혈청합토글로불린함량과 CK활성에 대한 연구」 2019;1:33

†윤영식, 「이발상아질결합력에 미치는 디메틸술폭시드의 영향」 2019;1:33-34

†김룡일, 김윤일, 「3도화상창상의 조기괴사조직절제와 봉합에 대한 림상적연구」 2019;1:35

†방신혁, 황경일, 「위암때 몸질량지수에 따르는 육안적소견에 대한 연구」 2019;1:35-36

†동경철, 강성일, 「전음낭동맥에 대한 해부학적연구」 2019;1:36-37

†김인술, 조현옥, 「쑥엉경퀴지혈엑스를 회음렬창출혈의 치료에 쓰기 위한 림상적연구」 2019;1:37-38

†손형일, 김영준, 정경혁, 「몇가지 성기감

염성질병관련미생물검출용 유전자소편제작에 쓰이는 병원균분리에 대한 연구」 2019;1:38-39

†리금석, 리영일, 「초단파와 임풀스자기마당병합이 골절치유에 미치는 영향에 대한 연구」 2019;1:39-40

†현금영, 라문걸, 「비색법에 의한 혈청아르기닌정량방법에 대한 연구」 2019;1:40-41

†홍진연, 「혈청안기오텐신전환효소활성측정방법을 확립하기 위한 실험적연구」 2019;1:41-42

†홍일순, 리남수, 「흉근삼각의 크기와 몇가지 혈관, 신경들의 위치관계에 대한 해부학적연구」 2019;1:42

†김령용, 리광희, 「비가열법에 의한 엘라스틴제조방법을 확립하기 위한 실험적연구」 2019;1:43

†리일녀, 리정옥, 「흰쥐에서 조기류산모형을 만들기 위한 실험적연구」 2019;1:43-44

†김당명, 리경옥, 「철결핍성빈혈모형에서 세포손상과 산화적스트레스지표에 대한 실험적연구」 2019;1:44-45

†김관권, 김영희, 「장문혈과 지방조직에 싸인 혈관, 신경피부지로출점들과의 관계에 대한 해부학적연구」 2019;1:45

†문정혁, 김철수, 「음낭수종때 고환초막의 창문조설술적용시 고환초막창문면적에 따르는 림상적효과」 2019;1:46

†위원미, 주경일, 「치수로출부위에 탄산칼시움과 클로르핵시딘을 적용하여 치수를 보존하기 위한 연구」 2019;1:46-47

†량현아, 정귀성, 「극저온보존용희석액 1
호를 개발하기 위한 연구」 2019;1:47-48

†리경혜, 안명성, 「시중호감탕찜질료법으
로 만성기관지염을 치료하기 위한 림상
적연구」 2019;1:48

†강춘실, 김창신, 「방사선쪼임흰생쥐에서
스피룰리나-펙틴의 방사선피해보호작
용」 2019;1:49

†방시현, 홍성호, 「고열고습환경에서 저운
동성기능변화를 막기 위한 단련방안의
적용에 대한 연구」 2019;1:50

†유일, 전명일, 「새로운 흡수성생체재료-
마그네시움계합금의 특성과 리용」 2019;
1:51-52

†김광렬, 김혁철, 「전자기진동식충격파발
생과 그에 의한 결석파쇄」 2019;1:52

†한광일, 박철호, 「다검출기렬CT혈관조
영(CTA)검사방법과 그 응용」 2019;1:53

†안명희, 박인범, 「IgA결손증과 수혈에 대
하여」 2019;1:53-54

†최정근, 「생물공진치료에 대하여」 2019;
1:54-55

†전행걸, 리명호, 「장점막투과성항진의 조
기진단적의의」 2019;1:55-56

†림명식, 하위진, 「히알루론산나트리움
이 변형성무릎관절증에 미치는 영향」
2019;1:56

†리진국, 「세계보건기구장애평가표
(WHODAS)에 대하여」 2019;1:57

<조선의학> 2019년 2호

†강민철, 김승식, 「통천, 후계혈자극이 두
개내뇌동맥의 혈류속도에 미치는 영향」
2019;2:4

†방명일, 리성준, 「콩이소플라본이 유기체
내항산화활성에 미치는 영향」 2019;2:5

†전경아, 「레이자쪼임이 몇가지 혈액검사
지표에 미치는 영향」 2019;2:5-6

†리국화, 박미화, 「간지스토마의 감별진단
을 위한 프라이머의 설계」 2019;2:6-7

†리경실, 박성국, 「귀침과 경부협척혈온침
병합으로 추골동맥형경추증을 치료하기
위한 연구」 2019;2:7-8

†한충심, 오혜정, 「암수술후 암왁찐과 저
용량항암약을 병합하여 전이암환자들을
치료하기 위한 연구」 2019;2:8-9

†박현희, 최송림, 「리보핵산주사약으로 재
발성아프타성입안염을 치료하기 위한
연구」 2019;2:9

†최원철, 홍영철, 「스피로놀락톤과 삼지구
엽초병합이 실험적자궁근종모형에 미치
는 영향에 대한 연구」 2019;2:10

†김현아, 리명철, 신유철, 「주성분분석법
을 리용하여 합리적인 식사방식을 설정
하기 위한 연구」 2019;2:11-12

†주귀숙, 김진옥, 「침치료와 두개골정골병
합료법으로 뇌진탕후증후군의 림상증상
을 개선하기 위한 연구」 2019;2:12-13

†리호익, 리호명, 「뇌진탕후유증, 뇌좌상
후유증을 보르스콘뇌심주사약으로 치료
하기 위한 림상적연구」 2019;2:13-14

†윤광철, 김영철, 「할미꽃뿌리궤양약으로 위십이지장궤양을 치료하기 위한 연구」 2019;2:14-15

†리승철, 리혜성, 「방아오리방풀싸락약으로 위십이지장궤양을 치료하기 위한 림상적연구」 2019;2:15-17

†김인철, 장철수, 「대추혈뜸과 메르카졸병합료법으로 갑상선기능항진증을 치료하기 위한 림상적연구」 2019;2:17-18

†배옥이, 「담낭의 생리 및 병리률동에 대한 초음파적연구」 2019;2:18

†박용철, 박원명, 「어린이들의 복부횡단면상에서 비장의 위치와 린접관계 및 크기에 대한 해부학적연구」 2019;2:19

†최영호, 리성철, 「고뇨산혈증의 병형분류에 대한 림상적연구」 2019;2:20-21

†김금철, 리명호, 「어린이화상환자에게서 오줌중 락툴로즈/만니톨과 내독소함량과의 관계에 대한 연구」 2019;2:21

†김철학, 「선형회귀법으로 침혈부위압통점의 온침자극때 일어나는 느린 혈압상승과 맥박수감소의 동기반응본태를 밝히기 위한 연구」 2019;2:22-23

†김평국, 오경석, 「흰쥐에서 이소프로필아드레날린과 피투이트린주입에 의한 급성관동맥증후군모형을 만들기 위한 실험적연구」 2019;2:23-24

†리경희, 정원, 「지구유해파가 심박변동의 스펙트르지표에 미치는 영향에 대한 연구」 2019;2:24-25

†박룡호, 장혁철, 「본태성저혈압때 내관, 공손혈에 대한 합리적인 전기침자극세기를 확립하기 위한 연구」 2019;2:25-26

†김성혁, 홍영일, 「레몬산비스무트칼리움교갑약의 위십이지장궤양 치료에 대한 림상적연구」 2019;2:26-27

†최명학, 안송수, 「산양피가 혈전방지에 미치는 영향에 대한 실험적연구」 2019;2:27-28

†채정식, 리봉광, 「림파종성갑상선염모형에서 몇가지 검사지표들에 대한 연구」 2019;2:28-29

†김성국, 안명철, 「음악저주파침혈표면자극이 요천신경근염치료에 미치는 영향에 대한 연구」 2019;2:29-30

†최현일, 최기웅, 「한번의 경장약물주입으로 위십이지장궤양을 치료하기 위한 연구」 2019;2:30-31

†김대원, 신찬재, 「당뇨병때 초음파단층도법으로 혈관내피세포기능상태를 밝히기 위한 연구」 2019;2:31-32

†도기수, 차성학, 「금속판-나사못설계를 위한 척골상단부의 일부 구조물들에 대한 CT화상학적연구」 2019;2:32-34

†김현심, 오성환, 「자동수감기도양압치료기(Auto-CPAP)를 리용하여 비만한 페색성 수면시 무호흡증후군환자들을 치료하기 위한 연구」 2019;2:34

†최성희, 고경일, 「실시간pH측정기로 질강내 pH를 측정하기 위한 연구」 2019;2:35

†배현우, 김효정, 「검은쌀의 영양성분에 대한 연구」 2019;2:35-36

†현금영, 황명건, 「일부 질병때 혈청아르기닌함량에 대한 실험적연구」 2019;2:36-37

†최광일, 박학일, 「에티딘연고를 방사선에 의한 피부손상에 쓰기 위한 실험적연구」 2019;2:37-38

†김충일, 조광석, 「연성뇌내시경을 리용한 두개강내수술법에 대한 실험적연구」 2019;2:38-39

†심금혁, 리재봉, 「분자적방법(PCR)에 의한 물속시클로스포라카예탄넨지스의 검출을 위한 연구」 2019;2:39

†한백일, 윤영민, 「오줌검사를 통하여 로년기뇨로감염률을 조사하기 위한 연구」 2019;2:40

†박현남, 최광, 「위십이지장궤양과 위암환자들의 혈청 및 위액에서 일산화질소함량에 대한 연구」 2019;2:40-41

†오일선, 「복강신경차단시 천자경로와 주변구조물들과의 호상관계에 대한 해부학적연구」 2019;2:41-42

†류현휘, 리영은, 「활성천연종합광물질《생명》이 간장애와 소화장애에 미치는 영향을 밝히기 위한 연구」 2019;2:42-43

†문철, 강원혁, 「상대적으로 건강한 사람에게서 대변중 무찌나제 활성에 대한 실험적연구」 2019;2:43-44

†김명진, 리경아, 김진숙, 「달천온천치료, 감각운동료법 및 자기치료병합적용이 불완전 척수손상(Th3이하)후 다리운동기능장애회복에 미치는 영향에 대한 림상적연구」 2019;2:44-45

†리석철, 박성필, 「산과구급왕진요청기준의 효과성을 밝히기 위한 연구」 2019;2:45-46

†방시현, 「고열고습환경에서 복합염류알약과 저운동회복단련방안의 병합적용효과에 대한 림상적연구」 2019;2:46-47

†장원철, 김명남, 「방광암환자의 오줌유리DNA에서 암억제유전자APC의 프로모터CpG섬의 메틸화상태에 대한 연구」 2019;2:47-48

†리대선, 홍영일, 「덱스판테놀주사약으로 마비성장불통증을 치료하기 위한 림상적연구」 2019;2:48

†박준철, 「간경변증때 태충, 삼음교, 족삼리혈전기침자극과 알란토인병합치료가 몇가지 검사지표에 미치는 영향에 대한 연구」 2019;2:49

†김향심, 「분자수소가 방사선피해모형동물의 항산화계에 미치는 영향에 대한 연구」 2019;2:50

†리성복, 정원철, 「치콜린과 탈감작제병합료법으로 기관지천식을 치료하기 위한 연구」 2019;2:50-51

†현정구, 최달범, 「인구지리학적특성에 따르는 흡연률의 평가방법」 2019;2:51-52

†방신혁, 리대선, 「비만한 위암환자의 림상적특징에 대한 연구」 2019;2:52

†김혁준, 리영남, 「울증의 진단 및 치료에 대하여」 2019;2:53-54

†최복순, 김명순, 「VDT증후군과 안정피로에 대하여」 2019;2:54

†박영순, 「자률신경계통의 발생 및 작용원리」 2019;2:55-56

†김금철, 「어린이의 밤오줌증」 2019;2:56

†김선영, 정관호, 「간성흉수에 대하여」 2019;2:57

〈조선의학〉 2019년 3호

†강용일, 박금혁, 홍윤명, 「콜라게나제의 활성에 미치는 몇가지 인자들의 영향에 대한 연구」 2019;3:5-6

†황룡일, 정귀성, 「예방약생산용세포그루 Vero의 몇가지 형질전환특성에 대한 연구」 2019;3:6-7

†홍기애, 채병철, 최광혁, 「간경변때 결찰용고무고리를 리용하여 식도정맥류를 치료하기 위한 림상적연구」 2019;3:7-8

†김성국, 김영필, 한영철, 「음악저주파침혈표면자국이 수술후 장마비회복에 미치는 영향에 대한 연구」 2019;3:8-9

†류순정, 김은규, 「근시때 각막지형도와 림상적용에 대한 연구」 2019;3:9-10

†장철진, 서광명, 「일부 호흡기성질병때 림상증상의 발현동태에 대한 연구」 2019;3:10-11

†황철진, 김덕환, 「너삼간염교갑알약의 간손상억제작용에 대한 림상적 연구」 2019;3:11

†조일웅, 「몇가지 귀침혈에 대한 침자국과 뜸통뜸병합료법으로 과민성장증후군을 치료하기 위한 림상적연구」 2019;3:12-13

†최은성, 김충국, 「류행성이하선염의 합병증(취장염)때 초기다량수액료법의 림상적효과에 대한 연구」 2019;3:13-14

†최복순, 김명순, 「VDT가 눈피로에 미치는 영향에 대한 림상적연구」 2019;3:14-15

†김은주, 리태성, 「수법 및 파라핀자국료법으로 요부추간판탈출증을 치료하기 위한 림상적연구」 2019;3:15-16

†김현아, 김효정, 「침과 혈청증 칼시움함량의 호상련관성에 대한 연구」 2019;3:16-17

†리경진, 김덕봉, 「폴리비닐알콜로 위건조표본을 만들기 위한 연구」 2019;3:17-18

†김태호, 「상박골체부골절때 골수강내수내못고정후 팔기능성고정장구를 적용하기 위한 림상적연구」 2019;3:18-19

†최별이, 리영호, 유광혁, 「간엽성줄기세포치료가 만성콩팔부전의 진행경과에 미치는 영향에 대한 림상적연구」 2019;3:20

†김승훈, 문동원, 「요골두Ⅱ형 전위성골절을 2개의 치밀질가압나사못고정으로 치료하기 위한 연구」 2019;3:21-22

†로은일, 장성진, 「혈전증모형에서 폴리에틸렌글리콜수식룸브로키나제가 혈소판기능에 미치는 영향을 밝히기 위한 실험적연구」 2019;3:22-23

†류수연, 「콜레칼시페롤과 몇가지 약물을 병합하여 기관지천식을 관리하기 위한 림상적연구」 2019;3:23-24

†문향미, 리광률, 「고혈압성뇌출혈의 재발에 영향을 미치는 위험인자를 밝히기 위한 연구」 2019;3:24-25

†김창성, 오남일, 「재발성아프타성입안염과 베체트병때 입안점막의 혈청속자기항체에 대한 연구」 2019;3:25-26

†김인성, 김승국, 「프로게스틴과 레트로졸의 병합주입이 자궁내막증식모형에 미치는 영향에 대한 연구」 2019;3:26-27

†박영광, 최남일, 「거친모임리론을 적용하여 3살미만 어린이급성폐염의 변증형을 감별하기 위한 연구」 2019;3:27-28

†박철현, 원길성, 「데히드로에피안드로스테론교갑약이 고지혈증환자의 혈청지질에 미치는 영향에 대한 림상적연구」 2019;3:28-29

†김련옥, 리경아, 김진숙, 「수법치료, 변온자극 및 호흡운동료법이 상교차증후군의 치료에 미치는 영향에 대한 림상적연구」 2019;3:29-30

†한충심, 송진영, 「암왁찐과 저용량항암약 병합치료가 위암수술후 전이암환자들의 5년생존률에 미치는 영향」 2019;3:30-31

†리승혁, 차선남, 「삼향주사약이 허혈성뇌졸중환자의 혈액검사지표에 미치는 영향에 대한 림상적연구」 2019;3:31-32

†리진성, 리혁, 「흰쥐편두통모형에서 몇가지 약물이 혈관운동성 및 뇌수모노아민함량에 미치는 영향을 밝히기 위한 실험적연구」 2019;3:33-34

†최원무, 「2형당뇨병환자들에게서 디피리다몰이 대혈관합병증에 미치는 영향에 대한 연구」 2019;3:34-35

†유철호, 리남수, 「상구와 하구핵의 형태와 크기에 대한 정량적연구」 2019;3:35-36

†김성혁, 홍영일, 「비메트린교갑약의 위십이지장궤양치료에 대한 림상적연구」 2019;3:36-37

†최주혁, 리영철, 「항생제와 항A군용혈성사슬알균면역란황을 병합하여 어린이급성편도염을 치료하기 위한 림상적연구」 2019;3:37

†문철, 강원혁, 「대변중 무찌나제활성을 측정하기 위한 연구」 2019;3:38

†류철호, 조금성, 「약쑥연기로 얕은 화상을 치료하기 위한 연구」 2019;3:38-39

†박충혁, 「시프로플록사신과 페니실린을 병합하여 중증외과적감염증을 치료하기 위한 림상적 연구」 2019;3:39-40

†김현아, 신유철, 「클라스터분석법을 리용한 식사방식분석」 2019;3:32-33

†김남호, 한진, 리설향, 「지축축적지수 및 내장지방축적지수와 2형당뇨병사이의 관계에 대한 연구」 2019;3:40-41

†김영일, 김찬, 「다리 및 하복부수술때 편측척수마취에 대한 림상적연구」 2019;3:41-42

†김향금, 황경일, 「위암때 도장진에서 NK세포침윤정도와 육안소견과의 관계에 대한 연구」 2019;3:42-43

†황금혁, 최일송, 「타액선종양때 수술방법에 따르는 국소재발률, 생존률을 밝히기 위한 연구」 2019;3:43-44

†리철호, 로경남, 리성삼, 「금교질신속진단키트로 톡소플라즈마항체검출신호세기를 측정하기 위한 연구」 2019;3:44-45

†고순정, 한명일, 「다기능유발전위측정기에 의한 시각유발전위의 림상적특징을 밝히기 위한 연구」 2019;3:45

†조예림, 리광일, 정강선, 「장갑-단공포구를 적용한 복강경하담낭적출술에 대한 림상적연구」 2019;3:46-47

†한명근, 한태복, 박형섭, 「융모성고나도트로핀항체고정니트로섬유소막의 제조에 대한 연구」 2019;3:47-48

†최향순, 리승일, 「고혈압환자들에게서 단백배설과 관련이 있는 인자들과 몇가지 혈압낮춤약물들의 영향에 대한 연구」 2019;3:48-49

†조성혁, 김운철, 「고혈압중증도에 따르는 오줌중 알부민배설량에 대한 연구」 2019;3:49-50

†량철진, 조종철, 「원발성간암에 대한 수술전간동맥전색료법과 간절제술, 수술후 암확찐병합치료의 5년생존률」 2019;3:50

†리옥선, 조신옥, 「프레드니졸론료법으로 선천성신상선과형성증(염류소실형)을 치료하기 위한 림상적연구」 2019;3:51

†김정남, 리남일, 「위절제수술후 경막외마취에 의한 아픔멎이효과를 밝히기 위한 연구」 2019;3:51-52

†안영애, 「록내장에 대한 레이자섬유주대성형술에 대하여」 2019;3:52

†김혁준, 리영남, 「1차의료봉사단계에서 울증선별검사의 의의에 대하여」 2019;3:53

†최정숙, 리정미, 「혈소판풍부혈장(PRP)과 그 작용」 2019;3:54-55

†안은봉, 박일영, 「의학용어집《SNOMED-CT》에 대하여」 2019;3:55-56

†김정국, 석원철, 「대사조절에 좋은 영향을 주는 인슐린량에 대한 표준화」 2019;3:56

†지명호, 전원근, 「최근 유선암의 조기진단방법에 대하여」 2019;3:57

〈조선의학〉 2019년 4호

†리춘심, 김은규, 「수정체낭긴장고리의 제작과 그의 생체적합성에 대한 연구」 2019;4:5

†최경성, 김철민, 「황백가루와 고황, 페유혈저주파 침혈표면자극병합료법으로 만성기관지염을 치료하기 위한 연구」 2019;4:6

†채귀령, 홍기애, 「경피내시경적위루조설기구에 의한 위루조설술에 대한 연구」 2019;4:7

†량명현, 김정철, 「고산소수액제를 중증출혈성쇼크환자에게 적용하기 위한 림상적연구」 2019;4:7-8

†리금철, 박명준, 「하퇴개방성골절을 창외고정장치와 하퇴근막피편이식에 의한 병합술로 치료하기 위한 림상적연구」 2019;4:9

†김태진, 김진혁, 「광폭항비루스주사약으로 어린이돌림감기를 치료하기 위한 림상적연구」 2019;4:10

†류정수, 강철, 「아트로핀류산염약침료법으로 갱년기기능성자궁출혈을 치료하기 위한 림상적연구」 2019;4:11

†정일심, 김광철, 「콩팥동맥협착때 초음파도플러법에 의한 콩팥동맥류동태에 대한 연구」 2019;4:12

†김인성, 리정철, 「메트포르민이 자궁내막증식증모형에 미치는 영향에 대한 연구」 2019;4:12-13

†리정무, 「이닦기알약이 입안위생에 미치는 영향을 밝히기 위한 림상적연구」 2019;4:13-14

†전철현, 지충사, 「로인급성복막염수술후 사망위험성예측에 대한 연구」 2019;4:14-15

†김효경, 「베툴린산치약이 입안위생개선에 미치는 영향에 대한 림상적연구」 2019;4:15

†김철, 리광호, 「수자식자외선생체반응량측정기를 리용하여 일부피부질병을 치료하기 위한 연구」 2019;4:16

†장철금, 서광명, 「아연환원법에 의한 일산화질소함량측정방법에 대한 연구」 2019;4:16-17

†최충국, 허광룡, 「크로마토그라피용담체를 만들기 위한 P1-콜린-P2-아데노신피로린산의 합성에 대한 연구」 2019;4:17-18

†주경철, 최광혁, 「다장기부전예측에 확률믿음추론을 적용하기 위한 연구」 2019;4:18

†리광훈, 안광진, 「콤퓨터조종저주파종합치료기에 의한 벌독약물이온도입이 류마치스성관절염에 미치는 영향에 대한 연구」 2019;4:19-20

†김정철, 장경혁, 「콘드로이틴류산과 5-Fu병합료법의 항종양효과에 대한 실험적연구」 2019;4:20

†최용길, 리남혁, 「화농성뇌막염을 뇌척수지주막하강내 약물주입료법으로 치료하기 위한 림상적연구」 2019;4:21-22

†박중화, 안학철, 「위암의 도장진에서 전이가 있는 소속림파절의 세포형태학적 소견에 대한 연구」 2019;4:22

†리금철, 리정명, 「전안부OCT를 리용하여 원발성폐쇄우각증을 진단하기 위한 림상적연구」 2019;4:23

†윤혜영, 원창명, 「진행기자궁경부암(IIIb-IV기)때 나타나는 수신증에 대한 온열화학동시병합료법의 치료효과를 밝히기 위한 림상적연구」 2019;4:24

†장철, 「난치성창상을 결합조직층란절술로 치료하기 위한 림상적연구」 2019;4:24-25

†서경일, 「급성아미트립틸린중독을 가역적콜린에스테라제저애제와 수소탄산나트리움으로 치료하기 위한 림상적연구」 2019;4:25-26

†김성국, 「태줄피줄기세포활성화제로 산후자률신경실조증을 치료하기 위한 림상적연구」 2019;4:26

†정경진, 김광천, 「그라펜강화치과용 수지분말의 림상적용에 대한 연구」 2019;4:27

†리영철, 신충호, 차성일, 「기관지천식환자들에게서 최대호기류량측정에 대한 연구」 2019;4:28

†김충진, 동성권, 「골수정맥조영에 의한 초기 대퇴골두무균성괴사의 렌트겐학적 진단에 대한 연구」 2019;4:28-29

†허효성, 리정남, 최일, 「비만임산부들에게서 자궁절개해산 및 기구해산과 관련이 있는 인자들에 대한 로지스틱회귀분석」 2019;4:29-31

†조남철, 김현남, 「비만때 운동료법의 효과성을 밝히기 위한 연구」 2019;4:31-32

†정명철, 김원삼, 「결핵균재조합열쇼크단백65의 제조와 면역보조효과에 대한 실험적연구」 2019;4:32

†리충성, 방시현, 「물부하가 고압환경에서 콩팥의 배설기능에 미치는 영향에 대한 실험적연구」 2019;4:33

†문봉일, 전명일, 「나노ZrO2을 피복한 Mg-0.5Zr합금의 시험관내 및 유기체내부식특성을 밝히기 위한 연구」 2019;4:34

†김수정, 박영철, 「콕사키A16형비루스의 분리에 대한 연구」 2019;4:35

†황금룡, 신동윤, 「질산섬유소막ELISA에 의한 이하선염항체검사방법의 확립을 위한 연구」 2019;4:35-36

†황정평, 리태혁, 「경피적근골건봉합기구를 리용하여 근골건단별을 저침습적으로 치료하기 위한 림상적연구」 2019;4:36-37

†림성준, 어승혁, 「의학주제어-분류어대응관계관리체계의 실현에 대한 연구」 2019;4:37-38

†김락준, 박준일, 「송진향한증마스크가 건식한증효과에 미치는 영향에 대한 림상적연구」 2019;4:38-39

†한명철, 박광일, 「미세진동온열자기마당과 장파감응배합료법으로 3차신경통을 치료하기 위한 림상적연구」 2019;4:39

†조진철, 윤봉수, 「파형조종전기침의 각이한 파형이 과민성장증후군환자의 자률신경기능에 미치는 영향에 대한 연구」 2019;4:40

†김정남, 「유선암수술후 흉부방척추차단에 의한 수술후 무통효과에 대한 림상적연구」 2019;4:41

†안정철, 리정근, 「법제방법에 따르는 단삼의 성분에 대한 연구」 2019;4:41-42

†강진미, 두승일, 「사람인터페론-γ유전자의 발현균그루제조에 대한 연구」 2019;4:42-43

†리은선, 임순혁, 「초단파쪼임료법으로 만성비세균성전위선염을 치료하기 위한 림상적연구」 2019;4:43-44

†류룡철, 량길모, 「땅비싸리총플라보노이드가 CCI4중독성간장애에 미치는 영향에 대한 실험적연구」 2019;4:44

†김광혁, 장태성, 「으뜸청실말효소물분해물의 합리적인 제조조건을 확립하기 위한 연구」 2019;4:45-46

†신준일, 차선남, 「단궁알약이 지질과산화 및 항산화효소활성에 미치는 영향에 대한 연구」 2019;4:46-47

†신영진, 박철준, 「아미포스틴나트리움교갑약이 두경부악성종양에 대한 방사선치료효과에 미치는 영향」 2019;4:47

†최은옥, 오동광, 방현철, 「유문라선균감염증치료왁찐의 제조조건을 확립하기 위한 연구」 2019;4:48

†김장일, 박원혁, 「급성담낭염때 몇가지 십이지장액검사지표값들을 개선하기 위한 연구」 2019;4:49

†신석철, 리철용, 「알부민금속결합능과 허혈성질병과의 관계를 밝히기 위한 연구」 2019;4:50

†소성수, 리영학, 「연부조직육종때 근치적인 수술을 적용하기 위한 연구」 2019;4:50-51

†한은주, 임송이, 「당뇨병때 급성이몸염을 몇가지 항생제와 이몸마싸지로 치료하기 위한 연구」 2019;4:51-52

†장성혁, 조옥이, 「약물성 및 비약물성위궤양때 상부소화관 내시경검사소견에 대한 연구」 2019;4:52-53

†김대성, 김승식, 「수태양소장경의 침혈자극이 심장도플러초음파검사지표에 미치는 영향」 2019;4:53

†리은영, 강응권, 「위암, 결장 및 직장암때 혈청종양표식자 CEA 및 CA19-9의 동태에 대한 연구」 2019;4:54

†박현철, 조송일, 「창상치유와 치유지연의 위험인자에 대하여」 2019;4:55

†심효, 「연부조직손상이 심한 장관골개방성골절때 리용하는 소형창외고정장치」 2019;4:56

†최혜영, 함성진, 「울증의 최근분류에 대하여」 2019;4:54

†리철용, 김철준, 「《참대소금》에 대하여」 2019;4:57

<조선의학> 2020년 1호

†김은주, 리원철, 「RT-PCR에 의한 인터로이킨-12유전자의 합성에 대한 연구」 2020;1:6-7

†리영철, 차성일, 신충호, 「기관지천식의 중증도에 따르는 약물치료때 최대호기류량에 대한 연구」 2020;1:7-8

†백리광, 김학수, 윤영민 , 「로인골송소증성대퇴골상단부골절의 역학적특성에 대한 연구」 2020;1:8-9

†한명철, 박광일, 「미세진동온열자기마당치료와 장파감응치료가 삼차신경통에 미치는 영향을 밝히기 위한 림상적연구」 2020;1:9-10

†지선경, 강홍근, 「수소수가 흰생쥐의 운동능력에 미치는 영향에 대한 연구」 2020;1:10-11

†최영석, 신봉철, 「건강한 사람에게서 얼굴 2D화상자료에 의한 몇가지 측정값들의 림상적특징에 대한 연구」 2020;1:11-12

†장혁철, 김경민, 「마늘뜸료법이 만성기관지염환자의 몇가지 면역기능에 미치는 영향에 대한 연구」 2020;1:12-13

†리명철, 「벌풀-피브로인창상막으로 염증성치주병을 치료하기 위한 연구」 2020;1:13-14

†박민, 박영철, 「등온유전자증폭기술을 리용하여 결핵균 DNA를 검출하기 위한 연구」 2020;1:14-15

†권영심, 김금순, 「CCD촬영기를 리용하여 머리칼 밀도를 자동적으로 계측하기 위한 연구」 2020;1:15-19

†정철, 홍영일, 「헤파토인겔이 화상후 반흔조직두께에 미치는 영향에 대한 실험적연구」 2020;1:16-17

†박영진, 안현정, 「멜라토닌과 비타민C의 치주염치료효과에 대한 림상적연구」 2020;1:17

†림규호, 「실혈성흰쥐모형에서 수식혈색소가 혈색소와 산소분압에 미치는 영향에 대한 연구」 2020;1:18

†김광혁, 류대모, 「몇가지 생화학적지표를 리용하여 장괴사를 수술전에 진단하기 위한 연구」 2020;1:19a-19

†허극철, 김경심, 김강혁, 「만성인두염을 생체력학적인 측두하악관절교정과 약수로 치료하기 위한 림상적연구」 2020;1:19b-20

†리춘혁, 라성철, 리영남, 「지주막하출혈 급성기 뇌동맥류유무에 따르는 중증도를 밝히기 위한 연구」 2020;1:20-21

†리성남, 「다인자1차회귀방정식으로 갑상선131I흡수률을 추정하기 위한 연구」 2020;1:21-22

†리영진, 서광명, 「선천성뇨도하렬을 방광점막편에 의한 뇨도성형술로 치료하기 위한 연구」 2020;1:22-23

†김명수, 리윤철, 「만성구속성스트레스가 후대의 행동반응에 미치는 영향을 밝히기 위한 연구」 2020;1:23

†송정순, 신혜련, 「자궁경관점막외번에 대한 LEEP후 복명국소지혈 물약과 세프트리악손을 흡착시킨 PVA해면이 창상치유에 미치는 영향에 대한 림상적연구」 2020;1:24-25

†최은옥, 오동광, 방현철, 「유문라선균감염증치료왁찐의 합리적인 접종방법을 확립하기 위한 실험적연구」 2020;1:25-26

†김명철, 라문걸, 「심근사립체의 산화적손상을 평가하기 위한 실험적연구」 2020;1:26-27

†채귀령, 장일철, 홍기애, 「국산화한 경피내시경적위루조설기구의 효과성에 대한 연구」 2020;1:27-28

†최현준, 김덕윤, 「만성저(무)산성위염에 대한 체질침처방의 효과성을 밝히기 위한 연구」 2020;1:28-29

†류순정, 김은규, 「각막지형도를 적용하여 굴절교정수술의 시기능 개선효과를 높이기 위한 림상적연구」 2020;1:29-30

†박대윤, 「측두하악관절치환술에 대하여」 2020;1:30

†양순영, 박명우, 「건강한 임신부와 임신성고혈압환자혈액에서 산화1차생성물(HPO)의 변화동태에 대한 연구」 2020;1:31-32

†조광혁, 한영광, 「지방산동염비색에 의한 혈청지단백분해효소 활성측정에 대한 실험적연구」 2020;1:32-33

†최광, 안창인, 「체육선수들의 피로정도를 정량적으로 판정하기 위한 분별속도측정체계작성에 대한 연구」 2020;1:33-34

†류룡철, 리철기 , 「땅비싸리총플라보노이드의 항산화작용에 대한 실험적 연구」 2020;1:34

†김별희, 남성학, 김광수, 「콩깨묵효모수배양기를 류행성뇌척수막염균 A군배양에 리용하기 위한 연구」 2020;1:35-36

†박충혁, 현광일, 「흉부천투성창상때 현장에서 피부접착식판막장치를 적용하기 위한 림상적연구」 2020;1:36-37

†리남수, 김광천, 「생활성유리분말을 충진한 빛경화복합수지제조와 림상적용에 대한 연구」 2020;1:37-38

†박동철, 김철희, 「회장간막을 리용한 장고정술을 장중첩증에 적용하기 위한 림상적연구」 2020;1:38-39

†김현심, 김강혁, 변성남, 「악안면성형외과적수술창상침윤을 자화수섭취, 경부교감신경절부위에 대한 수법 및 전기자극으로 치료하기 위한 연구」 2020;1:39-40

†김옥영, 림덕연, 「띄운콩칡뿌리당뇨알약이 II형당뇨병에 미치는 영향에 대한 림상적연구」 2020;1:40-41

†김선희, 한봄순, 「어린이갑상선기능저하증때 혈청지질에 대한 연구」 2020;1:41-42

†정은별, 조영근, 「적자외선치료기로 대상포진을 치료하기 위한 림상적연구」 2020;1:42-43

†홍기애, 리혁, 「식도정맥류가 있는 간경변증환자들에게서의 식도정맥류 결찰방법에 대한 연구」 2020;1:43

†박유정, 김상철, 「간장질병때 오줌중 α-태아단백의 변화동태를 밝히기 위한 연구」 2020;1:44

†리광명, 박준식, 「염화칼리움으로 취장염모형을 만들기 위한 연구」 2020;1:44-45

†리은영, 「일부 악성종양때 혈청종양표식자 CEA 및 CA19-9의 동태에 대한 연구」 2020;1:45

†김경훈, 최성준, 「고환기능장애모형흰쥐에서 몇가지 조혈지표에 대한 연구」 2020;1:46

†리근철, 김무헌, 최학건, 기현주, 「간문부담관암때 확대간좌엽절제술에 대한 연구(제1보)」 2020;1:47a-47

†황금혁, 문성철, 「L-티록신이 선천성갑상선기능저하증흰쥐의 성장발육에 미치는 영향에 대한 실험적연구」 2020;1:47b-48

†김금혁, 리호철, 「머리외상후유증환자에게서 나타나는 림상증상의 특성에 대한 연구」 2020;1:48-49

†김경이, 김두원, 「건강한 사람들에게서 심장초음파에 의한 승모판역류의 출현빈도와 승모판의 기하학적변화에 대한 연구」 2020;1:49-50

†정주영, 김철범, 「복제모형용 우무본뜨기재료에 영향을 주는 인자들을 밝히기 위한 연구」 2020;1:50

†서광혁, 「량쪽 흉부교감신경절제술을 동시에 적용하기 위한 림상적연구」 2020;1:51a-51

†한명금, 「고혈압때 좌심실후벽두께에 대한 연구」 2020;1:51b-52

†류천, 김승국, 「자궁경부편평상피내병변때 이상증식형의 해부학적부위에 대한 연구」 2020;1:52-53

†리예성, 봉숙, 「살구전해수가 유문라선균제균효과에 미치는 영향에 대한 연구」 2020;1:53

†서태성, 「대퇴골골절수술에서 저침습소절개를 통한 금속판고정에 대하여」 2020;1:54

†리명국, 서옥영, 「전자간의 예측표식자들」 2020;1:55-56

†림승일, 「생체간이식에 대하여」 2020;1:56

†리경일, 「기관지천식관련인자들」 2020;1:57

〈조선의학〉 2020년 2호

†엄준혁, 박찬규, 「대퇴골두내압을 측정하기 위한 연구」 2020;2:5-6

†김금란, 홍옥경, 리정남, 「재태주수에 따르는 갓난아이출생몸질량동태에 대한 통계학적연구」 2020;2:6

†신유철, 리학철, 「2형당뇨병관련유전자를 리용하여 2형당뇨병의 위험성을 예측하기 위한 연구」 2020;2:7-8

†현창호, 허인경, 최철우, 「수술중 관상동맥이식편의 혈류를 측정하기 위한 연구」 2020;2:8

†림진, 정광호, 「심장박동순환차단하에서 심방중격결손공폐쇄술때 머리국소랭각을 병합한 마취에 대한 림상적연구」 2020;2:9-10

†룡훈, 류대모, 「담낭폴리프때 복강경하담낭적출술이 담낭암예방에 미치는 영향」 2020;2:10

†황영민, 안명철, 「초단파온열자극이 백혈구감소증환자의 일부 면역기능에 미치는 영향에 대한 연구」 2020;2:11

†림승일, 김원호, 탁현철, 「한구멍을 통한 복강경하충수절제술에 대한 림상적연구」 2020;2:12

†방성희, 정성근, 「구렝이생당쑥교갑약으로 간경변증을 치료하기 위한 림상적연구」 2020;2:13-14

†허철수, 박용철, 「3~4살 어린이들의 흉부횡단면상에서 심장의 크기, 심장과 흉추골사이거리에 대한 해부학적연구」 2020;2:14

†강광남, 김현무, 「의료용나사못제거기의 생체력학적특성에 대한 연구」 2020;2:15

†림동수, 리선화, 「기포배렬에 의한 자궁란관조영초음파검사로 란관통과성을 평가하기 위한 림상적연구」 2020;2:16-17

†박대윤, 좌경진, 「콤퓨터지원설계에 의한 측두하악관절 및 하악골재건성형술에 대한 연구」 2020;2:17-18

†문효일, 홍기애, 「내시경과 복부초음파검사로 위점막하종양을 진단하기 위한 연구」 2020;2:18

†김강혁, 김명진, 「달천온천을 리용한 적수욕과 대퇴굴근신장운동료법 및 골반고임목교정치료가 척수손상후 장기능장애에 미치는 영향에 대한 림상적연구」 2020;2:19-20

†김수정, 최향순, 「폐색성동맥경화증의 중증도에 따르는 파행거리에 대한 연구」 2020;2:20

†김련화, 승영민, 「일본뇌염약독화예방약그루의 면역원성에 대한 연구」 2020;2:21-22

†리은화, 전현아, 「잔등부위심전도에 의한 심장성부정맥진단에 대한 연구」 2020;2:22

†김춘옥, 리혜영, 「인삼복방약이 담암흰생쥐의 종양증식과 수지상세포에 미치는 영향에 대한 연구」 2020;2:23

†리은경, 유향숙, 「초음파검사로 근골건완전단렬과 불완전단렬을 감별하기 위한 연구」 2020;2:24

†리호남, 김일국, 최순혁, 「탄산비석의 지혈효과에 대한 실험적연구」 2020;2:24-25

†공경호, 전대영, 「모체혈액과 양수에서 태아DNA를 추출하기 위한 연구」 2020;2:25-26

†리승휘, 정유일, 「경골의 피로성골절에 대한 렌트겐학적진단방법을 확립하기 위한 연구」 2020;2:26-27

†리병수, 정덕환, 「안과수술에서 심층궁륭부 신경차단점안마취의 효과를 밝히기 위한 림상적연구」 2020;2:27-28

†리연, 김숙희, 「에이스만난영양교갑약이 위십이지장궤양에 미치는 영향」 2020;2:28-29

†진청룡, 방희성, 「만성콩팥부전모형흰쥐에서 콩팥 및 뇌수의 몇가지 기능지표에 대한 연구」 2020;2:29-30

†박현철, 김정혁, 「신온온천료양지에서 전신욕과 음천병합료법이 혈중지질함량에 미치는 영향에 대한 연구」 2020;2:30-31

†장성혁, 김광복, 「갑상선암의 수술후 종물의 크기와 림파절전이유무에 따르는 생존률을 밝히기 위한 연구」 2020;2:31

†주태혁, 라영호, 「너삼-베르베린항암주사약의 합리적인 처방조성에 대한 연구」 2020;2:32-33

†김상호, 김봉영, 「나노은수로 자궁경관염을 치료하기 위한 림상적연구」 2020;2:33-34

†박금실, 강영철, 「몇가지 식료품의 항산화작용에 대한 연구」 2020;2:34-35

†리정순, 홍기애, 「십이지장상피성악성종양의 내시경적진단지표로서 백색융모의 유용성을 검토하기 위한 연구」 2020;2:35-36

†신기철, 김진영, 「지효성β2감수체흥분약과 항콜린약물을 만성페색성페질병치료에 쓰기 위한 림상적연구」 2020;2:36-37

†김영남, 고금실, 「생물학적방법으로 제조한 나노은용액과 몇가지 항생제의 병합효과를 밝히기 위한 연구」 2020;2:37-38

†장명성, 렴정숙, 「트렐라글립틴알약이 당뇨병모형동물의 내당능과 혈당에 미치는 영향에 대한 연구」 2020;2:38-39

†홍순범, 「오존기름이 DNBS유도성 대장염에 미치는 영향에 대한 연구」 2020;2:39-40

†박철남, 김강혁, 「요추기능성측만증을 성천온천전신욕과 견인 및 수법을 병합하여 치료하기 위한 림상적연구」 2020;2:40-41

†리경미, 림경순, 「IIc류사형 위MALT림파종의 내시경검사소견에 대한 연구」 2020;2:41-42

†김인해, 박영미, 「척추교정으로 신경순환무력증의 림상증상을 개선하기 위한 연구」 2020;2:42-43

†리의진, 리영철, 「그레이브즈병환자들에게서 눈알돌출과 몇가지 림상지표들과의 관계에 대한 림상적연구」 2020;2:43-44

†박창혁, 김정혁, 「신온온천욕과 메트포르민병합이 당뇨병성위무력증에 미치는 영향에 대한 연구」 2020;2:44-45

†신철범, 리명기, 「대장의 염증성질병 및 선종때 이상증식에 따르는 세포학적연구」 2020;2:45-46

†공남철, 방시현, 「찬물(3℃)혜염후 몇가지 지표들에 대한 연구」 2020;2:46-47

†김재옥, 한은심, 신용근, 「베라비아의 열내림작용에 대한 연구」 2020;2:47-48

†리경혜, 리성복, 「나도금광국이 방사선쪼임동물의 말초혈액에 미치는 영향에 대한 실험적연구」 2020;2:48

†홍성근, 최정민, 「약물주입용 초음파전위선치료기구로 만성비세균성전위선염을 치료하기 위한 연구」 2020;2:49

†조인수, 김진명, 리철진, 「팔로4증후군의 몇가지 형태학적 특징에 대한 연구」 2020;2:50

†「신형코로나비루스감염증의 증상과 위험성, 예방대책」 2020;2:51

†김은령, 최혜영, 「간호심리학에 대한 리해」 2020;2:52

†박철송, 황주영, 「뇌졸중후 일측성안개보임증에 대하여」 2020;2:53

†김령, 리학철, 「의료봉사의 질개선과 림상경로」 2020;2:53-54

†김유수, 김갑주, 「중증외상성륵골골절때 구급환경에서의 림상적화상진단에 대하여」 2020;2:54-55

†허희영, 홍현희, 「록내장수술후 생기는 란시에 대하여」 2020;2:55-56

†리창식, 배학봉, 「지주막과립에 대하여」 2020;2:56

†최영석, 신봉철, 「눈알돌출도측정기구의 성능평가에 쓰이는 사람눈알모형의 만들기」 2020;2:57

<조선의학> 2020년 3호

†박명길, 김순권, 「전신마취때 디바졸약물료법이 주술기순환동태에 미치는 영향에 대한 림상적연구」 2020;3:5-6

†박성재, 김광명, 「일부침혈에 대한 뜸열자극으로 갱년기장애를 치료하기 위한 림상적연구」 2020;3:6-7

†리태영, 박호국, 「만성경막하혈종때 점적관류를 병합한 골공조설 및 배액관삽입술의 효과성을 밝히기 위한 림상적연구」 2020;3:7-8

†전현아, 「고혈압환자들에 대한 혈관초음파검사로 경동맥의 변화를 밝히기 위한 연구」 2020;3:8-9

†유일, 전명일, 「마그네시움-아연-망간합금의 생체적합성에 대한 연구(제1보)」 2020;3:9-10

†량철진, 박광민, 「진행기결장암절제술후 7년루적생존률에 대한 연구」 2020;3:10

†김순철, 「경시적식도바리움조영검사로 식도무이완증을 진단하기 위한 연구」 2020;3:11-12

†김금성, 문성철, 「외상성척수손상때 운동기능과 척수손상지표에 대한 연구」 2020;3:12

†김수정, 최향순, 「발목관절상박혈압지수에 따르는 폐색성동맥경화증의 중증도평가에 대한 연구」 2020;3:13-14

†홍선기, 림덕연, 「단너삼심장수액으로 허혈성심장질병을 치료하기 위한 림상적 연구」 2020;3:14-15

†리호남, 최순혁, 「지혈면의 지혈효과판정을 위한 림상적연구」 2020;3:15-16

†김금주, 김숙희, 「간경변환자들에게서 혈당과 예후에 미치는 영향에 대한 림상적연구」 2020;3:16-17

†박정철, 김봉선, 「디히드로클로티아지드와 로사르탄병합료법이 혈청전해질 및 대사지표에 미치는 영향에 대한 연구」 2020;3:17-18

†김진향, 림기호, 「불화물충진치과용 수지분말의 림상적용에 대한 연구」 2020;3:18-19

†조종철, 박광민, 「간동맥전색술(TAE)과 간절제술의 병합치료후 간암병조의 괴사정도에 따르는 5년생존률에 대한 연구」 2020;3:19

†차승주, 권룡철, 리철, 김철남, 류정희, 「자주 재발하는 설사증을 젖산균복합제제로 치료하기 위한 연구(제1보)」 2020;3:20-21

†김현아, 김진옥, 「비만증에 의한 허리아픔을 고임목 및 수법교정으로 치료하기 위한 연구」 2020;3:21-22

†윤향숙, 윤선희, 「재조합유구낭미충항원(T.solium 10kDa)의 정제에 대한 연구」 2020;3:22-23

†박철국, 신광옥, 「청년성편평사마귀치료에 합리적인 병조자극료법을 확정하기 위한 연구」 2020;3:23-24

†주정호, 리철수, 「비대상성간경변증을 복수재주입과 스테로이드병합료법으로 치료하기 위한 연구」 2020;3:24-25

†조성혁, 김봉선, 「아세타졸아미드가 혈압과 산염기평형 및 전해질농도에 미치는 영향에 대한 연구」 2020;3:25-26

†림승일, 지충사, 「인공위형성에 의한 소장간치식 위전적출술의 림상적평가(1)」 2020;3:26

†박철홍, 홍기애, 「CM-키토잔나노은3제료법에 의한 위궤양치료방법과 그 효과성에 대한 내시경적연구」 2020;3:27

†조강민, 「사람인터페론-δ 1C172S유전자의 클론화에 대한 연구」 2020;3:28-29

†한주혁, 김철호, 「페암때 기관지동맥내항암제주입료법(BAI)이 암조직괴사에 미치는 영향에 대한 연구」 2020;3:29-30

†신봉철, 리대남, 김국화, 「2형당뇨병환자들에게서 비알콜성지방간유무와 메트포르민과 피오글리타존의 혈당내림효과사이의 관계를 밝히기 위한 연구」 2020;3:30-31

†손옥경, 탁현옥, 「진무탕과 면역억제제의 병합료법으로 스테로이드저항성콩팥증증후군을 치료하기 위한 림상적연구」 2020;3:31

†홍승학, 리성삼, 「알벤다졸과 생물공진병합료법으로 분선충의 구충효과를 높이기 위한 연구」 2020;3:32-33

†윤철, 김석준, 「알긴산염본재료용 본틀접착제에 대한 연구」 2020;3:33

†김기훈, 리덕현, 「악성림파종때 PCVP료법이 생존률에 미치는 영향에 대한 연구」 2020;3:34

†호봉길, 박금혁, 박광남, 「상부식도이물제거술을 개선하기 위한 림상적연구」 2020;3:35

†최순혁, 리강림, 「찔광이씨청결겔로 질염을 치료하기 위한 연구」 2020;3:35-36

†윤원남, 강춘실, 「스피룰리나효소분해물로부터 아미노산의 분리정제에 대한 연구」 2020;3:36-37

†문명옥, 백성원, 「경구용CT조영제를 국산화하기 위한 림상적연구」 2020;3:37-38

†김제하, 리정수, 「내시경적국소주사로 상부소화관출혈을 치료하기 위한 림상적연구」 2020;3:38-39

†전학렬, 정원, 「전기침과 자기마당작용이 다리수술후 아픔에 미치는 영향」 2020;3:39

†김은성, 「글리테신흡입과 항균약을 병합하여 어린이천식성기관지염을 치료하기 위한 림상적연구」 2020;3:40

†박현수, 방시현, 「물온도측정 및 수영시간현시장치를 수영운동에 적용하기 위한 림상적연구」 2020;3:41-42

†김충렬, 최성준, 「초음파자극이 압박성말초신경장애때 몇가지 기능지표에 미치는 영향을 밝히기 위한 실험적연구」 2020;3:42

†장세욱, 안광진, 「반도체레이자분산쪼임법으로 삼출성륵막염을 치료하기 위한 림상적연구」 2020;3:43-44

†김성혁, 두승일, 「재조합사람인터로이킨-2분무약으로 감기를 치료하기 위한 림상적연구」 2020;3:44

†엄성철, 「두뇌영양알이 기억능에 미치는 영향을 밝히기 위한 실험적연구」 2020;3:45

†장성혁, 전재진, 「갑상선암의 병기에 따르는 수술후 생존률을 밝히기 위한 연구」 2020;3:45-46

†리순희, 장영희, 「금강약돌제제와 부항병합료법으로 어린이대퇴골두골연골증을 치료하기 위한 연구」 2020;3:46-47

†김만석, 김향숙, 「유리체절제술로 증식성당뇨병성망막증을 치료하기 위한 림상적연구」 2020;3:47

†김은광, 김영호, 「조기폐선암때 섬유화정도와 병리조직학적지표들사이의 관계를 밝히기 위한 연구」 2020;3:48

†김성국, 최진성, 「직장점막축소와 연구개점막하약침료법으로 직장탈(1, 2도)을 치료하기 위한 연구」 2020;3:49

†박명진, 김태명, 「몇가지 인자들이 소리자극에 대한 흰쥐의 자발운동량에 미치는 영향」 2020;3:50-51

†리형근, 리원섭, 리성일, 「자궁강내 가온액체적용이 몸질량과 체온에 미치는 영향에 대한 연구」 2020;3:51

†리일경, 오봉환, 「전자식피부온도자극검사기로 한랭두드러기를 진단하기 위한 연구」 2020;3:52

†전경일, 김성남, 「A형돌림감기(H1N1)감염증에 대하여」 2020;3:53

†최혜영, 함성진, 「의학심리학에 대한 리해」 2020;3:54

†조정철, 김영익, 「의학학술잡지분석에 의한 학문들의 연구주제선정」 2020;3:54-55

†신기철, 강현석, 「만성폐색성폐질병급성증악기 항감염치료에서 혈청프로칼시토닌의 역할에 대하여」 2020;3:55-56

†김선영, 현수향, 「심부전때 간장애」 2020; 3:56

†「신형코로나비루스감염증때 중증환자와 위독한 환자들에 대한 치료」 2020;3:57

<조선의학> 2020년 4호

†원금성, 「면적외선쪼임과 침혈부위 미약저주파전기자극으로 자률신경실조증을 치료하기 위한 연구」 2020;4:5-6

†유금옥, 서강설, 「상박신경통을 단파투열과 비타민B1, B12약침병합료법으로 치료하기 위한 림상적연구」 2020;4:6-7

†장순화, 리건, 「MRI검사로 외안근두께를 측정하기 위한 연구」 2020;4:7

†리경진, 김은효, 「추간판변성환자들의 요추운동에 대한 렌트겐동태학적평가에 관한 연구」 2020;4:8

†문명옥, 최영권, 「경구용CT조영제로 류산바리움을 쓰기 위한 연구」 2020;4:8-9

†김국현, 「하악골골절때 PRP의 적용에 대한 림상적연구」 2020;4:9-10

†박춘심, 한수련, 「코르티코스테로이드주사와 피동신전운동병합료법으로 상박관절주위염을 치료하기 위한 연구」 2020;4:10-11

†림승일, 지충사, 「인공위형성에 의한 소장간치식 위전적출술의 림상적평가(2)」 2020;4:11-12

†허금철, 박명국, 「심근경색의 발생과 몇 가지 인자들과의 관계에 대한 연구」 2020;4:12-13

†신철웅, 성춘희, 「고장포도당과 리도카인 혼합용액에 의한 증식료법으로 측두하악관절장애를 치료하기 위한 림상적연구」 2020;4:13-14

†리일국, 남향민, 「디메틸글리신교갑약이 면역기능에 미치는 영향을 밝히기 위한 연구」 2020;4:14

†유일, 박송학, 「마그네시움-아연-망간합금의 생체적합성에 대한 연구(제2보)」 2020;4:15-16

†장금련, 「십전대보환과 플루코나졸병합료법으로 식도칸디다증을 치료하기 위한 림상적연구」 2020;4:16-17

†김영성, 박준일, 「생당쑥달임액과 항생제약침료법으로 회충미입성담낭담도염을 치료하기 위한 림상적연구」 2020;4:17-18

†송철민, 리남경, 「항생제와 젖산균제제병합으로 호흡기계통감염증을 치료하기 위한 연구」 2020;4:18

†김남일, 리명희, 「아코린주사약으로 악성흉수 및 복수를 치료하기 위한 연구」 2020;4:19

†안성진, 서창률, 「상대적으로 건강한 사람들의 교감신경피부반응에 대한 연구」 2020;4:20-21

†김정향, 곽남진, 「유선암에서 HER2유전자의 평가조건을 확립하기 위한 연구」 2020;4:21

†전광우, 황경일, 「N-아세틸시스테인이 흰쥐탈모증에 미치는 영향에 대한 연구」 2020;4:22

†리광철, 김영철, 「역류성식도염에 대한 항균료법의 치료효과를 밝히기 위한 연구」 2020;4:23-24

†백미영, 「진통유발 및 촉진이 산후출혈량에 미치는 영향에 대한 림상적연구」 2020;4:24-25

†최경희, 문성철, 방정심, 「미노드론산디나트리움이 골송소증모형흰쥐에 미치는 영향에 대한 연구」 2020;4:25

†성광문, 한금희, 「수술전과 수술후 호중성백혈구수/림파구수가 위암환자들의 예후에 미치는 영향에 대한 연구」 2020;4:26-27

†박창길, 김철범, 「뇌경색을 우로키나제 저단위료법으로 치료하기 위한 연구」 2020;4:27-28

†김찬, 김정남, 「흉강경보조하흉부교감신경절단술때 륵간신경차단을 병합한 기관내마취에 대한 연구」 2020;4:28-29

†정은철, 박중근, 「경두개뇌자극치료기의 불안장애치료효과를 밝히기 위한 림상적연구」 2020;4:29-30

†오충남, 조대집, 「근적외선-자기마당치료기에 의한 신경순환무력증의 치료효과를 밝히기 위한 연구」 2020;4:30-31

†리명철, 「Si-Ca-P-Zn-F계 생물활성유리사기의 치과림상적용을 위한 기초적연구」 2020;4:31-32

†김청송, 김성준, 「포도알균장관독소유전자를 검출하기 위한 프라이머설계와 양성대조플라즈미드제작에 대한 연구」 2020;4:32-33

†김명호, 정은혁, 「근적외선치료기를 편두통치료에 적용하기 위한 연구」 2020;4:33-34

†김명진, 리은영, 「주요종양표식물검사 표준곡선의 수학적모형화에 대한 연구」 2020;4:34-35

†서유호, 안승철, 「저선량방사선쪼임이 흰쥐골수간엽성줄기세포의 p38단백질에 미치는 영향에 대한 연구」 2020;4:35-36

†엄일국, 서강호, 「암조직중 인돌아민 2,3-디옥시게나제의 활성측정조건을 찾기 위한 실험적연구」 2020;4:37-38

†김철민, 변란희, 「주술기항혈소판료법이 늙은이만성경막하혈종의 수술후재발에 미치는 영향을 밝히기 위한 연구」 2020;4:38

†진명철, 안성태, 「나노은용액주장료법과 신궐혈뜸통뜸료법을 배합하여 적리후성만성대장염을 치료하기 위한 림상적연구」 2020;4:39

†최남철, 백호진, 「견쇄관절탈구와 쇄골견봉단골절을 끼움식형태부자나사못고정으로 치료하기 위한 림상적연구」 2020;4:40

†리호빈, 박혁철, 「혈관내피증식인자유전자 국소주입이 다리동맥페색질병환자의 림상증상과 피흐름에 미치는 영향에 대한 연구」 2020;4:41-42

†김강건, 김일복, 「비루스성각막염환자의 적혈구막안정성에 대한 연구」 2020;4:42-43

†조성철, 최영성, 「과활동방광을 행동료법과 독풀뿌리병합방법으로 치료하기 위한 림상적연구」 2020;4:43

†안승국, 김은희, 김진숙, 「달천온천욕, 자세회복훈련 및 수법치료가 척수손상후 바퀴달린의자사용자들의 팔기능장애회복에 미치는 영향에 대한 림상적연구」 2020;4:44-45

†강민혁, 전성광, 「흡연이 대퇴골하단부연골두께에 미치는 영향을 밝히기 위한 연구」 2020;4:45

†김충성, 「경피적수내못과 빗장못으로 척골근위부골절을 치료하기 위한 림상적연구」 2020;4:46

†김은평, 두승일, 박순필, 「PCR로 증폭한 결핵균융합유전자의 클론화에 대한 연구」 2020;4:47

†신봉철, 김국화, 「당뇨병성말초신경장애때 경골신경에서 신경전도검사지표들에 대한 연구」 2020;4:48-49

†김춘일, 리수영, 「자궁내용물제거술때 리도카인+아트로핀혼합액에 의한 국소마취의 효과성에 대한 림상적연구」 2020;4:49

†박철호, 최남용, 「구급의료봉사경로에 대한 연구」 2020;4:50-51

†강영준, 정귀성, 「그라펜기질이 배양세포의 증식성에 미치는 영향에 대한 연구」 2020;4:51

†김은철, 최명철, 「가열식자석교반기」 2020;4:36

†안명희, 「국제표준화기구 15189와 림상검사실」 2020;4:52

†리금숙, 최혜영, 「전과의료에 대한 리해」 2020;4:53

†김옥주, 리정수, 「24시간자동혈압측정의 응용」 2020;4:53

†서옥영, 리명국, 「해산제2기관리에서 나서는 몇가지 문제」 2020;4:54-55

†김영광, 김경호, 「배변촬영법의 기술과 림상적응용」 2020;4:55

†박수영, 김철옥, 「새로운 Cabrera배렬심전도검사법에 대하여」 2020;4:55-56

†김선영, 현수향, 「간경변성심근증에 대하여」 2020;4:56

†소기용, 최철환, 「고열량중심정맥영양법에 대하여 (1)」 2020;4:56

†「신형코로나비루스성페염의 진단」 2020;4:57

〈조선의학〉 2021년 1호

†리예림, 장금련, 「십전대보환과 에리트로포이에틴을 병합하여 만성콩팥부전환자의 콩팥성빈혈을 치료하기 위한 림상적연구」 2021;1:6-7

†윤현일, 정성영, 「골반경사견인료법으로 요추추간판탈출증을 치료하기 위한 림상적연구」 2021;1:7-8

†최정주, 김은하, 「천장관절교정과 침자극을 병합하여 기능성월경곤난증을 치료하기 위한 림상적연구」 2021;1:8-9

†홍순희, 홍영일, 「헤파토인겔을 편평사마귀치료에 적용하기 위한 림상적연구」 2021;1:9-10

†김준, 림승일, 「복부감염증의 예후를 평가하기 위한 림상적연구」 2021;1:10-11

†김영남, 「수법치료와 요배근강화체조법을 병합하여 척추기원성좌골신경통을 치료하기 위한 림상적연구」 2021;1:11-12

†황보명남, 조문철, 「흉강경하흉부교감신경절제술과 별모양신경절차단병합료법으로 협심증을 치료하기 위한 림상적연구」 2021;1:12-13

†박광천, 「메르카졸과 텍사메타존구후주사병합으로 그레이브즈눈증을 치료하기 위한 연구」 2021;1:13-14

†김일심, 태명호, 「태아심장박동변동의 주파수특성량분석에 대한 연구」 2021;1:14-15

†윤광철, 김영철, 「할미꽃뿌리궤양알약과 나노은수병합료법으로 위십이지장궤양을 치료하기 위한 연구」 2021;1:15-16

†리명철, 「치과용Si-Ca-P-Zn-F계 생물활성유리사기의 봉쇄 및 충전효과에 대한 연구」 2021;1:17-18

†정위력, 리석일, 「스트렙토조신과 사카로즈를 병합적용하여 2형당뇨병모형을 만들기 위한 연구」 2021;1:18-19

†리경진, 김은효, 「정상요추운동에 대한 렌트겐동태학적평가에 대한 연구」 2021;1:19-20

†천성팔, 최룡석, 주혁철, 「토양으로부터 남새에로 몇가지 금속원소들의 이행성에 대한 연구」 2021;1:20-22

†동정혜, 윤성진, 김성순, 량명룡, 「재조합사람성장호르몬나노셀렌복합물주사약의 나노립자특성과 그의 보관안정성에 대한 연구」 2021;1:22-23

†최세룡, 리유진, 「돼지방광으로 세포외기질을 만들기 위한 연구」 2021;1:23-24

†김승철, 동정혜, 리우범, 김금철, 「뇌하수체적출흰쥐에서 재조합사람성장호르몬나노셀렌복합물의 성장촉진효과에 대한 연구」 2021;1:24-25

†장향연, 라문걸, 「광전비색법으로 건강한 흰쥐의 장기조직중 DNA함량을 측정하기 위한 연구」 2021;1:25-26

†조정희, 강란희, 「흰쥐근육조직에서 헥소키나제활성을 측정하기 위한 실험적연구」 2021;1:26-27

†김명광, 박성, 임철민, 「급성경막하혈종의 림상적특징에 기초한 수술적응증판정지원체계에 대한 연구」 2021;1:27-28

†김향심, 박정철, 신창욱, 「급성심근경색때 몇가지 약물료법이 경색후 합병증에 미치는 영향에 대한 연구」 2021;1:28-29

†윤국진, 최광명, 박충혁, 「유선암에 의한 뼈전이의 발생부위와 아픔과의 관계를 밝히기 위한 연구」 2021;1:29-30

†리홍권, 한성도, 「몇가지 장기암진단에서 로다민B세포진염색의 효과성을 밝히기 위한 연구」 2021;1:30

한반도 보건의료, 생명을 살리는 담대한 도전

†방시현, 「콩단백기질과 굴절계를 리용하여 몇가지 소화기질병을 진단하기 위한 연구」 2021;1:31-32

†신세광, 김일현, 「어린이팔수술때 말초신경차단용신경탐색기를 리용하여 말초신경을 차단하기 위한 림상적연구」 2021;1:32-33

†김혁철, 리철근, 「대사증후군환자에게서 심외막지방두께와 빈속혈당사이 관계에 대한 연구」 2021;1:33-34

†리학봉, 리정근, 리명학, 「알부스타틴이 위액분비 및 장이송능에 미치는 영향을 밝히기 위한 연구」 2021;1:34-35

†류한혁, 조계룡, 「흰쥐에서 새끼밴 시기 저산소, 저영양상태가 태반융모프락탈 차원수에 미치는 영향을 밝히기 위한 연구」 2021;1:35-36

†리승철, 리태혁, 「항생제를 함유한 뼈세멘트알이 항균효과에 미치는 영향에 대한 연구」 2021;1:36

†김국현, 「악안면부 연부조직손상치료에 PRP를 적용하기 위한 림상적연구」 2021;1:37

†김충혁, 량국, 「톱밥리그닌의 물정화효과에 대한 실험적연구」 2021;1:37-38

†리찬혁, 간길성, 「몇가지 고려약이 시험관내 금속철산화반응억제에 미치는 영향에 대한 연구」 2021;1:38

†김수진, 리윤일, 리소영, 「재조합사람성장호르몬좌약이 뇌하수체성소인증환자의 성장에 미치는 영향에 대한 연구」 2021;1:39-40

†김덕수, 리영균, 「만성악골골수염을 자기다혈소판혈장과 알긴산나트리움을 리용하여 치료하기 위한 림상적연구」 2021;1:40

†리학룡, 한경환, 「포비돈요드-PVA지혈해면이 이상발치창의 치유에 미치는 영향에 대한 연구」 2021;1:41

†강만균, 오성국, 「좌골부분절제술로 좌골결절부욕창을 치료하기 위한 림상적연구」 2021;1:41-42

†송광철, 정진식, 「진행기위암수술후 몇가지 인자들이 생존률에 미치는 영향에 대한 연구」 2021;1:42-43

†김순정, 최경일, 「은행잎엑스와 장선매몰료법으로 신경순환무력증을 치료하기 위한 연구」 2021;1:43-44

†장성호, 최영의, 「수법으로 신경근형경추증을 치료하기 위한 림상적연구」 2021;1:44

†한수원, 박정하, 「화상성쇼크기때 감압개복술이 복부구획증후군에 미치는 영향에 대한 실험적연구」 2021;1:45

†리철룡, 렴은희, 「특발성재발성급성취장염을 십이지장내 가온산소주입료법으로 치료하기 위한 림상적연구」 2021;1:46

†리인철, 김명근, 「턱관절증때 침혈부위 저출력반도체레이자의 최적쪼임조건을 확립하기 위한 연구」 2021;1:47

†한효철, 장경혁, 「레시틴과 청간싸락약을 병합하여 동맥경화증을 치료하기 위한 림상적연구」 2021;1:48

†한학성, 「근치적병조절제 및 골편적출술로 경골조면골연골증을 치료하기 위한 림상적연구」 2021;1:49

†김명웅, 김경철, 「피부자발전위에 의한 뇌졸중급성기상태평가에 대한 연구」 2021;1:50

†림경희, 「황금유니콜론주사약이 만성간염때 간기능에 미치는 영향에 대한 연구」 2021;1:51

†남수경, 전주영, 「변성성척추미끄럼증때 침치료와 운동료법병합의 합리적인 치료방법을 확립하기 위한 연구」 2021;1:52

†「공공장소에서의 방역대책」 2021;1:16

†리금숙, 최혜영, 「전과에서 보는 우울증에 대한 심리치료」 2021;1:53

†김정남, 김혜경, 「무증후성심근허혈의 진단과 치료에 대한 최근견해」 2021;1:54-55

†김정국, 리동철, 「당뇨병치료에서 글루카곤양펩티드-1(GLP-1) 류사체인 빅토자의 역할」 2021;1:55-56

†안명희, 「림상검사의 발전」 2021;1:56

†김영식, 김윤혁, 「호흡기능분석기《숨결》」 2021;1:57

〈조선의학〉 2021년 2호

†류미래, 김진숙, 「불완전척수손상후 발목관절가동술 및 계단운동과 달천온천수중균형훈련이 지팽이보행기능에 미치는 영향에 대한 림상적연구」 2021;2:5-6

†리윤철, 로성철, 「안궁우황주사약과 오자그렐나트리움주사약을 병합하여 뇌경색을 치료하기 위한 연구」 2021;2:6-8

†김준, 림승일, 「복부감염증의 중증도평가확립을 위한 연구」 2021;2:8-9

†박봉림, 홍영일, 「해파토인겔을 반흔치료에 적용하기 위한 림상적연구」 2021;2:9-10

†한국남, 김철용, 「자동탄소주광치료기와 표준3제료법병합으로 위십이지장궤양을 치료하기 위한 연구」 2021;2:10-11

†장영철, 「요골동맥경로를 통한 관상동맥내 약물주입으로 혈관련축성협심증을 치료하기 위한 림상적연구」 2021;2:11-12

†김경일, 안광진, 「손목착용식레이자치료기로 고지혈증을 치료하기 위한 연구」 2021;2:12-13

†방경범, 김남희, 「일과성뇌허혈발작을 신의학적방법과 고려의학적방법을 병합하여 치료하기 위한 연구」 2021;2:13-14

†리영광, 리춘룡, 「침칼과 전기침을 병합하여 척추측만증을 치료하기 위한 연구」 2021;2:14-15

†장철웅, 최향순, 「심근경색초급성기때 재조합살모사독혈전주사약의 관상동맥재소통효과에 대한 림상적연구」 2021;2:15-16

†주광학, 김성호, 「특발성기흉을 흉강경수술로 치료하기 위한 연구」 2021;2:16-17

†최한성, 김영철, 「만성경막하혈종수술후 천로위치와 기뇌증사이의 련관성을 밝히기 위한 림상적연구」 2021;2:17-18

†김철용, 려종삼, 「비침습적복강압과 복강내압의 상관성에 대한 연구」 2021;2:18-19

†김덕수, 리영균, 「다혈소판혈장과 알긴산 나트리움으로 이발낭종을 치료하기 위한 연구」 2021;2:19-20

†위원미, 주경일, 「수지-히드록시아파타이트복합체가 빛경화형복합수지충전물에 미치는 영향을 밝히기 위한 림상적연구」 2021;2:20-21

†송효일, 리기용, 「피브로인창상막으로 급성유선염의 창상을 치료하기 위한 림상적연구」 2021;2:21

†리경혜, 정원철, 「쓴부루주사약과 뜸병합료법으로 감기를 치료하기 위한 림상적연구」 2021;2:22-23

†류영민, 박성호, 「취두십이지장절제술때 취장-공장문합법들의 효과성에 관한 림상적연구」 2021;2:23-24

†김향심, 박정철, 신창욱, 「심근경색초급성기때 조기정맥내 아테놀롤료법이 몇가지 혈행동태지표들에 미치는 영향에 대한 연구」 2021;2:24-25

†김영성, 김기성, 「신경순환무력증때 심장박동동기요동치료의 합리적인 치료조건을 설정하기 위한 연구」 2021;2:25-26

†현창호, 허인경, 리룡주, 「관상동맥우회로수술때 수술중이식편수정이 수술후근격성적에 미치는 영향」 2021;2:26-27

†지광명, 한국철, 「에틸알콜에 의한 렌트겐투시하 복강신경총차단이 순환기계통에 미치는 영향에 대한 연구」 2021;2:27-28

†장선희, 한철영, 「심장정지액을 심장수술에 적용하기 위한 안전성검토」 2021;2:28-29

†홍성혁, 강원혁, 「심근손상모형흰쥐에서 혈청합토글로빈과 심근손상지표와의 관계에 대한 실험적연구」 2021;2:29-30

†백성일, 신창렬, 리명국, 「사람심근트로포닌I 정성검사키트의 몇가지 특성에 대한 연구」 2021;2:30-31

†김세욱, 신창욱, 「허혈성심장병발생과 일부 심장혈관위험인자들과의 련관성에 대한 연구」 2021;2:31

†백신혁, 전명일, 「나이에 따르는 어린이 경흉추의 일부 구조물들에 대한 렌트겐학적연구」 2021;2:32-34

†리성일, 엄철국, 「부티랄창상점착제가 화상성창상의 치유에 미치는 영향에 대한 연구」 2021;2:34

†류향희, 류향금, 「말기암환자들에 대한 동방항암소의 림상효과에 대한 연구」 2021;2:35-36

†김호영, 홍철, 「뇨도협착방지용금속부지의 생체력학적특성에 대한 연구」 2021;2:36-37

†김혁일, 정태복, 「암모니아-에리트로신염색에 의한 도말세포진으로 양수물질을 검출하기 위한 연구」 2021;2:37

†리광, 박철송, 윤명철, 「주의력훈련과 운동치료의 병합으로 뇌졸중후 다리운동기능장애를 개선시키기 위한 연구」 2021;2:38-39

†김영남, 김은주, 「생물나노은용액의 고지혈증치료기전을 밝히기 위한 연구」 2021;2:39

†렴길성, 박정학, 「브류스터편광쪼임기에 의한 허혈성뇌졸중의 합리적인 치료방법을 확립하기 위한 연구」 2021;2:40

†최경옥, 한석준, 홍정녀, 「테리파라티드 주사약을 골송소증치료에 쓰기 위한 연구」 2021;2:40-41

†리성훈, 김현철, 「봉합사가 달린 고정못의 안정성에 관한 생체력학적연구」 2021;2:41-42

†송광철, 리충환, 「위암수술후 간에 전이된 암환자의 생존률에 대한 연구」 2021;2:42-43

†박영심, 윤명철, 「슬개대퇴동통증후군때 무릎운동과 대퇴관절운동의 병합치료효과를 밝히기 위한 연구」 2021;2:43-44

†장영명, 최광옥, 「직장암때 육안적지표에 따르는 암조직중 NO함량에 대한 연구」 2021;2:44-45

†정강모, 전학영, 「버섯건위영양알의 몇가지 약리작용을 밝히기 위한 실험적연구」 2021;2:45-46

†차정심, 유미, 류향금, 「암사멸융해-보신주사약 1호로 전이가 없는 중심형폐암을 치료하기 위한 연구」 2021;2:46-47

†장일혁, 신찬재, 「솔풍령감초달임액의 위생중독안전성에 대한 실험적연구」 2021;2:47-48

†최철웅, 강진향, 「보툴리누스독소약물에 의한 편측안면경련의 치료에 대한 연구」 2021;2:48-49

†「가정에서 신형코로나비루스감염증예방을 어떻게 하여야 하는가」 2021;2:49

†최경철, 림승일, 「병원정보에서 림상결심채택지원체계의 응용」 2021;2:50-51

†김정국, 리동철, 「당뇨병성발궤양의 새로운 치료방안」 2021;2:51

†유남, 림수정, 「지식기반 림상결심채택지원체계개발을 위한 진단치료지도서의 모형화에 대하여」 2021;2:52

†박명일, 「무증후성뇌병변때 MRI진단에 대하여」 2021;2:52-53

†허순철, 「기능성위긴장증의 진단과 치료」 2021;2:53-54

†김정, 안광건, 「한팅턴병의 치료」 2021;2:54

†안진영, 문숙, 「의료정보의 국제적표준규격 HL7에 대하여」 2021;2:55

†전분희, 「혈소판응집억제약과 혈액응고약병합료법의 최신견해」 2021;2:55-56

†리영철, 리의진, 「당뇨병과 암발생위험」 2021;2:56

†김은규, 「굴절이상에 대한 레이자굴절교정수술에 대하여」 2021;2:57

〈조선의학〉 2021년 3호

†김영성, 고무웅, 「심장박동기요동자극에 의한 신경순환무력증의 치료에 대한 연구」 2021;3:6-7

†박은희, 백승혁, 「세포진솔을 리용한 신속우레아제검사법으로 유문라선균감염상태를 확인하기 위한 연구」 2021;3:7-8

†차승주, 리철, 김철남, 리문섭, 동성웅, 「만성설사증을 젖산막대균복합제제로 치료하기 위한 림상적연구」 2021;3:8-9

†장세광, 김성근, 「일체식경성인공수정체를 로인성백내장치료에 쓰기 위한 림상적연구」 2021;3:9-10

†김경일, 안광진, 「손목착용식레이자치료기로 협심증을 치료하기 위한 연구」 2021;3:10-11

†김광복, 안영애, 「증거에 기초한 행동변화위생선전이 가정혈압측정과 관련한 치료지시준수률과 혈압조절률에 미치는 영향」 2021;3:11-12

†리준룡, 리금향, 「급성관상동맥증후군때 심장용아스피린정맥주사의 치료효과를 밝히기 위한 연구」 2021;3:12-13

†유선녀, 김만석, 「망막상막때 내경계막제거술이 수술후 재발률에 미치는 영향에 대한 연구」 2021;3:13-14

†방명일, 손명호, 「CT화상에 의한 방사선치료계획작성때 매 장기들의 상대전자밀도를 결정하기 위한 연구」 2021;3:14-15

†정위력, 리석일, 「은정차가 고뇨산혈증발생에 미치는 영향을 밝히기 위한 연구」 2021;3:15-16

†류소기, 김광태, 「중증간장애흰쥐모형에서 간 및 소장의 변화를 밝히기 위한 연구」 2021;3:16

†김령, 리학철, 「림상경로의 의료활동지표들을 규격화, 표준화하기 위한 연구」 2021;3:17-18

†김충규, 원금성, 「위내저주파황경피달임액이 온삼투료법으로 만성미란성위염을 치료하기 위한 연구」 2021;3:18-19

†김명순, 김철용, 「만성폐색성폐질병의 중증도와 몇가지 지표들사이의 관계를 밝히기 위한 연구」 2021;3:19-20

†림홍기, 김근혁, 「정신적긴장상태를 반영하는 심장박동변동지표의 선택에 대한 연구」 2021;3:20-21

†박효철, 「국소음압창상치료기로 연부조직염증을 치료하기 위한 림상적연구」 2021;3:21-22

†박순희, 권영심, 「안검렬면적에 의한 안검성형술후 효과성평가에 대한 연구」 2021;3:22-23

†리건우, 리상윤, 「서맥성부정맥환자들에게서 페스메카이식수술후 장기등록관리에 대한 림상적연구」 2021;3:23-24

†리명호, 최창수, 「인삼황경피당뇨교갑약의 혈당낮춤작용에 대한 림상적연구」 2021;3:24-25

†김철범, 「고혈압과 무증후성뇌경색사이의 련관성에 대한 연구」 2021;3:25-26

†림향, 주현생, 「산후이완성자궁출혈때 자궁근층의 염증세포침윤에 대한 병리조직학적연구」 2021;3:26-27

†홍정남, 진명, 「방광암수술후 티오테파를 리용한 국소화학료법때의 재발률과 생존률에 대한 림상적연구」 2021;3:27-28

†정길성, 김철혁, 전재훈, 「구급출혈환자의 분류와 그 구성에서의 특징에 대한 연구」 2021;3:28-29

†전은경, 「피르테니돈이 흰쥐간섬유증에 미치는 영향을 밝히기 위한 실험적연구」 2021;3:29-30

†김성희, 김재련, 「초음파도플러혈류계를 리용하여 당뇨병성발위험을 평가하기 위한 림상적연구」 2021;3:30-31

†리룡준, 「체육선수들속에서 발생하는 열사병의 특징과 예방에 대한 림상적연구」 2021;3:31-32

†변광혁, 길정철, 「폐암의 화학료법때 종물의 증감에 따르는 종양배증일수차이를 밝히기 위한 연구」 2021;3:32-33

†최미향, 김명수, 「항체산생세포수검사를 위한 효소면역반점법의 몇가지 특성검토에 대한 연구」 2021;3:33-34

†동철, 장정현, 「젖어금이가 조기소실된 어린이들에게서 나사식공간유지장치의 효과성을 밝히기 위한 연구」 2021;3:34-35

†량철진, 조종철, 「진행기결장암의 절제술후 숙주측인자에 따르는 10년루적생존률에 대한 연구」 2021;3:35-36

†리혜영, 류충남, 「적외선음압치료기를 기능성소화장애의 치료에 적용하기 위한 연구」 2021;3:36-37

†김류철, 김명심, 「조기위암때 상피화생의 유무에 따르는 아폽토시스의 출현률을 밝히기 위한 연구」 2021;3:37

†강금철, 「두개골경추지속견인기에 의한 지속견인료법으로 경추탈구성골절의 치료효과를 높이기 위한 림상적연구」 2021;3:38-39

†김성호, 주광학, 「흉강경에 의한 중흉부교감신경절제술로 말기소화기종양의 난치성아픔을 치료하기 위한 림상적연구」 2021;3:39-40

†김혜경, 박룡길, 「자연기흉때 안정흡기시 륵막강내압에 따르는 치료법과 유착제주입에 대한 림상적연구」 2021;3:40-41

†안철권, 최경서, 「폐기종때 중증도에 따르는 렌트겐학적특성을 밝히기 위한 연구」 2021;3:41-42

†김진명, 남정혁, 「15개 STR유전표식자들의 부권배제확률에 대한 연구」 2021;3:42-43

†김철준, 김광복, 「휴대용 24시간자동혈압측정장치를 림상에 적용하기 위한 연구」 2021;3:43-44

†박명우, 주설향, 「폐경기고혈압모형에서 몇가지 지표들에 대한 실험적연구」 2021;3:44

†임송이, 김성국, 「로사르탄, 암로디핀분할료법으로 야간혈압상승형고혈압을 치료하기 위한 림상적연구」 2021;3:45

†리진주, 장영환, 「초산고시폴이 자궁내막증모형동물의 면역기능에 미치는 영향」 2021;3:46

†량성희, 「혈액형항체검사와 수혈안전성」 2021;3:47

†리일수, 백향옥, 「어린이질병의 종합관리방법에 대하여」 2021;3:48

†리철성, 최성국, 「갑상선기능항진증에 대한 131I치료시 방사선쪼임위험과 보호대책」 2021;3:49

†「교통수단에서의 방역대책」 2021;3:49

†김상주, 「안경정보봉사를 위한 점진다초점안경설계에서 나서는 몇가지 문제」 2021;3:50

한반도 보건의료, 생명을 살리는 담대한 도전

†홍철, 「회전식경화반절제술(Rotablator)에 대하여」 2021;3:50

†조은옥, 김진성, 「안내식도관을 리용한 인공수정카테테르에 대하여」 2021;3:51

†전봉선, 허문경, 「동방결절재가입성빈박에 대하여」 2021;3:51

†최명훈, 김화숙, 「이소니아지드중독에 대하여」 2021;3:52

†안명희, 리선옥, 「이형림파구의 감별」 2021;3:52-53

†정남훈, 유남, 「병원지능화, 정보화에서 지식기반림상결심채택지원체계의 응용」 2021;3:53-54

†백미영, 신이남, 「산후만기출혈을 일으킬 수 있는 가성자궁동맥류」 2021;3:54

†지충사, 「최근 소화기암외과의 발전추세」 2021;3:54-56

†김철용, 려종삼, 「기능성저주파치료기」 2021;3:57

<조선의학> 2021년 4호

†리룡준, 홍근민, 「열사병발생시 현장조기 치료가 합병증발생에 미치는 영향에 대한 림상적연구」 2021;4:5-6

†고영복, 배정철, 「온침치료와 방향성운동 료법으로 요추추간판탈출증을 치료하기 위한 림상적연구」 2021;4:6-7

†정호석, 「장마비를 고장식염수장내주입으로 치료하기 위한 림상적연구」 2021;4:7-8

†리윤영, 박경진, 「한구멍에 의한 흉강경하수술이 량성종격동종양환자의 수술후 아픔에 미치는 영향을 밝히기 위한 림상적연구」 2021;4:8-9

†김성호, 주광학, 「흉강경에 의한 교감신경절소작절제술로 본태성고혈압을 치료하기 위한 림상적연구」 2021;4:9

†리인성, 「장선매몰과 저주파침혈겉면자극을 병합하여 상박관절주위염을 치료하기 위한 림상적연구」 2021;4:10-11

†김성철, 김일봉, 「벤조살연고로 보통 여드름을 치료하기 위한 림상적연구」 2021;4:11

†김영성, 리인찬, 박준일, 「흰삽주끼무릇가미환으로 약물중독성만성간염을 치료하기 위한 림상적연구」 2021;4:12-13

†김철준, 김광복, 「재조합사람안기오텐신Ⅱ면역주사약이 가정혈압에 미치는 영향을 밝히기 위한 림상적연구」 2021;4:13-14

†박광진, 「다발성신경염을 펜톡시필린과 텍사메타존 대퇴동맥주사로 치료하기 위한 림상적연구」 2021;4:14-15

†김학진, 조성철, 「과활동방광이 합병된 전위선비대증을 항콜린작용약과 α1-아드레날린차단약을 병합하여 치료하기 위한 림상적연구」 2021;4:15-16

†전은희, 리영민, 「고혈압환자들에게서 비만표현형에 따르는 림상적특징에 대한 연구」 2021;4:16-17

†강일경, 리수민, 「치료저항성고혈압때 알도스테론길항약물병합료법의 혈압낮춤효과에 대한 연구」 2021;4:17-18

†김광복, 안영애, 「고혈압환자들속에서 가정혈압측정과 관련한 림상역학적연구」 2021;4:18-19

†김명학, 서강설, 「단파투열과 초음파병합료법으로 요천신경근염을 치료하기 위한 연구」 2021;4:19-20

†리정규, 백린걸, 「나노은수와 항생제병합치료가 급성감염성세뇨관간질성콩팥염의 만성화에 미치는 영향에 대한 연구」 2021;4:20-21

†전효성, 현일, 최성림, 「넓은 면적의 자기표층유리피부로 피부이식술을 하기 위한 림상적연구」 2021;4:21-22

†김정길, 윤국철, 「피카밀론주사와 고압산소병합료법으로 CO중독간헐형을 치료하기 위한 림상적연구」 2021;4:22

†차영길, 김철민, 「발목념좌때 거하퇴관절기능손상지표설정과 치료적응증을 수립하기 위한 렌트겐학적연구」 2021;4:23-24

†한국남, 김철용, 「자동탄소주광치료기로 만성위염을 치료하기 위한 연구」 2021;4:24

†박용철, 「치과용석영매몰재의 림상적용에 대한 연구」 2021;4:25

†림승일, 김경성, 김원호, 유대호, 「한구멍을 통한 복강경하내서헤룬봉축술에 대한 림상적연구」 2021;4:25-26

†김정희, 김재련, 「《선별》진단지원체계에 의한 대사증후군진단」 2021;4:26-27

†리세복, 신문길, 「해성생물학적퇴적암과 가시오갈피복방약의 항갑작변이작용에 대한 연구」 2021;4:27-28

†리철진, 리강림, 「옥류약수가 실험동물의 일부 생화학적지표들과 공간기억능에 미치는 영향에 대한 연구」 2021;4:28-29

†오일룡, 장석순, 「진행기위암때 몇가지 지표와 비만세포수와의 관계를 밝히기 위한 병리조직학적연구」 2021;4:29-30

†김국인, 김국성, 「이부프로펜의 항종양작용을 밝히기 위한 연구」 2021;4:30-31

†최충혁, 윤철범, 「차아염소산나트리움소독제의 활성염소안정화 조건을 밝히기 위한 연구」 2021;4:31-32

†심향, 김성희, 김성옥, 「심부전의 중증도에 따르는 몇가지 실험검사값들에 대한 연구」 2021;4:32-33

†리현호, 우옥림, 「표현제한어질문에 기초한 병력자료분석에 대한 연구」 2021;4:33-34

†김은철, 최기호, 「전간성치매의 류형과 뇌파의 배경주파수사이 련관성에 대한 연구」 2021;4:34-35

†엄광성, 박영철, 송영수, 「각이한 접종량으로 련속계대한 수두-대상포진비루스의 증식성차이에 대한 연구」 2021;4:35

†박성광, 한석준, 박순필, 리철준, 「재조합 Bst데핵산중합효소를 발현하는 대장균그루를 제조하기 위한 연구」 2021;4:36-37

†김은혁, 조현철, 「절식상태에서의 정맥영양때 인슐린 및 비타민C의 심근손상보호효과를 밝히기 위한 실험적연구」 2021;4:37-38

†박련옥, 최세룡, 「혈소판분해물의 세포증식효과성을 검토하기 위한 실험적연구」 2021;4:38-39

†황봉순, 리주영, 「줄기세포검정에 대한 연구」 2021;4:39-40

†윤창숙, 박명우, 「실험적세균성질증때 질강세척액의 MTT환원능과 몇가지 관련지표와의 관계를 밝히기 위한 연구」 2021;4:40-41

†김세혁, 김일수, 「담암흰생쥐에서 pSV-β-gal DNA-키토잔나노립자의 종양축적에 대한 연구」 2021;4:41-42

†김선경, 최창수, 「우리 나라 고전처방들에서 용적단위로 기록된 고려약재들에 대한 연구」 2021;4:42-43

†주승혁, 정일현, 「체질에 따르는 전암성 위질병의 발생위험인자들을 밝히기 위한 연구」 2021;4:43-44

†김정, 오은철, 「미주신경자극료법에 대하여」 2021;4:45-46

†최혜영, 한봄순, 「심리건강교육의 본질과 지켜야 할 기본요구」 2021;4:46

†리정선, 황태욱, 「생물공진진단치료기의 대면부구성」 2021;4:47

†김찬, 「패혈증환자의 마취관리에 대하여」 2021;4:48

†서옥영, 최정심, 「해산준비교육에 요부경막외마취를 병합한 무통해산법」 2021;4:48-49

†최건일, 변란희, 「만성콩팥질병때 빈혈과 철제치료」 2021;4:49-50

†윤충일, 문승철, 「고혈압치료약물사용에 대한 최근견해」 2021;4:50-51

†신기철, 박철, 「약물공기졸흡입의 림상응용」 2021;4:51-52

†송철, 김강철, 「음악료법이 뇌졸중회복치료에 미치는 영향」 2021;4:52

†로경희, 최성국, 「재발성호흡기유두종에 대하여」 2021;4:53

†리지성, 변경호, 「의료봉사의 질관리체계에 대하여」 2021;4:53-54

†장웅, 윤명철, 「중증저산소혈증성호흡부전때 인공호흡방법에 대하여」 2021;4:54-55

†김철범, 「뇌졸중때 조기운동기능회복료법에 대하여」 2021;4:55-56

†김효성, 문충일, 「대장암의 림상병리형태학적특징에 대하여」 2021;4:56

†김경일, 안광진, 「휴대용혈액정화기」 2021;4:57

†「몸안에서 신형코로나비루스가 숨어있는 곳을 발견」 2021;4:44

<조선의학> 2022년 1호

†김금주, 리종국, 「급성잠수병을 고압공기료법과 보양환오탕을 병합하여 치료하기 위한 림상적연구」 2022;1:6-7

†송효일, 리기용, 「원발성레이노증후군과 속발성레이노증후군의 차이를 밝히기 위한 림상적연구」 2022;1:7-8

†한명철, 유광호, 「주관절련축을 보투카인 주사료법으로 치료하기 위한 림상적연구」 2022;1:8-9

†홍윤남, 조성혁, 「고혈압환자들에게서 RAAS특성에 따르는 혈압내림약물반응성에 대한 연구」 2022;1:9-10

†리성진, 「완전정맥내마취에 디클로페나크나트리움을 적용하기 위한 림상적연구」 2022;1:10-11

†리성환, 권영준, 박광일, 리정학, 「레드식직류복강경으로 충수염을 치료하기 위한 림상적연구」 2022;1:11-12

†윤철국, 박주혁, 「급성세균성결막염치료에 포비돈요드용액을 적용하기 위한 림상적연구」 2022;1:12-13

†김동근, 「복강경수술시 소독공기의 효과성을 밝히기 위한 림상적연구」 2022;1:14

†강경석, 리광춘, 「복와위에서 천골부 욕창을 치료하기 위한 림상적연구」 2022;1:14-15

†김성삼, 김영덕, 「일측비강내도달에 의한 뇌하수체종물적출술에 대한 림상적연구」 2022;1:15-16

†홍기애, 리성이, 주복철, 「위내시경과 초음파병합검사에 의한 위점막하종양의 특징에 대한 연구」 2022;1:16-17

†김만룡, 「기관지내시경검사에서 리도카인흡입마취법의 림상적효과성에 대한 연구」 2022;1:18

†방시원, 문동원, 「유연투관성골수강확대기구를 리용하여 장관골체부골절을 치료하기 위한 연구」 2022;1:19-20

†박지현, 장성혁, 「이하선혼합종의 수술방법에 따르는 안면신경마비률을 밝히기 위한 연구」 2022;1:20-21

†한금주, 리현호, 「강직성척추염의 조기 림상적특징과 진단에 대한 연구」 2022;1:21-22

†김영주, 고문식, 「다기능경골수내못고정장치의 생체력학적특성을 밝히기 위한 연구」 2022;1:22-23

†리석천, 강윤희, 박명희, 「항산화물약의 림상적효과성을 밝히기 위한 연구」 2022;1:24-25

†량일수, 신찬재, 「동맥경화성질병들이 합병되였을 때 초음파단층도법으로 혈관확장상태를 밝히기 위한 연구」 2022;1:25-26

†리광철, 림만철, 「휴대용인공호흡기의 안전성을 밝히기 위한 연구」 2022;1:26-27

†장철주, 한일환, 「고출력빛충격치료기가 잠장애개선에 미치는 효과를 밝히기 위한 연구」 2022;1:28-29

†박경철, 최련, 「말초성페암의 경흉초음파화상특징을 밝히기 위한 연구」 2022;1:29-30

†리진철, 신철호, 「경피적다리신경자극기를 뇌졸중후유증환자들의 보행회복촉진에 적용하기 위한 연구」 2022;1:30

†강성남, 강류민, 「고혈압성뇌출혈의 경시적변화에 대한 CT화상학적연구」 2022;1:31

†조천남, 김철용, 「전자의료기록에 기초한 자료구동형의 최적의료경로개발에 대한 연구」 2022;1:32-33

†조현일, 윤석찬, 「중회귀모형에 의한 페기종진단방법에 대한 연구」 2022;1:33-34

†김남웅, 리설향, 「무리분석과 판별분석에 의한 대사형결정에 대한 연구」 2022;1:35-37

†김명일, 김락원, 「마네임진단기준에 기초한 만성취장염때 내당능장애의 중증도를 분류하기 위한 연구」 2022;1:37-38

†리성철, 지운호, 최영호, 「혈청시스타틴C와 몇가지 검사지표들사이의 호상관계에 대한 연구」 2022;1:39

†리병철, 장철, 「충격식공기미생물시료채취기의 균포집률과 공기동력학적 특성평가에 대한 연구」 2022;1:40-41

†강일경, 최향순, 「치료저항성고혈압환자들에게서 알닥톤병합료법시 부작용과 실험 및 기구검사소견에 대한 연구」 2022;1:41-42

†김정혁, 심은림, 「각이한 리보핵산추출방법들의 비교검토에 대한 연구」 2022;1:42-43

†장웅, 윤명철, 조정환, 「급성심원성폐수종때 이상성기도내양압호흡법이 몇가지 생리적지표에 미치는 영향에 대한 연구」 2022;1:43

†강철, 김평국, 「렙틴이 중증급성취장염모형동물의 간기능에 미치는 영향을 밝히기 위한 연구」 2022;1:44

†리권민, 문상미, 「염화란탄과 비타민배합제제가 피응고기능에 미치는 영향에 대한 실험적연구」 2022;1:45

†량룡덕, 신리향, 「나노수산화칼시움의 지혈작용과 림상효과에 대한 연구」 2022;1:46

†리정철, 손신철, 「인삼궁궁이보심환의 진정작용에 대한 실험적연구」 2022;1:46-47

†최현철, 림철남, 「무릎관절반월반손상의 진단지표들을 밝히기 위한 연구」 2022;1:47-48

†한명실, 서은하, 「흰쥐에서 청력검사방법을 확립하기 위한 실험적연구」 2022;1:48

†김정림, 「의료설비의 국제표준화」 2022;1:49

†리광, 정무림, 「보건부문 통계관리체계의 구성에 대하여」 2022;1:50

†문관심, 문성철, 「탄닌의 작용과 리용」 2022;1:50-51

†리명국, 서옥영, 「자간전증에서 뇨산의 영향」 2022;1:51-52

†박윤희, 김복순, 「임신시기 메스꺼움과 게우기의 평가방법에 대하여」 2022;1:52-53

†윤경일, 정태복, 「개인식별에 리용되는 주요DNA다형표식자들」 2022;1:53

†김정국, 리동철, 「당뇨병치료에서 디펩티드펩티다제(DPP-4)저애제와 병합하여 쓰이는 새로운 TGR5작용약에 대한 견해」 2022;1:54

†림승일, 김철훈, 「인공지능을 리용한 급성복증감별진단지원체계」 2022;1:54-55

†최경호, 김경환, 「종합수술절개봉합모형의 제작」 2022;1:55-56

†「항체가 생성될수 있는 통보리보핵산왁찐접종」 2022;1:55

†김정, 「EBM수법을 리용한 실천지도서」 2022;1:56

†김석송, 김현일, 김용호, 최광, 「콤퓨터대 퇴골두계측자와 대퇴골두허혈성괴사치료지원프로그람 만들기」 2022;1:57

<조선의학> 2022년 2호

†한성일, 김일봉, 「지루성각화증을 액체산소동결료법으로 치료하기 위한 림상적연구」 2022;2:5-6

†리영미, 박은철, 「휴대용초음파미안기의 제작과 응용에 관한 연구」 2022;2:6-7

†림수정, 리현호, 천현성, 「림상결심채택지원체계수립때 초진기록을 정보화하기 위한 연구」 2022;2:7-8

†량성희, 「수혈림상결심지원체계를 실현하기 위한 연구」 2022;2:8-9

†조명순, 장윤혁, 「포비돈요드와 덱사메타존병합료법으로 점상표층성각막염을 치료하기 위한 림상적연구」 2022;2:10-11

†김병일, 로명선, 「요추추간판탈출증때 침칼치료방법을 확립하기 위한 림상적연구」 2022;2:11

†김진숙, 박봄경, 「생체되돌이료법 및 방아쇠점치료와 결합된 상박관절운동료법이 상박관절주위염의 회복에 미치는 영향에 대한 림상적연구」 2022;2:12-13

†남창수, 정예성, 「비루스감염성후각장애를 에페드린-요드글리세린과 프레드니졸론병합료법으로 치료하기 위한 림상적연구」 2022;2:13-14

†현철범, 박원, 「모스수술로 유극세포암을 치료하기 위한 림상적연구」 2022;2:14-15

†박철진, 지명호, 「초음파치료와 타목시펜병합으로 유선증을 치료하기 위한 림상적연구」 2022;2:15-16

†박윤희, 리성일, 박창석, 「이진탕용싸락약의 임신오조치료효과를 밝히기 위한 림상적연구」 2022;2:16-17

†최순혁, 권윤철, 정상현, 「중성산화전위수의 제조조건확립을 위한 연구」 2022;2:17-18

†채정옥, 리천섭, 「귀침과 온침결합료법으로 삼차신경통을 치료하기 위한 림상적연구」 2022;2:18-19

†서광명, 김혜성, 「만성경막하혈종수술후 아토르바스타틴의 치료효과를 밝히기 위한 연구」 2022;2:19-20

†김유성, 김혁철, 「실험검사정보체계에서 LOINC국제규격과 SNOMED CT를 결합하기 위한 연구」 2022;2:21

†방시원, 문동원, 「대퇴골절때 다목적대퇴골전문외측수내못목표기구를 리용한 고정이 수술침습과 뼈유합에 미치는 영향에 대한 연구」 2022;2:22-23

†강철호, 문영일, 「중크롬산칼리움고정-파라핀포매절편을 리용한 지방염색때에 합리적인 고정액을 찾기 위한 조직화학적연구」 2022;2:23-24

†김준혁, 정영춘, 「간세포성간암의 세포이형도에 따르는 몇가지 병리학적지표와 생존률에 대한 연구」 2022;2:24-25

†리철웅, 송철, 「정중신경가동술이 수근관증후군의 몇가지 증상에 미치는 영향에 대한 연구」 2022;2:25-26

한반도 보건의료, 생명을 살리는 담대한 도전

†리금순, 두승일, 정철용, 「재조합소엔
　테로키나제의 분리정제에 대한 연구」
　2022;2:26-27

†최정열, 지충사, 한명실, 「늙은이에 대한
　복부수술후 위험성예측에 영향을 주는
　지표선택에 대한 연구」 2022;2:27-28

†차경국, 오은설, 「원위요척관절의 삼각섬
　유연골복합체에 대한 초음파해부학적연
　구」 2022;2:28-29

†염룡건, 김혜영, 「위의 유문라선균염색을
　개선하기 위한 연구」 2022;2:29-30

†박치현, 정영훈, 「레비타제가 혈액용해계
　와 응고계에 미치는 영향」 2022;2:30-31

†박명진, 김금룡, 최정숙, 「조직편부착법에
　의한 사람태줄유래간엽성줄기세포의 분
　리 및 배양에 대한 연구」 2022;2:31-32

†지원일, 김광진, 「중뇌상구와 하구핵의
　형태와 상구와 하구사이거리에 대한 해
　부학적연구」 2022;2:32-33

†김명일, 김락원, 「만성취장염때 내당능
　장애의 분포특성을 밝히기 위한 연구」
　2022;2:33-34

†리명일, 최광, 오복주, 「뇌막염때 뇌척
　수액중 일산화질소함량에 대한 연구」
　2022;2:34-35

†강철호, 최동철, 「대상성간경변증환자들
　에게서 줄기세포강화제의 치료효과를
　밝히기 위한 연구」 2022;2:35-36

†주현희, 최동철, 「합성세포배양기에서
　Vero세포의 배양특성을 밝히기 위한 연
　구」 2022;2:36-37

†리명수, 리영실, 「방사선쪼임한 자기피수
　혈료법이 기관지천식의 림상증상에 미
　치는 영향에 대한 연구」 2022;2:37-38

†강혁, 「만성질병에 대한 관리지원체계를
　확립하기 위한 연구」 2022;2:38-39

†김춘일, 신운모, 「몇가지 검은색알곡류로
　부터 안토시아닌천연색소의 추출에 대
　한 연구」 2022;2:39-40

†손옥춘, 「에탑실라트가 수술시 지혈
　에 미치는 영향에 대한 림상적연구」
　2022;2:40-41

†김한령, 「마늘정유젖제분무약의 률동성
　흡입이 비염치유에 미치는 영향에 대한
　연구」 2022;2:41-42

†천현성, 림수정, 리현호, 「초진기록을 정
　보화하여 림상결심채택지원체계의 정진
　률을 높이기 위한 연구」 2022;2:42-43

†리은아, 박금룡, 「림상학술용어체계
　(SNOMED CT)에 침혈정보를 구축하여
　고려치료의 정보화를 실현하기 위한 연
　구」 2022;2:43-44

†김명진, 리광민, 김진숙, 「달천온천수중
　에서의 척추자세보조기구를 리용한 운
　동료법이 경직성뇌성마비의 균형회복
　에 미치는 영향에 대한 림상적연구」
　2022;2:44-45

†김충혁, 한성도, 「위암때 말초혈액상 림
　파구의 Ag-NORs면적과 근치술 및 5년
　생존률과의 관계」 2022;2:45-46

†곽충국, 리은만, 「족척근막염환자들의 배
　장근근전도스펙트르분석에 대한 연구」
　2022;2:46-47

†방신혁, 지철웅, 심학, 「좌골직장와치루때 괄약근주위루관절개개방술로 괄약근을 보존하기 위한 림상적연구」 2022;2:47-48

†한명성, 홍성근, 「제11륵골절제도달법에 의한 근치적콩팥적출술후 재발률에 대한 림상적고찰」 2022;2:48-49

†최승남, 최명호, 「항온수욕조를 만들기 위한 연구」 2022;2:49

†김정림, 김장수, 「DRG분석체계에 대하여」 2022;2:50

†김룡운, 류영진, 「특발성기흉에 대한 수술적치료에 쌈지봉합기를 리용」 2022;2:51

†강철, 서옥영, 「임신부의 건강과 비타민」 2022;2:52

†유대호, 림승일, 「자연구멍을 통한 내시경수술과 발전동향」 2022;2:52-53

†윤경일, 박철민, 「사람백혈구항원과 개인식별」 2022;2:53

†오성환, 「인공호흡기의 발전력사」 2022;2:54

†최광, 김진혁, 「출혈성쇼크의 최근수액료법에 대하여」 2022;2:54-55

†김철범, 신철, 「빛력학치료와 림상관리에 대하여」 2022;2:55

†최창수, 최철규, 「고전계량단위인 돈숟가락, 반돈숟가락, 돈5숟가락에 대하여」 2022;2:55-56

†리영철, 리지원, 「자연 및 획득면역과 알레르기질병」 2022;2:56

†「신형코로나비루스감염증후유증의 원인해명」 2022;2:20

†「식료품의 생산, 취급에서 나서는 법적요구는 무엇인가」 2022;2:57

†김명진, 김진숙, 김덕현, 「다리기능장애를 가상현실기술과 척추교정 및 수중운동료법을 결합하여 회복시키기 위한 연구」 2022;3:6-7

〈조선의학〉 2022년 3호

†리영옥, 최성준, 「갱년기증후군때 익모초, 궁궁이저주파약물치료의 최적조건을 밝히기 위한 림상적연구」 2022;3:7-8

†동주혁, 「체외충격파쇄술과 푸초환병합료법으로 뇨로결석증을 치료하기 위한 림상적연구」 2022;3:9

†김충실, 김재련, 「발위험점수법으로 당뇨병환자의 발위험을 평가하기 위한 림상적연구」 2022;3:10

†김룡일, 김명진, 리성찬, 「국산화한 흉강경수술기구를 한구멍에 의한 흉강경하수술에 적용하기 위한 림상적연구」 2022;3:11-12

†리신철, 김금동, 「염기성섬유아세포성장인자(bFGF)가 좌멸된 말초신경에 미치는 영향을 밝히기 위한 실험적연구」 2022;3:12-13

†김일철, 동주혁, 「불완전포경을 음경피부재단술로 치료하기 위한 림상적연구」 2022;3:14-15

†현성일, 문향미, 「뇌출혈환자들속에서 ICH점수와 발병 30일사망률사이관계를 밝히기 위한 림상적연구」 2022;3:15

†남혜영, 남선화, 「시프로플록사신을 포함한 4자병합료법이 제균실패성 소화성궤

양치료에 미치는 영향에 대한 내시경적 연구」 2022;3:16-17

†최승준, 오영석, 「원발성간암때 수술전 간동맥전색술과 수술후 왁찐병합치료가 생존률에 미치는 영향을 밝히기 위한 연구」 2022;3:17-18

†한명의, 「급성취장염을 대황망초달임액 과 메트로니다졸병합료법으로 치료하기 위한 림상적연구」 2022;3:18-19

†방려명, 류충남, 「전기침으로 저긴장형담 낭운동기능실조증을 치료하기 위한 림 상적연구」 2022;3:20

†리충성, 김경수, 곽철훈, 「요추추간판탈 출증때 수핵적출후 극상돌기간수지고 정재료를 적용하기 위한 림상적연구」 2022;3:21

†위원미, 주경일, 조금희, 「만성근단성치 주염의 치료에 오존가스를 적용하기 위 한 림상적연구」 2022;3:22

†량송이, 우리철, 박성봉, 「고무발룬식지 혈기구로 산후이완성자궁출혈을 예방치 료하기 위한 림상적연구」 2022;3:23

†김철범, 리충금, 「뇌졸중급성기이후 조기 운동기능료법이 신경기능회복에 미치는 영향에 대한 림상적연구」 2022;3:24

†김성복, 조성철, 「골반장기탈출때 과 활동방광의 치료에 대한 림상적연구」 2022;3:25

†전혁주, 김진숙, 「진동 및 자기치료와 병 합한 감각운동료법이 뇌졸중후 걷기기 능회복에 미치는 영향에 대한 림상적연 구」 2022;3:26

†백경준, 허희영, 「만성루낭염을 역행식비 루관내삽관술로 치료하기 위한 림상적 연구」 2022;3:27

†차국진, 박명철, 「몇가지 침혈에 대한 침 자극과 수법병합료법이 분문경련증 환 자들의 생활의 질에 미치는 영향에 대한 연구」 2022;3:28

†홍철국, 최광진, 「단너삼다당주입이 시 클로포스파미드를 쓰는 전신홍반성랑창 환자들에게서 나타나는 출혈성방광염과 조혈장애에 미치는 영향에 대한 연구」 2022;3:29

†리금향, 리준룡, 「고혈압성심부전때 몇가 지 지표값들의 분포특성을 밝히기 위한 연구」 2022;3:30

†김예영, 오철영, 최성철, 「새로 분리한 젖 산균의 일부 작용상특징을 밝히기 위한 연구」 2022;3:31

†최명일, 김광일, 「면적외선쪼임과 류산아 연저주파약물도입병합으로 만성자궁경 관염을 치료하기 위한 연구」 2022;3:32

†김정혁, 류충남, 「9.2㎛파장복사용 전기 침자극띠를 리용하여 요천신경근 장애 를 치료하기 위한 연구」 2022;3:33

†최금성, 리원철, 「클로르프로마진-디펜히 드라민병합료법으로 편두통을 치료하기 위한 연구」 2022;3:34

†조성혁, 홍윤남, 「고혈압환자들에게서 야 간혈압이 좌심실질량지수 및 오줌중알 부민배설량에 미치는 영향에 대한 연구」 2022;3:35

†박봄경, 강예선, 「간호활동에서 간호용어분류체계의 적용효과성에 대한 연구」 2022;3:36

†김성일, 리영주, 「오존미세기포수의 특성을 밝히기 위한 연구」 2022;3:37

†송영희, 방효숙, 「피로회복옷이 몇가지 혈액지표에 미치는 영향」 2022;3:38

†차명복, 송철, 「거울료법이 뇌졸중후 일부 팔기능장애에 미치는 영향에 대한 연구」 2022;3:39

†김광석, 전현숙, 「새끼밴 토끼의 란소에서 추출한 렐락신의 항원성을 밝히기 위한 실험적연구」 2022;3:40

†김정남, 강승렬, 왕리향, 「NB-UVB와 스테로이드병합으로 보통백반을 치료하기 위한 림상적연구」 2022;3:41

†김영수, 리영국, 「폐암과 위암때 사람상피세포성장인자접수체-2 양성률을 밝히기 위한 연구」 2022;3:42

†김홍선, 한금희, 「몇가지 인자들이 용혈반형성자연살상(HPF-NK) 세포수에 미치는 영향에 대한 연구」 2022;3:42-43

†리향심, 허희영, 「원발성폐쇄우각록내장때 초음파유화흡인술이 각막내피세포에 미치는 영향에 대한 연구」 2022;3:44

†최창수, 김선경, 「고전처방들에 기록된 사방1치숟가락과 현대질량계량단위와의 관계에 대한 연구」 2022;3:45

†전봉선, 허문경, 「무전극페스메카에 대하여」 2022;3:46

†김은경, 최혜영, 「이비인후령역에서 혈관수축약의 리용과 나타나는 부반응에 대하여」 2022;3:47

†김철진, 장웅, 「심근경색의 병원전단계치료와 관리」 2022;3:48

†김윤건, 최성철, 「MRI를 리용한 중고령자들의 반월반변성 및 단렬진단에 대하여」 2022;3:49

†오성환, 「인공호흡기의 발전전망」 2022; 3:50

†박선경, 「자기면역성림파증식성증후군」 2022;3:50-51

†리철룡, 렴은희, 「창상치유와 고압산소치료」 2022;3:51

†리은영, 문학, 「클로스트리디움 디피찔레감염증에 대한 대변중세균이식료법」 2022;3:52

†최혜영, 리금숙, 「정신신경장애의 평가를 위한 언어(대화)의 효과적리용」 2022;3:52-53

†심영란, 임정옥, 「광천수와 피부관리」 2022;3:53

†김명성, 장명철, 「비뇨기외과에서 경골신경전기자극의 응용」 2022;3:54

†변충국, 조현주, 「암치료를 위한 나노기술의 최근동향」 2022;3:54-55

†함성진, 신철호, 「지주막하출혈의 약물치료」 2022;3:55-56

†「변이비루스감염증에 대한 방역학적요구」 2022;3:56

†「의학과학기술을 발전시키는데서 지켜야 할 법적요구는 무엇인가」 2022;3:57

<조선의학> 2022년 4호

†한명성, 최성룡, 「근치적콩팥적출술때 제11륵골절제도달법이 수술시간과 출혈량에 미치는 영향에 대한 연구」 2022;4:8

†리명봉, 김일진, 「입안백반증때 몇가지 림상병리형태학적소견과 상피이상증식정도사이의 호상관계에 대한 연구」 2022;4:9-10

†리명학, 리철진, 「페야형페암의 CT진단에 대한 연구」 2022;4:10-11

†방영수, 정병남, 박순필, 「동물세포배양액으로 Vero세포의 배양특성을 밝히기 위한 연구」 2022;4:11-12

†리청모, 진명철, 「정향껍질엑스와 란소프라졸병합료법으로 십이지장궤양을 치료하기 위한 림상적연구」 2022;4:13

†김정림, 한정환, 「오존연고가 얼굴색소성 질병의 박피창상치유에 미치는 영향에 대한 연구」 2022;4:14

†김정식, 김영진, 지운승, 「위절제술때 문합부염의 발생률을 낮추는 수술방법에 대한 연구」 2022;4:15

†김철, 김영수, 「Ⅲ기페암때 기관지동맥내 항암제주입과 수술병합료법의 치료효과를 밝히기 위한 림상적연구」 2022;4:16

†박송철, 김윤건, 윤정기, 「추궁근나사못분절고정기로 흉요추이행부불안정성골절을 치료하기 위한 림상적연구」 2022;4:17-18

†강근혁, 김창호, 「칡뿌리궁궁이뇌허혈알약으로 추골뇌저동맥순환부전증을 치료하기 위한 림상적연구」 2022;4:18

†박중근, 정은철, 「불면증의 생활의 질평가에 대한 연구」 2022;4:19

†김정철, 김광명, 「뇌혈전때 온침 및 간접뜸자극과 마늘엑스주입이 일부 실험실 검사지표들에 미치는 영향」 2022;4:20

†김진영, 신기철, 「단번전량륵막천자배액으로 삼출성륵막염을 치료하기 위한 림상적연구」 2022;4:21

†리주일, 윤봉수, 박태임, 「전기침의 각이한 주파수와 자극시간이 리상근증후군의 림상증상에 미치는 영향에 대한 연구」 2022;4:22

†리위성, 박영실, 「흉수세포진에서 악성중피종과 반응성중피증식을 감별하기 위한 연구」 2022;4:23-24

†배동철, 장만철, 한국남, 「검은마늘즙주장과 자동탄소호광치료의 병합으로 대장염을 치료하기 위한 림상적연구」 2022;4:24-25

†최은심, 최철웅, 강진향, 「편측안면경련때 보투카인의 약물효과특성을 밝히기 위한 림상적연구」 2022;4:26

†정성영, 윤현일, 「무릎관절반월반손상후 나타나는 기능장애를 근력 및 고유감수기성신경근촉진운동으로 치료하기 위한 연구」 2022;4:27

†성춘희, 손경아, 「50%포도당용액의 국소주사로 재발성측두하악관절탈구를 치료하기 위한 연구」 2022;4:28

†강류민, 강성남, 「혈종모형에 의한 뇌내혈종측정방법의 정확성평가를 위한 CT화상학적연구」 2022;4:29

†권운철, 김현종, 류영진, 「흉부외과질병때 비데오방조하흉강경수술의 효과성을 밝히기 위한 연구」 2022;4:30-31

†김영철, 오현일, 「일측성 및 량측성만성경막하혈종때 림상적특징의 차이를 밝히기 위한 연구」 2022;4:31-32

†박경철, 최련, 「말초성페내종물의 경흉초음파화상의 특징을 밝히기 위한 연구」 2022;4:32-33

†진옥, 주현경, 「아토르바스타틴이 전정형급성잠수병의 림상증상에 미치는 영향에 대한 연구」 2022;4:33-34

†김철준, 안영애, 「암로디핀베실산염의 고혈압치료효과에 대한 연구」 2022;4:34-35

†림충혁, 리은경, 「십전대보주사약이 사염화탄소에 의한 만성간장애에 미치는 영향에 대한 연구」 2022;4:36

†방려명, 류충남, 「비만때 전위선비대증치료약물의 반응효과를 밝히기 위한 연구」 2022;4:37

†리철룡, 김창원, 「10%헤스용액의 생물학적안전성에 대한 연구」 2022;4:38-39

†리광성, 리영미, 「키토잔키트목분무약으로 목안아픔을 치료하기 위한 림상적연구」 2022;4:39-40

†전경일, 한복실, 박철우, 「어린이들에게서 발생하는 배아픔의 발생빈도를 밝히기 위한 연구」 2022;4:40-41

†송영건, 문상미, 「우릉성이단삼청혈교갑약이 항산화작용에 미치는 영향에 대한 연구」 2022;4:41-42

†허옥화, 한철영, 「복막투석액을 급성콩팥부전치료에 적용하기 위한 효과성검토」 2022;4:42-43

†김옥란, 최순혁, 송희숙, 「차아염소산수의 항균효과를 밝히기 위한 연구」 2022;4:43-44

†정진식, 신철주, 「몇가지 인자에 따르는 진행기위암의 수술후 20년생존률에 대한 연구」 2022;4:44-45

†최송림, 김정희, 「당뇨병환자들에게서 치주병발생동태에 대한 연구」 2022;4:45-46

†남혜영, 남선화, 「4자병합료법이 유문라선균제균실패성소화성궤양에 미치는 영향에 대한 내시경적연구」 2022;4:47

†장남철, 김유정, 전주향, 「진통유발을 위한 경구적 및 질강내미소프로스톨주입의 비교에 대한 연구」 2022;4:48

†장일철, 리성림, 「임신성고혈압증후군때 오줌단백과 크레아티닌의 비가 가지는 의의에 대하여」 2022;4:49

†문학, 리은영, 「유문라선균성소화성궤양에 대한 3자료법과 익생균병합치료」 2022;4:50

†리인성, 김강철, 「당뇨병성발의 관리」 2022;4:50-51

†방학주, 박일미, 「폐색성수면시무호흡증후군을 개선하기 위한 악교정외과치료방법에 대하여」 2022;4:51

†김효경, 최송림, 「치약의 발전동향」 2022;4:52

†김현종, 성운, 「이식페보존에 대하여」 2022;4:52-53

†김금룡, 김소연, 「고령장애자의 입안관리법과 틀이관리법에 대하여」 2022;4:53

†박준일, 봉병하, 「한증의 우발증과 대책에 대하여」 2022;4:54

†최정숙, 리수영, 「재생의학에서 줄기세포의 세크리롬톰」 2022;4:54-55

†백충혁, 윤광, 「아픔연구의 력사와 아픔의 정의」 2022;4:55-56

†강현석, 문성철, 「알츠하이머병과 그의 분자적기전에 대하여」 2022;4:56

†김정혁, 방려명, 「9.2㎛파장복사용전기침자극띠의 제작」 2022;4:57

†「신형코로나비루스감염증예방치료에 도움을 줄수 있는 민간료법」 2022;4:35

†김영덕, 리명해, 「포카린주사약」 2022;4:25

〈조선의학〉 2023년 1호

†리균혁, 김명순, 「산립종의 치료효과를 밝히기 위한 림상적연구」 2023;1:6

†김철민, 엄철현, 송성일, 「90Y키토잔주사약을 원발성간암치료에 적용하기 위한 연구」 2023;1:7

†박은하, 리서혁, 「응집혈구분리박편이 대사증후군환자들의 혈압과 피속지질 및 혈당함량에 미치는 영향에 대한 연구」 2023;1:8

†리주일, 윤봉수, 「전기침료법으로 리상근증후군을 치료하기 위한 림상적연구」 2023;1:9

†리명진, 박현성, 「근골관절내골절을 새로운 형태의 금속나사못으로 치료하기 위한 림상적연구」 2023;1:10

†조경호, 림철남, 「대퇴하단부감염성가관절때 일측성창외장치와 혈관내피세포성장인자주입으로 골유합을 촉진시키기 위한 림상적연구」 2023;1:11

†김건영, 조경호, 「견쇄관절탈구를 인공건을 리용하여 치료하기 위한 림상적연구」 2023;1:12

†최봄, 장정현, 「젖이발이 조기소실된 어린이들에게서 용수식공간확대장치의 효과성에 대한 연구」 2023;1:13

†박재봉, 박휘명, 최정숙, 「태줄피혈소판풍부혈장겔을 제조하기 위한 연구」 2023;1:14

†리유경, 「협대역내시경검사에 의한 장상피화생성위염의 진단에 대한 연구」 2023;1:15

†리정철, 리경옥, 「급성미만성복막염때 물리적청정수를 복강세척액으로 쓰기 위한 림상적연구」 2023;1:16

†윤노을, 길정철, 「중심성페암때 기관지솔찰과세포진과 세척세포진의 결합에 의한 진단률을 밝히기 위한 연구」 2023;1:17-18

†김미향, 림홍기, 「압전체식수면분석체계에 대한 연구」 2023;1:18

†최은심, 「스피룰리나가 태생기 연중독모형동물의 몸발육에 미치는 영향에 대한 연구」 2023;1:19-20

†방일신, 황경일, 「페암때 조직내 종물관련대탐식구밀도에 따르는 3년생존률에 대한 연구」 2023;1:20-21

†리춘일, 리명수, 「비구성형술후 경피적 연골줄기세포이식이 연골수복에 미치는 영향에 대한 림상적연구」 2023;1:21-22

†박영덕, 김건영, 「연부조직이식에서 근막과 양막으로 싼 쪼각연골이식편의 생존률에 대한 연구」 2023;1:22-23

†김송희, 장진석, 리영, 「급성콩팥부전때 자동복막투석기의 치료효과를 밝히기 위한 림상적연구」 2023;1:23-24

†박광성, 「저출력레이자치료와 운동료법의 병합으로 어깨부딪치기증후군을 치료하기 위한 림상적연구」 2023;1:24-25

†최국철, 방윤철, 「관상동맥칼시움정량방법에 대한 연구」 2023;1:25-26

†송철진, 김억철, 「경피적콩팥채석술후 출혈의 위험인자를 밝히기 위한 림상적연구」 2023;1:26-27

†최일, 박현우, 「좌골신경과 리상근, 비구의 호상위치관계에 대한 해부학적연구」 2023;1:27-28

†신기철, 차금철, 「호산구성기관지염의 중증도에 따르는 당질성코르티코이드흡입치료방법에 대한 연구」 2023;1:28-29

†리화옥, 장미라, 「천연활성손목걸이착용이 저혈압환자의 혈압에 미치는 영향에 대한 연구」 2023;1:29-30

†윤영군, 공철, 「피부암의 병리학적변화에 대한 연구」 2023;1:30-31

†리성민, 「급성신상선피질기능부전에 대한 법의형태학적연구」 2023;1:31-32

†유현주, 김광옥, 「말초신경자극기에 의한 상박신경총차단때 쇄골상 및 쇄골하 도달법에 따르는 신경차단효과의 비교」 2023;1:32-33

†김리향, 김영률, 「요드입안알약에 의한 열성호흡기전염병경과후 목안아픔을 주증상으로 하는 후유증의 치료효과에 대한 연구」 2023;1:33-34

†전문철, 전철준, 「피동흡연이 모세혈관의 미소순환에 미치는 영향을 밝히기 위한 연구」 2023;1:34-35

†리상룡, 지명일, 심학, 「근치수술불가능한 중하부위암때 대만측전후벽위장문합술의 합리성에 대한 림상적연구」 2023;1:35-36

†황철준, 리학민, 「부지형뇨도반흔절제기로 외상성뇨도협착을 치료하기 위한 연구」 2023;1:36-37

†주승혁, 김덕윤, 박철홍, 「4상체질분류지원체계의 개발과 그의 효과성에 대한 연구」 2023;1:37-38

†박중근, 임영철, 「수면평가지수에 의한 불면증평가에 대한 연구」 2023;1:38-39

†김미향, 「2형당뇨병때 눈장애의 구성과 발생빈도, 발병률을 밝히기 위한 연구」 2023;1:39-40

†리수연, 김유진, 조신옥, 「유전성질병자료기지의 구조에 대한 연구」 2023;1:40-41

†「신형코로나비루스감염증의 회복치료방법 몇가지」 2023;1:41

†리철, 김철남, 「장세척과 젖산균복합제제의 병합으로 만성설사증을 치료하기 위한 연구」 2023;1:42-43

†박준일, 류혜성, 「금강약돌연고와 실리마린병합으로 약물중독성간장애를 치료하기 위한 림상적연구」 2023;1:43-44

†정성호, 하위진, 「변형성슬관절증때 자기마당의 치료효과에 대한 연구」 2023;1:44

†현성일, 문향미, 리광준, 「뇌출혈환자들 속에서 ICH점수에 관계되는 인자들과 발병30일사망률사이의 관계를 밝히기 위한 연구」 2023;1:45

†리영주, 리광훈, 「건강한 사람과 위질병환자들에게서 생물전기신호의 특성을 밝히기 위한 연구」 2023;1:46

†박성림, 류영진, 「식도암의 내시경적치료에 대하여」 2023;1:47-48

†리영성, 장선혁, 「방광출혈에 대한 몇가지 증상치료방법에 대하여」 2023;1:48-49

†함철국, 장일철, 「부인과령역에서 비스테로이드성항염증약물의 리용」 2023;1:49

†김철훈, 황금혁, 「방사선증감제들의 분류와 치료원리」 2023;1:50

†리금선, 「기관지천식과 위식도역류증과의 관계」 2023;1:51

†배성준, 송철, 「뇌성마비환자에 대한 여러가지 회복치료방법들」 2023;1:51-52

†안덕희, 김진주, 「만성호흡기질병때 호흡회복료법에 대하여」 2023;1:52-53

†고종현, 정위력, 「당뇨병성말초신경장애에 대하여」 2023;1:53

†최성희, 정호철, 「지능형손전화기를 리용하여 청진음학습을 지원하기 위한 방법」 2023;1:54

†김경일, 「신경집중치료실에서 인공호흡대상환자들에 대한 항생제흡입치료」 2023;1:54-55

†송강호, 동원일, 「메틸알콜중독때 에틸알콜의 해독작용에 대하여」 2023;1:55-56

†김유정, 김남웅, 「의학에서 량자공진진단치료의 발전력사에 대하여」 2023;1:56

†김룡일, 김명진, 리성찬, 「국산화한 흉강경수술기구」 2023;1:57

<조선의학> 2023년 2호

†김철준, 강성웅, 「담낭폴리프의 악성화에 관계되는 인자들에 대한 림상적연구」 2023;2:6-7

†박재봉, 김옥별, 박휘명, 「태줄피혈소판풍부혈장겔을 리용한 유방보존수술후 미용효과에 대한 림상적연구」 2023;2:7-8

†원려현, 최춘화, 「침료법으로 로인기능성변비를 치료하기 위한 연구」 2023;2:8-9

†차남건, 김태진, 박성필, 「수술전 항생제 사용률을 평가하기 위한 정보모형에 대한 연구」 2023;2:9-10

†「휴대용인공호흡기」 2023;2:10

†「신의학적진단」 2023;2:10

†한송미, 리성일, 조현옥, 「갓난아이에 대한 수법적용이 키에 미치는 영향을 밝히기 위한 림상적연구」 2023;2:11

†리정혁, 리경덕, 리학철, 「몇개의 원혈과 머리침료법의 병합으로 과민성장증후군을 치료하기 위한 림상적연구」 2023;2:12

†김충범, 김명진, 김진숙, 「뇌성마비때 수중대운동 및 가상현실을 리용한 촉각생체되돌이훈련의 자세이행기능개선효과를 밝히기 위한 연구」 2023;2:13-14

†리은청, 김진영, 「만성폐색성페질병때 SpO2에 따르는 합리적인 약물치료방식을 설정하기 위한 림상적연구」 2023;2:14-15

†소성수, 소유성, 「연부조직육종의 종양크기와 악성도에 따르는 재발률에 대한 림상적연구」 2023;2:15-16

†리유경, 「장상피화생성위염의 협대역내시경검사소견에 대한 연구」 2023;2:16-17

†서원혁, 최동철, 「비대상기간경변증때 간엽성줄기세포이식의 치료효과를 밝히기 위한 연구」 2023;2:17-18

†윤태철, 신철순, 「만성취장염때 심바스타틴의 치료효과에 대한 연구」 2023;2:18

†리일경, 성춘희, 「하치조신경마취주사후 내측익상근막손상에 의한 입벌리기장애를 케나코르트병조내주사로 치료하기 위한 연구」 2023;2:19-20

†방려명, 계순남, 「장선매몰법으로 단순성비만증을 치료하기 위한 림상적연구」 2023;2:20

†홍순호, 김건영, 「대퇴골두골절을 량피질가압나사못으로 치료하기 위한 림상적연구」 2023;2:21-22

†김광훈, 양원철, 「병력기록의 질평가지표와 추출방법」 2023;2:22

†김홍미, 박순필, 한석준, 리철준, 「6×히스티딘융합MMLV역전사효소유전자를 발현하는 대장균그루의 제조에 대한 연구」 2023;2:23-24

†한향주, 홍기애, 「십이지장선종과 선암의 내시경적감별진단에서 백색융모의 진단적의의에 대한 연구」 2023;2:24-25

†리세건, 리광진, 「역전사고리매개형등온증폭에 의한 D형간염비루스핵산검출방법확립에 대한 연구」 2023;2:25-26

†정홍철, 최광철, 「프로카인과 아미나진정맥내병합주입으로 수술후 무통과 우발증을 개선하기 위한 연구」 2023;2:26-27

†리진웅, 리명기, 「콩팥암의 병기와 조직학적소견과의 관계를 밝히기 위한 연구」 2023;2:27-28

†유영철, 김영림, 「이비인후과령역에서 건강한 사람의 강동안온도변화에 대한 연구」 2023;2:28-29

†리세영, 리광천, 「방사선치료후 두경부 및 이비인후과종양환자들의 시력변화에 대한 연구」 2023;2:29-30

†전은향, 리광혁, 「일산화탄소중독(간헐형)때 신경원양세포이식의 최적조건을 확립하기 위한 연구」 2023;2:30-31

†리광일, 「복합젖산균가루의 어린이설사증에 대한 림상적연구」 2023;2:31

†김광철, 장남철, 「불임증환자등록관리프로그람의 개발과 그의 효과성에 대한 연구」 2023;2:32

†윤명철, 박충혁, 「수중운동과 WATSU치료가 만성허리아픔에 미치는 영향을 밝히기 위한 연구」 2023;2:33

†백승혁, 박은희, 「몇가지 소독액들의 내시경소독효과를 밝히기 위한 연구」 2023;2:34

†림춘근, 조남혁, 「나노은함수약의 돌림감기비루스비동화활성에 대한 실험적연구」 2023;2:35

†송성혁, 홍주혁, 「등온증폭법으로 HAV-RNA를 검출하기 위한 연구」 2023;2:36-37

†박철, 김미령, 「체질에 따르는 담석증과 담도암의 발병동태에 대한 연구」 2023;2:37

†박금실, 강영철, 황금혁, 「철산화방지에 의한 시험관내 항산화활성측정방법과 그 의의를 밝히기 위한 실험적연구」 2023;2:38

†김욱, 룡선일, 「광물질심장주사약이 심근허혈세포의 형태학적변화에 미치는 영향에 대한 전자현미경적연구」 2023;2:39

†박성복, 태승국, 「유선암때 미소혈관밀도와 5년생존률과의 관계를 밝히기 위한 연구」 2023;2:40

†최혁민, 최강남, 「LabView에 의한 심전도분석에 대한 연구」 2023;2:41

†오성환, 조계룡, 「자동인공호흡보조기의 적용이 만성페색성페질병환자의 말초동맥산소포화도에 미치는 영향을 밝히기 위한 연구」 2023;2:42

†김성욱, 김영철, 김경진, 「항균료법으로 만성식도염을 치료하기 위한 연구」 2023;2:43

†리철룡, 림승일, 「질문표에 의한 조기 및 만기덤핑증후군의 진단기준을 설정하기 위한 연구」 2023;2:44-45

†김경호, 최은경, 「경홍문식국소절제술에 의한 T3직장암치료의 효과성평가에 대한 연구」 2023;2:45

†리정규, 박철, 「만성사구체콩팥염의 악화기를 땀나기료법과 장흡착의 병합료법으로 치료하기 위한 림상적연구」 2023;2:46

†진태경, 리준민, 박휘명, 「사람유방글로빈A mRNA RT-PCR에 의한 유선암의 분자적진단에 대한 연구」 2023;2:47

†장광휘, 김태진, 홍혁, 「수술부위감염률을 평가하기 위한 정보모형에 대한 연구」 2023;2:48

†황준호, 박경훈, 「고혈압에 대한 인슐린저항성 및 고인슐린혈증의 작용기전」 2023;2:49

†김광일, 최별, 「혈압낮춤약물들의 사용에서 제기되는 몇가지 주의사항」 2023;2:50

†한명철, 최창국, 「만성기침에 대하여」 2023;2:50-51

†김진혁, 황경일, 「새로 개정된 갑상선종양분류」 2023;2:51

†황명민, 양원철, 「의료봉사지휘에서 조기경보체계의 리용」 2023;2:52

†최철우, 최경호, 「복강경수술교육에 대하여」 2023;2:52-53

†김지향, 로경림, 「비만의 림상적분류와 치료에 대하여」 2023;2:53

†오경희, 조선경, 「최근 록내장약물의 개발동태에 대하여」 2023;2:54

†박호남, 한철훈, 「역행성비장근막근육피부편이식법에 대하여」 2023;2:55

†조철현, 신학철, 「외상성뇌수손상치료에 쓰이는 각이한 감압개두술방법에 대하여」 2023;2:55-56

†김철옥, 한영일, 「편두통에 대하여」 2023;2:56

†「신형코로나비루스에 감염된 후의 음식섭취」 2023;2:57

〈조선의학〉 2023년 3호

†김홍미, 홍주혁, 리광진, 「RT-PCR에 의한 후추모자이크비루스(PMMoV)-RNA검출방법의 확립을 위한 연구」 2023;3:6-7

†김록성, 김금동, 「외상성척수손상을 바이칼린과 저주파병합료법으로 치료하기 위한 연구」 2023;3:7-8

†리수현, 리혁, 「결장암에서 몇가지 염증관련지수들이 수술후 생존률에 미치는 영향에 대한 연구」 2023;3:8-9

†양철범, 라진명, 「눈전기유발전위측정방법으로 백내장수술후 예후를 판정하기 위한 림상적연구」 2023;3:9-10

†안금석, 리인걸, 「성상신경절봉쇄와 아토르바스타틴병합료법으로 뇌좌상후유증을 치료하기 위한 연구」 2023;3:10-11

†리옥주, 김명호, 「에스트라디올과 사관, 백회혈침자극병합료법이 폐경주변기우울증에 미치는 영향에 대한 림상적연구」 2023;3:11-12

†서대현, 서현일, 「아래입술암수술후 완전결손된 입술조직을 동시수복하기 위한 림상적연구」 2023;3:12-13

†송철진, 김억철, 「경피적콩팥채석술후 나타나는 발열의 위험인자를 밝히기 위한 림상적연구」 2023;3:13-14

†김태성, 서강호, 박용찬, 「혈청아르기나제활성과 위암환자들의 치료효과와의 관계를 밝히기 위한 연구」 2023;3:14-15

†리성현, 김명건, 「간경변때 홍문정지압의 변화를 밝히기 위한 연구」 2023;3:15-16

†옥강철, 라영호, 「베르글리진주사약의 항비루스작용에 대한 연구」 2023;3:16-17

†김일경, 김경학, 「에타놀이 간경변증성위점막병변에 미치는 영향을 밝히기 위한 연구」 2023;3:17-18

†김예성, 박효철, 「맹장결찰천공에 의한 패혈증모형에서 몇가지 기능적지표값들의 변화에 대한 연구」 2023;3:18-19

†「수은체온계, 유열자」 2023;3:19

†권철, 림류설, 「한구명에 의한 복강경하 체외충수절제술을 국소침윤마취로 진행하기 위한 림상적연구」 2023;3:20-21

†허은성, 윤성진, 동정혜, 「나노트로핀의 물리화학적특성에 대한 연구」 2023;3:21

†고성호, 리영진, 리은혜, 「심장수술에서 부분흉골절개법을 적용하기 위한 연구」 2023;3:22

†한철, 강창연, 「흰쥐에게서 란소경념전정복후 란소의 기능에 대한 실험적연구」 2023;3:23

†임향화, 김철준, 「응집혈구분리박편의 고지혈증치료효과에 대한 림상적연구」 2023;3:24

†고정철, 임의철, 방웅석, 「방광암때 부분절제와 HER-2왁찐을 적용하기 위한 림상적연구」 2023;3:25-26

†백리향, 김인성, 「비만흰쥐에게서 난 흰쥐새끼의 발육경과에 따르는 병리형태학적소견의 변화」 2023;3:26-27

†조예림, 리광일, 「한구멍에 의한 복강경수술을 결장의 여러 질병에 적용하기 위한 림상적연구」 2023;3:27-28

†계유성, 김금동, 「경두개자기마당자극에 의한 운동유발전위를 리용하여 척수손상정도를 평가하기 위한 림상적연구」 2023;3:28-29

†박철, 홍준기, 「체질에 따르는 몇가지 소화기계통질병의 발병동태에 대한 연구」 2023;3:29-30

†박관률, 최철진, 「척추기원성허리아픔때 수법교정기술의 적용대상을 밝히기 위한 림상적연구」 2023;3:30-31

†강대성, 계철수, 차국진, 「만성간헐성저산소증때 멜라토닌이 심근조직의 병리조직학적소견에 미치는 영향에 대한 연구」 2023;3:31-32

†홍은철, 「란소란황낭종양에 대한 병리학적연구」 2023;3:32-33

†임송이, 리영철, 「증거에 기초한 행동변화위생선전이 가정혈당측정과 관련한 치료지시준수률과 혈당조절에 미치는 영향」 2023;3:33-34

†박영진, 백리향, 김금철, 「비타민D와 글루카곤양펩티드-1주입이 비만흰쥐의 병리형태학적소견에 미치는 영향에 대한 연구」 2023;3:34-35

†강금영, 장정현, 「관 및 다리이보철물제작에 리용되는 모형공간형성재의 몇가지 특성에 대한 림상적연구」 2023;3:35-36

†김옥영, 신철영, 「니코란주사약을 만성뇌순환부전증치료에 적용하기 위한 림상적연구」 2023;3:36-37

†리경준, 최광명, 「지레대식경추탈구정복기로 하위경추전방탈구를 정복하기 위한 림상적연구」 2023;3:37-38

†김인성, 강대성, 「폐색성수면시무호흡증후군때 심근조직의 병리조직학적소견에 대한 연구」 2023;3:38-39

†한진예, 김명진, 김진숙, 「뇌성마비때 시지각기능개선을 위한 수중균형운동 및 놀이료법효과를 밝히기 위한 연구」 2023;3:39-40

†김련희, 리금학, 「로화모형동물에서 사람지방유래간엽성줄기세포의 기억장애회복효과에 대한 연구」 2023;3:40

†정주일, 명희섭, 「경희토류니코틴산배합이 혈액응고에 미치는 영향을 밝히기 위한 연구」 2023;3:41

†신철준, 리경덕, 「국소부위전기침자극료법으로 편두통을 치료」 2023;3:42

†리경훈, 유영철, 「생물공진진단치료기로 일부 피부질병을 치료」 2023;3:43

†최별이, 조성철, 「방사선료법으로 전위선암을 치료」 2023;3:44

†황은철, 리광남, 「단삼정맥주사약으로 뇌혈전증을 치료」 2023;3:44-45

†한배춘, 김관일, 「10%염화칼시움과 레보플록사신을 병합하여 만성턱뼈골수염을 치료」 2023;3:45-46

†조경복, 장혜림, 「생물동종수로 신경순환무력증을 치료」 2023;3:46

†리기민, 김청송, 「조발란소부전에 대하여」 2023;3:47

†김현주, 리금희, 「통풍의 옳바른 진단과 치료」 2023;3:48

†리설미, 최금화, 「고지혈증의 진단 및 치료의 최근견해」 2023;3:48-49

†우설향, 「녀성뇌졸중의 역학적특성과 경동맥내막절제술의 치료원칙」 2023;3:49

†김성호, 리철혁, 「패혈증성쇼크때 당질성코르티코이드료법에 대하여」 2023;3:50

†류순정, 김연희, 「급성망막괴사증에 대하여」 2023;3:50-51

†박은별, 강영철, 「어린이파라세타몰중독에 대하여」 2023;3:51

†리명학, 「만성취장염의 CT진단에 대하여」 2023;3:52

†박별, 한금철, 「결절성경화증의 화상진단소견에 대하여」 2023;3:52-53

†김광수, 방인철, 「주술기수액관리에 대하여」 2023;3:53-54

†최철우, 최경호, 「복강경모의수술체계에 대하여」 2023;3:54

†김화숙, 「중증근무력증때 혈액관류료법의 적용에 대하여」 2023;3:54-55

†허윤아, 「바레리오증후군과 증식치료」 2023;3:55

†최명화, 「심장아밀로이드증에 대하여」 2023;3:56

†하명복, 「혈류속도와 혈압의 동시측정장치」 2023;3:57

†「신형코로나비루스감염증과 잠장애」 2023;3:56

〈조선의학〉 2023년 4호

†리은경, 김성희, 「자간전증환자들에게서 몇가지 실험검사지표값들의 변화에 대한 연구」 2023;4:6

†전광현, 리현호, 「수술명 부호와 림상용어부호와의 정합을 실현하기 위한 한가지 방법에 대한 연구」 2023;4:7

†조설경, 김정명, 「림상증상에 기초한 당뇨병 및 당뇨병성합병증진단온톨로지의 설계에 대한 연구」 2023;4:8

†리수현, 리혁, 리서혁, 「결장암때 몇가지 염증관련지수들이 수술후 재발 및 전이에 미치는 영향에 대한 연구」 2023;4:9-10

†주호성, 김정순, 「임신초기 몇가지 초음파화상특성값들과 림상지표에 기초한 임신유지가능성예측모형식수립에 대한 연구」 2023;4:10-11

†정성일, 김국철, 「고주파열응고료법이 유선암의 중증도와 실험검사값에 미치는 영향」 2023;4:11-12

†김인성, 김경주, 「주술기 비타민C와 경장영양액주입이 결장절제술후 문합

부치유에 미치는 영향에 대한 연구」 2023;4:12-13

†박현경, 안현정, 「수산화칼시움-파라모노클로르페놀캄파파스타를 감염근관치료에 적용하기 위한 연구」 2023;4:13-14

†류솔미, 변충국, 신성철, 「나노금-백금 주사약이 콩팥기능에 미치는 영향」 2023;4:14-15

†리호명, 임철민, 「레베린알긴산막의 특성에 대한 실험적연구」 2023;4:15-16

†리창원, 김명건, 「간경변증때 타달라필이 문맥압변화에 미치는 영향」 2023;4:16-17

†김광석, 리성일, 「베르글리진주사약이 새끼밴 흰생쥐의 태새끼에게 미치는 영향」 2023;4:17-18

†리현숙, 리철, 「체위변동료법으로 지방간을 치료할 때 몸질량지수에 미치는 영향에 대한 림상적연구」 2023;4:18-19

†오혜성, 최향순, 「카르베딜롤과 메토프롤롤을 쓰는 만성심부전환자들에게서 도부타민반응성의 차이를 밝히기 위한 림상적연구」 2023;4:19-20

†오준룡, 변일수, 「회귀후두신경에 대한 해부학적연구」 2023;4:20

†김광복, 림진란, 「치료저항성고혈압의 몇가지 림상역학적특징을 밝히기 위한 연구」 2023;4:21-22

†전기철, 최효찬, 「빈혈때 면가지 혈액검사값들의 변화에 대한 연구」 2023;4:22-23

†최별이, 최룡, 「고환적출술이 전위선암의 치료효과에 미치는 영향에 대한 림상적연구」 2023;4:23-24

†선우소연, 최원철, 「가시오갈피와 메트포르민병합이 이형자궁내막증식증환자들의 림상증상에 미치는 영향에 대한 연구」 2023;4:24-25

†길금순, 리영일, 「정맥궤양의 림상적특징에 대한 연구」 2023;4:25-26

†백윤길, 리윤철, 「염소계소독제를 온천수소독에 적용하기 위한 연구」 2023;4:26

†송철주, 박수길, 「술프히드릴차단이 흰쥐결장에 미치는 영향에 대한 실험적연구」 2023;4:27

†림은성, 박춘혁, 「요골경상돌기협착성건초염때 합리적인 침칼치료방법을 확립하기 위한 연구」 2023;4:28-29

†박철주, 김영호, 「진행기위암때 장막하층미소혈관면적비률이 암성복수에 미치는 영향」 2023;4:29-30

†김성혁, 김봉주, 「실데나필레몬산염의 뼈유합효과에 대한 림상적연구」 2023;4:30-31

†채영훈, 장석철, 「액체산소랭동료법에 의한 만성인두염의 치료효과를 밝히기 위한 연구」 2023;4:31-32

†강수영, 황금혁, 「황반변성모형에서 눈알국소에 대한 490nm레이자쪼임이 망막혈관투과성의 변화에 미치는 영향을 밝히기 위한 연구」 2023;4:32-33

†김주성, 최정철, 「편광국소쪼임으로 홍문수술후 개방성창상치유를 촉진시키기 위한 림상적연구」 2023;4:33-34

†강기훈, 라상호, 「살로크림의 진통작용에 대한 실험적연구」 2023;4:34

†김룡운, 리기용, 「레이노증후군때 찬물담 그기시험으로 말초혈관의 반응성을 평가하기 위한 연구」 2023;4:35

†윤진수, 문성철, 「갑상선기능저하증모형 흰쥐의 란소에서 몇가지 지표값들의 변화를 밝히기 위한 연구」 2023;4:36

†김일철, 최연, 박영주, 「인터페론a2b 코분무약의 치료효과성에 대한 연구」 2023;4:36-37

†리진희, 김복순, 「산후출혈량과 그에 영향을 주는 인자들을 밝히기 위한 림상적연구」 2023;4:37

†윤광천, 배철원, 「사체에서 혈중잔여질소함량을 밝히기 위한 법의학적연구」 2023;4:38

†김경주, 박근훈, 차남건, 「주술기 비타민C와 경구영양액주입이 장관문합부전에 미치는 영향에 대한 실험적연구」 2023;4:39

†한장수, 허문경, 「프로파페논과 플레카이니드를 발작성심방세동동성조률회복 치료에 적용하기 위한 림상적연구」 2023;4:40

†전청미, 김룡제, 「지방조직유래줄기세포와 혈소판풍부혈장의 병합이식에 의한 치주조직재생에 대한 실험적연구」 2023;4:41

†김정형, 한세룡, 「뇌졸중후 우울증의 발병에 미치는 몇가지 위험인자들에 대한 연구」 2023;4:42

†한일경, 박효철, 「외과적감염증환자들속에서 미소순환지표값들의 변화특성을 밝히기 위한 림상적연구」 2023;4:43

†박영주, 박광철, 「자기반건양근건이식에 의한 인대재건술로 견쇄관절탈구를 치료」 2023;4:44

†오현준, 리성옥, 「혈소판풍부혈장으로 부인과질병에 의한 빈혈을 치료」 2023;4:44-45

†김진혁, 리태혁, 「경체각고정형금속판고정으로 대퇴골전자관통골절을 치료」 2023;4:45

†리철진, 최남철, 리지예, 「질강내 가압지혈장치를 리용하여 산후질출혈을 치료」 2023;4:46

†신석룡, 최동철, 윤형민, 「줄기세포와 혈소판풍부혈장을 배합하여 무릎판절증을 치료」 2023;4:46-47

†박철, 반금철, 「내관, 공손혈침자극과 사물탕가감방배합으로 심장신경증을 치료」 2023;4:47

†최주혁, 방남희, 「성상신경절봉쇄료법으로 자률신경실조증을 치료」 2023;4:48

†김춘섭, 김금혁, 「고백반으로 고지혈증을 치료」 2023;4:48

†김춘일, 리수영, 「오존수에 의한 자궁강세척과 약침으로 로인성자궁내막염을 치료」 2023;4:49

†홍현, 리윤미, 「몇가지 물리치료수단과 운동료법을 배합하여 급성기대전자동통증후군을 치료」 2023;4:49-50

†리수영, 유철, 홍건, 「유전자재조합상피성장인자크림제와 나노은수병합료법으로 감염성창상을 치료」 2023;4:50

†리옥주, 김명호, 「페경주변기에 나타나는 우울증에 대하여」 2023;4:51

†리학철, 「이발의 발생에서 상피와 간엽의 호상작용에 대하여」 2023;4:52

†룡훈, 유대호, 「장간막정맥성혈전증에 대하여(1)」 2023;4:52-53

†리철남, 임창혁, 「흉요추골절, 탈구의 치료방향에 대하여」 2023;4:53

†문봉련, 송성일, 「핵의학적진단과 치료과정에 나오는 방사성페물의 관리에 대하여」 2023;4:54

†김창일, 류영진, 「만성페색성페질병의 중증도판정을 위한 질문조사표에 대하여」 2023;4:54-55

†홍철주, 리성일, 「콤퓨터망을 리용하여 환자파송을 실현하기 위한 한가지 방법」 2023;4:55

†조송일, 박현철, 「치루의 새로운 분류에 대하여」 2023;4:55-56

†신일남, 장영준, 「모야모야병과 모야모야증후군」 2023;4:56

찾아보기

저자 약력

김영훈
- 고려대학교 안암병원 순환기내과 교수
- (사)남북보건의료교육재단 이사장
- 제26대 고려대안암병원장
- 제15대·제16대 고려대학교 의무부총장

김신곤
- 고려대학교 대학원 통일보건의학협동과정 교수
- 고려대학교 의과대학 내분비내과 교수
- 남북보건의료교육재단 상임이사
- 前. 통일보건의료학회 이사장

이요한
- 고려대학교 의과대학 예방의학교실 조교수
- 한국보건행정학회 학술이사
- 통일보건의료학학회 연구이사
- 한국보건대학원협의회 기획이사

전우택
- 연세대학교 의과대학 정신과학교실 의학교육학교실 교수
- 통일미래기획위원회 위원
- 前. 통일보건의료학회 이사장
- 前. 한반도평화연구원 원장

조한승

- 단국대학교 정치외교학과 교수, 국제처장
- 한국동북아학회 부회장
- 한국국제정치학회 연구위원장

김범수

- 고려대학교 경제학과 교수
- 前. University of Maryland, College Park 경제학과 교환 교수
- 前. University of North Carolina, Greensboro, 경제학과 조교수

이덕행

- 통일연구원 초청 연구위원
- 고려대학교 통일융합연구원 운영위원
- 前. 통일부 기획조정실장
- 前. 대통령비서실 통일정책비서관
- 前. 통일부 대변인

김경진A

- 고려대학교 의과대학 내분비내과 부교수
- 고려대학교 의과대학 내과학 박사
- 대한내분비학회 고시위원 간사 / 대한갑상선학회 학술위원
- 前. '북한이탈주민 건강부담에 기반한 맞춤형 건강관리 중재 모델 개발' 공동 연구자
- 前. Johns Hopkins Hospital Visiting scholar

김경진B

- 고려대학교 의과대학 내분비내과 조교수
- 대한골대사학회 역학위원회 간사
- 대한내분비학회 희귀질환연구회 총무
- 前. '북한이탈주민 건강부담에 기반한 맞춤형 건강관리 중재 모델 개발' 공동 연구자

고려대학교 통일융합연구원 해란연구총서 시리즈 3
한반도 보건의료, 생명을 살리는 담대한 도전

초판발행   2024년 4월 30일

지은이   김영훈·김신곤·이요한·전우택·조한승·김범수·이덕행·김경진A·김경진B
펴낸이   안종만·안상준

편   집   한두희
기획/마케팅   김한유
표지디자인   이은지
제   작   고철민·조영환

펴낸곳   ㈜ **박영사**
             서울특별시 금천구 가산디지털2로 53, 210호(가산동, 한라시그마밸리)
             등록 1959.3.11. 제300-1959-1호(倫)
전   화   02)733-6771
f a x   02)736-4818
e-mail   pys@pybook.co.kr
homepage   www.pybook.co.kr
ISBN   979-11-303-1729-8   93340

정 가   25,000원